新版

先生のための漢文 Q&A 102

山本史也

右文書院

目　次

語　義

句法

文　法

訓読・音読

文字

音韻

文学・思想・歴史

概説

教　材

先生のための 漢文Q&A102

語　義

Q1：「有」について

『論語』の「有朋自遠方来」を「朋《とも》有り、遠方より来たる」と訓みならわしてきたものにとっては、「朋、遠方より来たる有り」の訓にはいささか抵抗があります。どう対処すればよいのでしょうか、説明してください。

A1

前句の「学んで時に之れを習ふ」の「時に」を「ときに」と訓む説、「ここに」と訓む説があり、さらに「遠方」の義にもなお決着のつかない問題があるのですが、お尋ねの件はもっぱら「有」字の訓義の問題に尽きるようです。もと「有」は「又（手の形）」と「肉」から成り、神へのお供えをいう語でした。一般の字典では「月」部に編入されていますが、その初形からすれば、「肉」部に属すべきです。「ススメル」「タモツ」の和訓が、『名義抄《みょうぎしょう》』『篇立』など日本の字書に収められているのも、おのずから承知されようというものです。のち、その義は派生し、すでに梁《りょう》・雇野王《こやおう》の字書『玉篇』巻中・有部には、すでに「有は不無なり、果なり、得なり、取なり、質なり、宷（審）なり」と、併せて六例の義が示されています。ただ、これらはいずれも実字としての義を説くものにすぎず、もとより、その助字的な用法を視野に収めているわけではありません。その「有」字の助字的用義法を九経三伝のうちに求めたものに、清・王引之《おういんし》のはなはだ創見にみちた語学の著『経伝釈詞《けいでんしゃくし》』があります。その巻三に、「有」の用義に触れて、①「猶ほ或のごとし（あるいは・～だけ）」、②「猶ほ又のとごし（また）」、③「猶ほ為のとごし（～す）」、④「物を状《かたど》るの詞」、⑤「語助なり」の五例が示されます。

ただ③説のみは著者の父・王念孫《おうねんそん》の言を承けるものですが、五説につき逐一その文例を挙げ、かつ、①②③説において、その互訓される所以に言及しています。ともども同音、音転から用義の通ずることをいうのです。

①「猶《な》ほ或のごとし（あるいは・～だけ）」の例

・大夫君子有るいは我れを尤《とが》むること無からん〔『詩』鄘風《ようふう》・載馳《さいち》〕

②「猶ほ又のとごし（また）」の例

・終《すで》に風ふき且《か》つ曀《くも》る　日ならずして曀る有り〔『詩』邶風《はいふう》・終風〕

③「猶ほ為のとごし（～す）」の例

・胡有《なんす》れぞ孑然《げつぜん》として（まるごと）其れ戎狄《じゅうてき》に姣《なら》はん〔『国語』周語〕

④「物を状《かたど》るの詞」の例

・賁《ふん》たる（円らな）有り其の実〔『詩』周南・桃夭《とうよう》〕

⑤「語助なり」の例

・「有周」「有虞《ゆうぐ》」「有夏」「有邦」など多数

もっとも、②説の『詩』終風の「有」を「又《ゆう》」と訓むについては、とうに鄭玄《じょうげん》の箋の説くところですし、朱熹《しゅき》の『詩集伝』も、「有は又なり、日を旋《うつ》さずしてまた曀るなり」とし、また日本の清原宣賢《のぶかた》講述『毛詩抄』の和点も同様の訓に従っています。

ご質問の「有朋自遠方来」〔『論語』学而《がくじ》〕の訓、おっしゃるとおり、諸説行われて一致を見ません。たとえば吉川幸次郎は「朋有り」〔『論語』〕と訓むものの、すでに荻生徂徠《おぎゅうそらい》『論語徴《ろんごちょう》』は、ことさらに書き下しているわけではないのですが、「来たる有り」と訓んでいるように察せられます。それなら、助字として理解していたということになりましょう。一方、木村英一の訳注〔『論語』〕があえて「朋あり」とかな表記するのは、あるいは、その助字的な軽い語調を伝えようとするはからいに出ているのかもしれません。いずれにせよ存在の有無、所有・非所有をいうときの実質的な意味を、この「有」は備える語でないといえましょう。以上のことが、あらかじめ了解されているのなら、「朋有り」「来たる有り」二様の訓は許容されてよいはずです。ただ「朋有り」訓には、いくばくかの「有」字を実字として訓もうとする姿勢に傾いている憾《うら》みが残ります。

　ここでの「有」は、①説の用法、すなわち限定用法としての「或」義、「有《あ》るいは、朋、遠方より来たる」、もしくは②説の「又」義、「有《ま》た、朋、遠方より来たる」に近かろうと推測されますが、うち②説が有力と考えられます。前段「学んで時に之れを習ふ、亦た説《よろこ》ばしからずや」に加えて、「また」ということでしょう。同じ『論語』の「吾れ、十有五にして学に志す」〔為政〕の「有」も、その用法の一種であろうかと考えられます。しかし、⑤説「有朋《ゆうほう》、遠方より来たる」もあながち否定しさることができません。「朋」に接続語「有」字を配して、安定した熟字を成す法によるものです。さらに宮崎市定が論文「論語の学而《がくじ》第一」で示唆するように、「有」「友」、声義ともに相通ずるゆえ、「友朋」を「有朋」で代用することもまた可能でありましょう。「有朋《ゆうほう》（＝友朋）、遠方より来たる」というわけですが、ただし中国の古典に、その熟字を検索しえません。

　なお一例、近時の英訳を参照します。「Is it not a joy to have like-minded friends come from afar?」〔『The Anarects (Confucius)』D.C.Lan 訳〕において、「有」に相当する「have」は、実質的な意味を負わない、い

わゆる使役の助動詞として用いられ、「afar」までを受けるもののようです。さしずめ「朋、遠方より来たる有り」とでもなりましょうか。

一方『(馬氏）文通』は、「有」を「約指代詞」として、「某人（ある人）」というがごときであると説きます。日本語の「連体詞」に当たりましょう。

強いてその正訓を特定するよりは、むしろ「有」の字義を、その助字的用義のうちに収めて考慮することが重要であろう、とだけは、さしあたっていっておきましょう。

Q2：「士」について

『説苑《ぜいえん》』の「覇国は士を富ます」の「士」は兵士の意と考えてよいでしょうか。ただでさえ「士」の口語訳には一定するところがなく、はなはだ困っています。できるなら「士」の歴史とともに説明してください。

A2

「士」の初形は鉞《えつ》（まさかり）の刃先を地に置く形、その大いなるものの象形が「王」の字となります。もとより、それらは日本の「銅矛《どうほこ》」「銅鐸《どうたく》」のような、宗教的な権威を象徴する儀器であったでしょう。本来、「士」は、その首長である王に直属する戦士を意とするものでした。じじつ金文に見える例文からも、「士」が支配階層を構成する成員であったことが知られます。

・昔、先王既《すで》に女《なんぢ》に命じて司士と為《な》す〔牧毀《ぼくき》〕

古くは、廷礼の執行に当たった卿、軍人階層である「士」によって、その治者階層は独占されていたとすらいえましょう。しかし西周末よりのち。その枢要の地位は、もと農夫の管理を掌っていた大夫の奪取するところとなります。かくて、その政治的な権威を失っていくに伴い、「士」は『礼記《らいき》』王制にいう「諸侯の上大夫卿、下大夫、上士、中士、下士あり、凡《おほよ》そ五等」の末座に退かざるをえませんでした。もっともつぎの文例からは、さすがに治者としての風貌は失ったものの、なお戦役に従事する兵士の残像が窺われるでしょう。

・偕偕《かいかい》たる（勇ましく雄々しい）士子　朝夕事に従ふ　王事盬《や》むこと靡《な》し　我が父母を憂《うれ》ふ〔『詩』小雅・北山〕

・田単《でんたん》、之《こ》れを攻むること歳余、士卒多く死するも、聊城《れうじやう》下らず〔『戦国策』斉策〕

一方、近人・余英時《よえいじ》『中国知識階層史論』が説くように、「士」は戦国期に至って、その官僚システムから逸脱し、もっぱら「治めずして議論」する徒、すなわち自由知識人として、みずからの立場を確保していったのも事実です。いわゆる「游士」です。のちの百家争鳴の先蹤《せんしょう》がここにあります。もっとも、秦の博士制度によって、再び「士」は官制のうちに吸収されていくのですが、いずれにせよ、漢代に及んで、その政治的地位の低落はほぼ決定的となった、といいえましょう。ただし、その代償として、「士」には絶大な道徳的価値が与えられることになります。漢・許慎《きょしん》『説文解字《せつもんかいじ》』巻一上が、その「士」を説いて、「数は一に始まり、十に終る、一と十とに従ふ、孔子曰く、十を推して一に合するを士と為す」というのは、その儒家的、道徳的な見地から、文字の成立を解明しようとしたからにほかなりません。さらに『漢書《かんじょ》』食貨志《しょっかし》上には「士農工商に業有り、学んで以て位に居《を》る士と曰《い》ふ」と見え、かつての軍事的な性格がほぼ失われたことを物語っています。「士」は、このとき、武の人から文の人へと変容します。

やがて、「士」の身分的な低下とともに、その語意もまた、原義を失い、ついに「士」たるか否かは、強い倫理的な要請のもと、その精神的態度いかんによってのみ規定されることになります。

・士操を修め、梁《りゃう》・益《えき》に在りて清績有り〔『南斉書《なんせいしょ》』王玄載伝《おうげんさいでん》〕

「士」は、もはや修徳の人以外のものではありません。漢末より、にわかに習見されることとなる「隠士」「義士」など、いずれも高節にして、高い倫理性をもつ人を指す語です。マックス・ウェーバーのいわゆる読書人階級なる術語は、そのような「士」の成立以前の概念からはとうてい発想しえないことばであったはずです。

ご質問の文は、『説苑《ぜいえん》』中、呂望《りょぼう》すなわち呂尚《りょしょう》あるいは太公望が周・文王に問われて、天下を論じた一節から拾うことができます。

・王国は民を富まし、覇国《はこく》は士を富ます〔『税苑』政理〕

もとより仁に基づく王制国家が軍事力に頼む覇権国家に優越することを説く論です。それならとうぜん、兵士の意味とすべきです。しかも、この部分、

・王者は民を富まし、覇者は士を富ます〔『荀子《じゅんし》』王覇《おうは》〕

に拠るものらしく、上下対文ですので、「民」「士」を、「たみ」「さむらい」、あるいは「庶民」「兵士」と、語の対応を保ちながら訳出するのが適当といえましょう。

また『税苑』が劉向《りゅうきょう》によって集成される漢代の「士」の実状と、周初の「士」の印象が重なり合ってここに投影されているのだとすれば、いよいよ「兵士」の意として適切かと思われます。しかし、ほとんど「庶民」の身分に接するところの、淪落した職業兵士のそれとして。

「守株」の故事で有名な「宋人に田を耕す者有り」の「田」は、どんな耕地をいうのですか、説明してください。

A3

一体に、指導書、参考書は、「田」を「デン」と訓んでいるようです。それが適切と思います。ただそれがかならずしも日本にいうところの「水田」でないことを納得しておく必要はありましょう。そのためにも、「た」と訓まず、「デン」と音読することが賢明でしょう。

その「田」について、もっと初めに定義を下したのは、やはり許慎《きょしん》『説文解字《せつもんかいじ》』でした。「田は陳なり、穀を樹《う》うるを田と曰ふ、象形、囗十は、千百（縦横の路）の制なり」（巻一三下）とします。「千百」は「阡《せん》陌《ぱく》」に同じ。『説文解字』は、「田」が「陳」の音に類似することから、「陳」の意を担い、整然と正方形に区画された耕地の経営形態を説こうとして、「囗十は、千百の制なり」としたのです。制度的な農耕形態のうちに、畝筋が陳列された光景を想起したのでしょう。しかし、その字の初形は、とうてい正方形とは見えず、かなり不規則に交叉する線形から成っています。制度的な耕地を写すものとはもうとう見えません。それならいったい何を対象とした字形なのかとなると、なお判然としません。「田」は古くから、その「耕地」の意と、「田猟」の意とに併せもつ語でした。たとえば甲骨文では、「田猟」の意味で用いられることが多く、金文は、ほとんど「耕地」の意で扱っています。

・女《なんぢ》に田を匽《えん》に賜ふ〔大克鼎《だいこくてい》〕

のようにです。しかし『書』『詩』には、つぎのような句が見えます。「田猟」の例です。

・敢《あ》へて遊田を盤《たの》しまず〔『書』無逸《むいつ》〕
・田車既に好し〔『詩』小雅・車攻〕
・叔《しゅく》（弟）田《でん》に于《ゆ》く　巷に居人無し〔『詩』鄭風・叔于田〕

これらの「田」、いずれも「田猟」を意味しているのですから、とうぜん「デン」と音読されましょう。毛伝、朱熹《しゅき》の集伝、ひとしく「田は、禽を取るなり」とします。「田猟」の解です。『春秋公羊伝《しゅんじゅうくようでん》』桓公四年に「田は狩なり」とあり、その注に「田は蒐狩の総名なり」とします。おそらく、その生産性、取獲性において、狩猟、農耕相通ずることを示唆するのでしょう。ほんとうは、どちらが本来の義かは、よく分からないというのが実状です。「田は、地なり、士なり」〔『広雅《こうが》』巻九下・釈地〕、「田は、徒堅《とけん》の切、士なり、地なり」〔『玉篇』巻上・田部〕など、字書類では、『説文解字』の説を承け、「田」を「耕地」の意に採るのが主流となっています。もっともほかの様式の文献においては、なお①「田猟」、②「耕地」の意が併用されているといってよいでしょう。

①「田猟」の意とする例

・田猟する毎《ごと》に、常に、馬に乗りて虎を射る〔『三国志（呉書）』張昭伝〕

②「耕地」の意とする例

・破羌《はきょう》より以西は城多くして、完牢《かんろう》なり（頑丈だ）、……其の田土肥壌にして灌漑《くわんがい》流通す〔『後漢書《ごかんしょ》』馬援《ばえん》伝〕

・帰りんなんいざ　田園将《まさ》に蕪《あ》れんとす〔陶淵明《とうえんめい》「帰去来兮辞」〕

・田翁社日（お祭りの日）逼《せま》り　我れを邀《むか》へて春酒を嘗《な》めしむ〔杜甫《とほ》「遭田父泥飲美厳中丞」〕

②の例のこれらは「いなか」ほどの意味の語なのですが、もちろん「耕地」の意から引伸されたものにすぎません。ここで、「帰去来兮辞」の「田」が、「耕地」の意に由来するものであることは間違いないとして、不明なのは、その「耕地」が、「水田」なのか「畠地」なのかという点です。結論からいえば、「田」「園」、連言されていますから、どうやら「畠地」である可能性が高いとはいえましょう。ただ陶淵明の経歴を調査してみますと、夫婦ともども稲作していた事実が、ほんとうはあったようなのです。もっともこれだけでは、

この「耕地」が「水田」であるという鉄証にはなりません。この「帰去来兮辞」は淵明が帰郷しえたおりの感懐を述べた辞賦。そうなれば、「田園」は、みずから耕す以前の、荒れ果てた「畠地」と見なしたほうが、適切とも思います。農村が、外へ向かって、「里」から「野」、「野」から「山林」という一般的な景観図式をとるのだとするならば、その「野」に属する「畠地」であったということになります。たとえば、『楚辞《そじ》』大招の「田邑千畛《でんゆうせんしん》」の条に郭璞《かくはく》が注して「田は、野なり」とするところからも、また、当の『楚辞』が羅述する植物種類から考えても、「畠地」であることは、ほぼ自明のことでしょう。

朝鮮はといえば、本来、「水田」農作を主体とすることなく、おのずと、その意を示す文字をもつことがなかったようです。したがって、あえて「水田」に造字「畓」（音「tap」）を当てざるをえなかったとされています。もし日本が、その音「tap」を採り入れて、「田《た》」の音をもつことになったとしたならば、その初めから、「田」は「水田」と直結していたことになります。

『和名抄《わみょうしょう》』地部・田園類に、「釈名に云ふ、土已に耕さるるを田と為す、従（徒《と》？）年《ねん》の反、和名は太《た》、漢語抄に云ふ、水田、古奈太《こなた》」とあり、もとより「水田」の意味です。遡って『古事記』上巻には「田の阿《くま》を離ちて、溝を埋む」の句、中巻には「なづきの田の稲幹《いながら》に匍《は》ひ廻《もと》ろふ野老蔓《ところかづら》」の歌謡が見え、『万葉集』八八には「秋の田の穂の上に霧《き》らふ朝霞いつ辺の方に我が恋ひ息《や》まむ」の歌があり、もとよりそれらの「田」は「水田」を指すものです。日本では、「田」がそのまま「水田」の意として了解されていたのでしょう。

中国に話題を戻します。ご質問の「守株」の故事のうちで、「田」は、どう考えるべきでしょうか。

・宋人に田を耕す者有り、田中に株有り、兎走りて株に触れ、頸を折りて死せり、因りて其の耒《すき》を釈《す》てて株を守り、復《ま》た兎を得んことを冀《こひねが》ふ、而《しか》して兎復た得べからず、身は宋国の笑ひと為る（『韓非子《かんぴし》』五《ご》蠹《と》）

「ある日せっせと野良かせぎ」の北原白秋の歌詞のとおり、明らかに「野」の典型的な景観を描いています。「田中に株有り」ということからすれば、この「田」が「水田」を意味するとは、とうてい考えられないことです。「宋」は亡殷《いん》の裔の地ですから、たえず嘲笑の対象となりました。この地の農耕主体も、けっして「水田」耕作ではなかったと思われます。最近の木村茂光『ハタケと日本人』は、『説文解字』が成立するのは後漢のことであり、その地が稲作をもたないことから、その「田」の解釈にあたって、許慎には、「畠地」が連想されたであろう旨を説きます。そうして、後漢にかかわらず、中国古代の帝国はいずれも華北に成立したので、「田」を「水田」と見なすことはなかった、との見解も述べています。日本が「田」を「水田」として理解してきたのは、すでに稲作を中心としてきた江南分化の影響を受けることがあったからなのでしょう。以上の理由から、『韓非子』五蠹見える「田」が「畠地」であることの可能性はより濃厚だとしてよろしいかと思います。

Q4 :「いふ」について

日本では「言」一字で済まされるのに、漢文では、いくとおりもの「いふ」の字があるようです。それぞれ使い分けはあるのですか、説明してください。

A4

日本語における「いふ」の原義はよく知られません。その「いふ」を訓とする字、『新字源』は、「謂」「云」「曰」「言」「道」を収め、白川静『字統』は、さらに「称」の字を加えます。たんにはなしことばのみを指すのではなく、むしろ表現一般をいう語だと認識されます。これらの語の用法には厳格な区別はないように思われるのですが、その多少の相違を、「謂」「云」「曰」「言」に限って、それぞれの文字の初義に即して概述いたしましょう。

謂：「胃」が声符の形声字。『説文解字』三上には、「報なり」としますが、戦国期の金文には、

・朕余《わ》れ之《こ》れに名づけて、之れを小□（不明）と胃《い》（＝謂）ふ〔吉日剣《きちじつけん》〕

の銘文が見えるところから、「名づける」の意が本来の義でなかろうかと思います。日本でも、『日本書紀』神代紀に「上を天と謂ひ、下を地と謂ふ」と用いられており、「名づける」の義がもっとも古いものではないかと考えられましょう。「名」はそのものの実態をはかる指標なのですから、ゆえに「評価する」の意につながっていきます。したがって、「おもふ」とも訓みうる文字です。またたとえば『論語』のうちに収められる人物評、および人間観を述べるさいには、おおむね「〜を謂ふ」の形式が採られます。他に『玉篇』巻上・言部に「謂は言なり、道なり」とするように、物の意味することを述べたり、また直接に相手に告げることを指します。

云：「雲」の字の下部に当たります。よって音は「ウン」。『易』繋辞伝下に、言動のことを「云為」といい、古くからことばの意を表す語として認められていました。一般に古書や人の言を引用するさいに用います。

・詩に云ふ、切するがごとく磋《さ》するがごとく　琢《たく》するがごとく磨するがごとし、と〔『論語』学而《がくじ》〕

というふうにです。また、文末に「云」を置いて伝聞を示す用法もあります。

曰：祝告の器が開かれ、神託が告げられるさまを示しています。聖なる者のことばをいう語でした。やはり「のたまはく」と敬意をこめて訓むのが適当でしょう。『論語』の「子曰く」は、「子のたまはく」と訓んではじめて、初義に叶うというべきです。「曰」は一般的には、つぎに述べられることばを指して用いますから、「いはく」「のたまはく」と「〜く」の用法をとり、句末に「〜と」と送りがなを置いて、呼応させるのが普通です。さらに「名づける」の義ももち、

・号して駝と曰ふ〔柳宗元《りゅうそうげん》「種樹郭橐駝伝《たくだ》」〕

というように用います。

「謂《い》」「云《うん》」「曰《えつ》」、その声近くして義もまた近く、すなわち一系の語といえましょう。

言：祝告の器に辛形のものを置く象形。この声明に違背するなら、墨刑を受くるともよしとする意をもつ語です。いわば盟約です。『玉篇』巻上・言部に「言は、我なり、問ふなり」とするのは、その字義のうちに自己主張的な要素があったからなのでしょう。それは、ときに攻撃性を帯びた言説となります。

・時に言言《ここげんげん》し　時に語語《ぎょぎょ》す〔『詩』大雅《たいが》・公劉《こうりゅう》〕

というのは、定都のときの儀礼をいう句です。これをもって、威嚇的に邪霊を払うのです。そのような攻撃

的な「言」に対して、抑制的なことばを「語」といいます。「言」について、『名義抄』が、「トフ」という

訓を付するのも、そのゆえであろうかと思います。

・書に云ふ、高宋、諒陰《りょういん》〈喪中〉、三年言はず、と〔『論語』憲問〕

とくに攻撃的なことばは固く禁ぜられたのでしょう。

以上、語法の相違する理由が、じつは、その本義にまで遡りうるという事実を示したまでです。

Q5 :「ゆく」について

「行」「往」は分かるのですが、どうして「去」「之」「如」「適」「徂」などがいずれも「ゆく」と訓まれるようになったのか、また、それぞれの相違についても説明してください。

A5

「行」「往」「去」「之」「如」「適」「徂」が、どういうことで「同義語」となったのかを、その字源に即して考えてみましょう。

行：十字路の象形。もと「行路」の意。それより動詞化されて、「ゆく」の義を得たのでしょう。一般に、往路帰路を問わず、その進行の継続するをいう語です。したがって「行」と「止」一対の語となります。時代の経過とともに品詞をかえて、ついに「ゆく」の義を得た例に当たりましょう。

・西のかた平らかに（危難もなく）行きて宛城《えんじょう》に至る〔『漢書』李公利伝〕

往：鉞の上に足をかけて、その聖器の霊を受けて、神事に赴くというのが原義でしょう。甲骨文に「往来、災亡きか」と問う刻辞があり、儀礼的な行為をいう語でした。古くより「往」「来」は一対の語でした。此から彼へと「ゆく」の義です。じじつ『爾雅《じが》』釈詁《しゃっこ》に「之《ゆ》くなり」と見えます。特定の条件においてであれ、本来「ゆく」の義を備えた語です。

・公山弗擾《ふつぜう》、費を以て畔《そむ》く、召す、子往《ゆ》かんと欲す〔『論語』陽貨〕

去：神判に敗れたものを、水に投棄するさまを象る字。廃去、退去の意をとります。日本の「去《い》ぬ」の語感に似て、消えていく印象をもつ語です。それで本義からしだいに引伸されて、「ゆく」の義を得たのです。

・胡為《なんず》れぞ遑遑《くわうくわう》として（あわてるさま）何《いづ》くにか去《ゆ》かんと欲す〔陶淵明「帰去来兮辞」〕

之：足迹の象。「往」の字の上部に、「之」の形が見え、歩行儀礼を指す語だと思われます。すでに原義が「ゆく」なのです。これを「の」や「これ」と訓んで、介詞や代名詞に用いるのは、もとよりも仮借によるものです。

如：あてもなく出かけるといったニュアンスをもつ語です。あるいは「〜ごとし」と訓むように、それ自体に婉曲的な語感があったからかもしれません。したがって、それは目的のない移動を意味して、

・一葦《いちゐ》の如く所を縦《ほしいまま》にし　万傾の茫然たるを凌《しの》ぐ〔韓愈《かんゆ》「前赤壁賦」〕

と詠われます。しかし、

・河水に如《ゆ》く有り〔『国語』晋語〕

とあるとおり、「如」字は、とくに『国語』『春秋左伝』など、地方の伝承を主とする文献に多見されるところから、おそらく方言でなかったかと推測されます。

適：もと目的に叶うの義ですが、それから引伸され、「如」とは反対に、明らかな目的地に向かう意をもちます。

・逝《ここ》に将《まさ》に女《なんぢ》を去りて　彼の楽土に適《ゆ》かんとす〔『詩』魏風《ぎふう》・碩鼠《せきそ》〕

は、苦境を去って、望まれる地を求めようとする詩の一節です。「適」の用例の典型というべきでしょう。ただかつては漢・揚雄『方言』巻一に「適は宋・魯の語なり」とするように、方言であったものが通語となった例かもしれません。

・子、衛に適《ゆ》く〔『論語』子路〕

徂：江戸儒者・荻生徂徠の字として知られます。「徂」は「ゆく」、「徠」は「くる」、相反一対の語です。先掲の方言集大成の書『方言』巻一に、「徂は斉の語なり、適は宋、魯の語なり、往は凡語（通語）なり」と見えます。しかし、

・我れより爾《なんぢ》に徂《ゆ》く〔『詩』衛風・氓《ほう》〕

は、衛の地の詩であり、「徂」は、きわめて古くより通語となっていたようです。もし、はじめより通語であったとすれば、あるいは部首の関連から、「ゆく」の意味をもったのかもしれません。

『大漢和辞典』に「ゆく」の訓をもつ字、じつに一八〇字を数えます。ただ『万葉集』に見られるものには、「去」「往」「之」のほぼ三字に限られます。うち「往」「之」が、おそらく、その原義をそのままに伝える字

と考えてよいかと思われます。他の字は、借りて「ゆく」の義を得たものです。

Q6：「相」について

王維の詩中「明月来たりて相ひ照らす」では「明月」が一方的に照らしているのだから、「相」は誤った用い方ではないのですか、説明してください。

A6

「相」字を含む、お尋ねの詩

・独り坐す幽篁《いうくわう》の裏　琴を弾じて復《ま》た長嘯《ちゃうせう》す　深林人知らず　明月来たりて相ひ照らす〔王維「竹裏館」〕

「明月」が人を照らすことはあっても、まさか人が「明月」を照らすなど、ありえないはずです。したがって、この「相」は「相互に」交渉するの意をとっていないことになります。むしろ「一方的に」照らしているだけです。もっとも、このような用例が誤っているのではありません。かえって、漢文では、この用例が多く見えるのです。もちろん、ここで採りあげるのは、「相」(xiang)を平声で読むところの「助字」にかんしてであって、「実字」としての「相」は問いません。

・一たび相ひ思ふ毎《ごと》に千里駕《が》を命ず〔『世説新語』簡傲〕

このとき、馬を駆るのはどうしても双方ともにというわけではないでしょう。こちらの感情が対象に向かうなら、あるいは、動作、行為の及ぶ対象がありさえすれば、それで十分、「相」字は用いられたのです。

また同書に、

・遠く来たりて相ひ見るに、子は吾れをして去らしめんとす〔『世説新語』徳行〕

とあります。「一方的に」の意。

しかし、この用法がすべてに亘っているわけではありません。

・四人相ひ視て笑ひ、心に逆《さか》らふ莫《な》し〔『荘子』大宗師〕

これは、かえって「相互に」心を通わす意で用いられています。したがって、どちらが正しいというようなものではなく、その文脈によって理解するほか決め手はないといってよいでしょう。ただ、右に引用した典籍のことからいえば、古い時代に遡るだけ、「相互に」の意をとり、魏・晋期の『世説新語』などの作品に至ってはじめて、「一方的に」の意を得たのであろうことが推測されます。ちなみに、先例、『世説新語』徳行の一節は、じつは会話中の句、いささか「俗語」的な要素を含むところがあるのかもしれません。後漢よりのちの、いわば「俗語」化に促された結果であろうかとも想像を逞しくしています。なにぶん『世説新語』こそ、「俗語」を豊富にもつ作品でもあるからです。

「相」の原義は、つぎの句あたりに窺いうるものと思われます。

・惟《こ》れ太保、周公に先んじて宅を相《み》る〔『書』召誥《しょうこう》〕

「相」は、いわば、卜占のことに属しています。本来、「相」は文字どおり、木を見る意であり、繁盛する樹木を見ることによって、その自然をより活動させようとする魂振り的な行為にもとづく語だったのでしょう。その呪的な行為が政治的に作用するとき、ここに、圧服支配の儀礼が成立します。日本のいわゆる「国見」に当たりましょう。原初的な融即観念に発するものでしょう。おそらく「相」が両義を備えるのは、そのためだと考えられます。ともかく「相互に」であれ、「一方的に」であれ、そこになんらかの「働き」が加われば、「相」字を用いることのできる条件が満たされた、ということでしょう。

ご質問の王維の詩の「相」は、その「一方的に」の義をとどめる用例です。時代的にいっても、盛唐の詩ですから、魏・晋以降に浸透してきた「一方的に」の意をとって当然のことかと思われます。そして、人口に膾炙する、つぎの詩も「一方的に」の意で解されるべきかと思われるのです。

・偶《たま》たま狂疾により殊類と成る　災患相ひ仍《よ》りて逃がるべからず　今日爪牙《さうが》誰か敢《あ》へて敵せん　当時声跡共に相ひ高し

中島敦『三月記』に引かれる李徴《りちょう》の七言律詩。さて、指導書がどう解釈しているかは調べたことはありませんが、「災患相ひ仍りて」は、「災難がこちらへ一方的にふりかかってきた」、「声跡共に相ひ高し」は「名声、功績どれも、世の人々にたいして一方的にこちらが高かった」とぐらいに解しうるものと思われます。

しかし、『名義抄』には、「タガヒニ」の訓は見えるものの、「一方的に」の意を欠いています。日本では、あらかじめより「相互に」の意をもつ語として定着していたはずです。中国の古い時代の用法だけが、すくなくとも『名義抄』には採用されたのでしょう。おそらく、王維の詩の「相」を誤用と感ぜられたのは、その日本の語法における既成の観念に動かされたためかもしれません。もっとも、『日本後紀』『続《しょく》日本後紀』などの史書からはすでに「一方的に」の意とする用例を、数例、見いだしえますので、かならずしも、その用法が排除されてきたとはいえません。たとえば会話に「相済みません」などという例は、あるいは、その名残と考えられなくもないでしょう。ちなみに、「相伝」「相次」の「相」は、その「一方的に」の用法を時間の領域に移しかえたものとして支障なきことと思われます。

Q7：中国と日本での語意の相違

「故人」や「人間」は、中国と日本とで意味が異なるようですが、どうしてですか、説明してください。

A7

どうして、中国と日本とで意味が相違するのか、考えられることは、漢語を受容したさい、誤って摂取したのか、それとも、そのときは、そのままに摂取していたのに、日本において、語意の変化が起こったのか、あるいは中国ですでに分義があったのか、そのいずれかのように思います。あえていうなら、この種の語の多くは、すでに中国において、分義があったものと推測されます。そうでなければ、日本における特定の志向をとる領域で、新しい語義を得たものと思われます。「故人」はその前者、「人間」はその後者に当たりましょうか。

「故人」は、現在では、「死者」の意。しかし、漢文では、

・若《なんぢ》は、我が故人に非《あら》ずや〔『史記』項羽本紀《こううほんぎ》〕

「旧友」の意とするのが一般です。

・西のかた陽関を出づれば故人無からん〔王維《おうい》「送元二使安西」〕

は、再び会いがたい、「友人」との別れを詠い、

・三五夜中新月の色　二千里外故人の心〔白居易《はっきょい》「八月十五日夜禁中独直対月思元九」〕

も、昵懇の人・元稹《しん》をなつかしむ詩ですから、とうぜん「旧友」の意です。

より古くは、

・子墨子、魯より斉に即き、故人を過ぐ〔『墨子《ぼくし》』貴義〕

なども「旧友」を指します。しかし、

・故人の心尚《な》ほ爾《しか》るに　故人の心を見ず〔謝朓《ちょう》「平和主簿季哲怨情」〕

は、もはや追慕されるところの「死者」です。じつは、この意こそが、本義に迫っているものと思われます。「故」は、もと秘匿された呪言の威力を毀《こぼ》つ行為をいいました。それが「事故」です。したがって、害する意をもち、それが人体に加えられるなら、「死」。「物故」の謂です。おそらく「故旧」「故客」「故法」など、「旧」の意をとるのは、のちのことに属するものと思われます。

『日本後紀』巻一二・桓武には「故人に逢へば、其の賤なるを嫌はず、手を握つて相ひ語る」などと、「旧友」の意をとる場合もありますが、『和漢朗詠集』巻下に「秋風袂《たもと》に満ちて　涙す泉下故人多し」とあり、まさに黄泉の国の「死者」です。このときほどから、日本では「死者」の意とする慣習が定着していったのではなかろうかと考えられます。かつては、中国、日本いずれにおいても、両義併存していたというべきでしょう。

「人間」は、もちろん「人」のことですが、漢文では、「世間」の意をとるのが常のことです。そして、「人」の意とする例を見ることはまったくありません。

・桃花流水窅然《えうぜん》として（はるかに）去る　別に天地の人間《じんかん》に非ざるなり〔李白「山中問答」〕

また「天上」との対比において、その「世間」の意であることが顕著な例、

・但だ心をして金鈿《きんでん》の堅きに似しめば　天上人間《じんかん》会《かなら》ず相ひ見ん〔白居易「長恨歌《ちょうごんか》」〕

・其の人曰く、天上、人間《じんかん》に比《くら》ぶるに差《やや》楽し、苦しまざれ、と〔『唐才子伝』巻五・李賀《りが》〕

これらは、すべて「ジンカン」と訓むべく、「俗世」のことをいいます。また人口に膾炙されている、「人間万事塞翁が馬」も、じつは正しくは「ジンカン」と訓むべきです。日本では、『名義抄《みょうぎしょう》』に、「人間　ヨノ

ナカ」とあって、「世間」の意。「人」の意として受容することはなかったといえます。一体、いつのころから、「人」の意として用いることとなったのか、よく知られないのですが、どうやら、僧・月性の「人間到る処青山有り」(「将東遊題壁」)の句あたりからのように思われます。古く日本は、やはり「世間」の意味で受けいれ、漢音「ジンカン」と訓まれていたにちがいありません。しかし、のち、たとえば仏教界のような特定の思想的な領域で、「ニンゲン」と訓まれ、「人」の意味にさしかえられていったのではないかと臆測されます。文字どおり臆測でしかありません。

ともかく、日本の誤解といったことで済まされないものがあろうかと思われるのです。

Q8：「然」と「燃」について

「然」を「燃える」の意味で用いる文例を見かけますが、「火」部が欠けた誤りではないでしょうか、説明してください。

A8

杜甫詩「絶句」の一節、「江碧《みどり》にして鳥逾いよ白く　山青くして花然《も》えんと欲す」を意識されてのことでしょうか。たしかに仇兆鰲《きゅうちょうごう》の『杜少陵集詳註』は、「然」を「燃」に作ります。しかし、その出典として、梁・元帝の歌「林間花然えんと欲す」を挙げているところからすれば、いうまでもなく「然」と「燃」を同義と見ているのです。

日本においても『字鏡集』が「然　ヤク、ユルス、シカモ、シカナリ……」とし、すでに「然」に「焼く」「燃える」「燃やす」の意の認められていたことが分かります。

中国に例をとりましょう。

・卓、素《もとよ》り充肥なり、脂地に流れ、尸《し》（屍）を守る吏、火を然《も》やして、卓の臍中（へそ）に置く〔『後漢書』董卓《とうたく》伝〕

「然」に作り、「燃」の意を示しています。

「然」は、すでに『説文解字』巻一〇下に「焼なり、火に従ふ」と見え、その初義自体が、「燃える」であったのです。「火に従ふ」というのは、「然」の部首の形を説明するものです。それなら、むしろ「燃」は、さらに「火」を加えてなった後起の字としてよいことになります。

もと「然」は犬肉を焼いて天を祀る祭儀を象った字でした。「燃える」の義はそこに由来します。ちなみに、「然」の右上部の「犬」はその犠牲、すなわち犬牲を意味しました。その「犬」を含む「類」もまた、その種の祭儀をいう字でした。もっともいまは「犬」は「大」と記すべきと強いられます。その「然」が、やがて「しかり」と訓まれたり、「しかれども」と接続詞に用いられるに及んで、初形の「然」と区別するため、はじめて「燃」の表記が現れたものだと思います。おそらく漢・魏以降のことかと思われます。

杜甫詩「山青花欲然」の「然」を「燃」の意味としてけっして誤りでない所以を、以上、確認したにすぎません。

Q9 ：「白日」について

盛唐の詩人・王之渙《わうしくわん》の詩「鸛鵲楼《かんじゃくろう》に登る」に見える「白日山に依りて尽く」の「白日」は、どんな光景を詠じているのですか、説明してください。

A9

まず、その詩を記しておきましょう。

・白日山に依りて尽き　黄河海に入りて流る　千里の目を窮めんと欲し　更《さら》に上る一層の楼〔王之渙「登鸛鵲楼」〕

一般的な口語訳では第一、二句、「白く輝く太陽が、山によりかかるようにして尽き、黄河が海に向かって流れてゆく」ほどになりましょう。その対句校正から、「白」と「黄」の色彩対照を求めているようです。しかし、じっさいの景観として、「黄河」が鮮烈な「黄」を呈示しているとは思われません。しかも、詩は夕景を描写したものです。「白日」を「白く輝く」ものと考えてよいのか、という疑問が残ります。それで、「白日」を「夕日」のことと解釈する説が現れます。

しばらく、「白」字に即して考えてみましょう。『説文解字』巻七下に「西方の色なり、陰事を用ゐるとき、物色白し、入に従ひて二を合わす、二は陰の数なり」とあります。はなはだ理に過ぎる解というべきでしょう。「白」は「入」と「二」の形を合成した字であり、うち「二」は陰数であるから、陰の方角・西方の色を示すというのです。五行説になずむ訓です。さらに『説文解字』は、意味、音の近きをもって、またさきの五行説に準じて、「白」に属する語、「皎」「皢」「皙」「皤」「皠」「皚」「皅」「皦」「㿟」「皛」「皁」を列挙します。ここには、「あきらか」と訓みうる語、または、訓みえなくとも、その義を帯びる語が並べられています。さらに、梁・顧野王《こやおう》の『玉篇』巻中・白部も「白、歩陌の切、西方の色なり、明なり、告語なり」として、『説文解字』の字例に、「皖」「皚」「皓」などを加え、併せて四三字を「白」部に属します。ほぼ、「あきらか」の義を含むものです。じつは、この説もまた、五行説の閾を越えるものではありません。陰数から西方、西方から「白」、さらに「あきらか」の意へと連想する、これら迂曲の説よりも、それを語源のうちに求めるほうが、むしろ適切かと思います。もと、「白」は、「入」と「二」の合成字などは考えられず、じつに「されこうべ」の象形でした。それは白骨化したものゆえに、「白」の意をもちます。それの鮮明なるをもって、「あきらか」の意をもったと解するのがよろしいかと思われます。

「白日」と熟された語の所見はおそらく、

・燿乎《えうこ》として白日初めて出でて　屋梁を照らすがごとし〔宋玉「神女賦」〕

あたりではないでしょうか。『文選』中に収められるものですが、李善の注は、この「白日」が、『詩』の「東方之日」を指すものであって、美貌の人の比喩である旨を説きます。とするなら、五行説の「西方の色」とする解とは無縁のことに属しましょう。本来、「白」を「西方の色」とみなす観念のなかったことを示しているようです。したがって、「白日」を「夕日」と短絡させる必然性は少しもありません。ただし、

・歩みは棲遅《せいち》として以て徒倚《しい》し（さまよう）　白日は忽《こつ》として其《そ》れ将に匿《かく》れんとす〔王粲《おうさん》「登楼賦」〕

の場合は、明らかに「夕日」を指しましょう。

・豫章《よしゃう》風を翻《ひるがへ》し白日動き　鯨魚浪を跋《ふ》んで滄溟《さうめい》開く〔杜甫「短歌行・贈王郎司直」〕

となりますと、それが「夕日」であるのか、「東方之日」すなわち「朝日」であるのか判じがたいものがあります。しかし、それが、鮮やかな光景をいう語であることは間違いありません。王之渙「登鸛鵲楼」の「白日」は、ほぼ杜甫と同年代の詩人ですから、おそらく、「白日」の語に対する認識に共有するものがあったでしょう。五行説的な観念を払拭して、「夕日」と「朝日」を問わず、もっぱら、その「あきらか」さ、

鮮やかさを意味する字として「白」を捉えていたのではないでしょうか。もっとも、「白日に依りて尽く」というのですから、この「日」が「夕日」であることは確かではあるのですが、そう規定されるのは「山に依りて尽く」の表現からそう推測されるだけです。もし、「白日」を「夕日」とするのであれば、かえって同義くりかえしということになりはしないでしょうか。きっと王之渙は、時間的な概念や方角的な概念を述べているのではなく、その鮮やかな陽光のひろがりを詠っているはずです。このとき、「白日」の「白」はたんに色彩語であることから跳躍するというべきでしょう。

Q10 ：「性」について

日本では、もっぱら男女間のことに限って用いる「性」の字は、漢文ではどういう意味で用いられるのですか、その本来の意味も説明してください。

A10

お尋ねの件は、たとえば、

・少《わか》くして俗に適する韻《しらべ》無く　性本《もと》邱山《きゅうざん》を愛す〔陶淵明「帰園田居」〕

などに見えて、副詞的な語法で用いられる「性」字にかんすることも、ご質問の視野のうちに収められているのではないかと察せられます。もと、「性」字は、「生」を声符とする形声の字とされます。しかし、「生」字の初義を承けるところがあるようにも思われます。「生」は、もとは種の発芽する象形、ものの初期なることをいう字です。「性」字そのものは、後起の字らしく、『説文解字』巻一〇下に「性善なるものなり」とします。孟子の思想より、漢代の儒家のそれを通じて、許慎は、人の性情をいう語として理解していたということになります。しかし、古くは「水の性」「地の性」などと用いられることが多く、かならずしも人のことのみにかんする字ではなかったようです。ものが初期において得ているところの属性一般をいう語だったのではないでしょうか。とすれば、やはり「生」の初義をなおとどめるものといえましょう。清代の『康《こう》煕《き》字典』卯集上には、その「性」の義として、「天命」「自然」「生」「生の質」「無為」「姓」「人、生来、心に理あり」の義などを並べます。『辞海』心部は、「質」「生命」「理」の義を挙げ、また仏典にみえる四義に触れ、さらに「性別」の義、併せて八義を連ねます。ここから、すでに「情性」の意味が見えないこと、すくなくともその意味をとる出典を例示していないこと、また一九四七年刊行の『辞海』にいたってはじめて、「性別」の義が採用されていることが分明しましょう。

　したがって、さきの陶淵明「帰園田居」詩の「性」を、『陶淵明詩解』において、鈴木虎雄は、「性質」と釈しています。

・性相ひ近きなり、習ひ相ひ遠きなり〔『論語』陽貨〕

というとき、「性」は「習」と対照的な概念として用いられています。「習」は、むろん習慣づけられ、習得される後天的な学習過程をいう語でありましょう。いきおい「性」は先天的な属性をいう語と考えられます。のち「性」は、宋儒の提唱する「性命理気」などの術語のように、天から賦与されて所有する本質を意味することになりますが、それはいわば哲理に染色された結果のことです。

　もと「性」はかならずしも人の性質のみをいう語ではなかったのですが、

・告子曰く、性は猶ほ湍水《たんすい》（奔流）のごとし、と〔『孟子』告子上〕

・性は生の質なり、情は人の欲なり〔『漢書』董仲舒《とうちゅうじょ》伝〕

というとき、告子は、人間の善悪論を、いわゆる「性説」をもって展開しているのですし、『漢書』は、はっきりと「性」、「情」を区別し、「性」を人間の生来の本質、「情」を人間の過剰のものとしているのです。

・陛下、禹《う》、湯《たう》の明有るも、黄（黄帝）、老（老子）の性を養ふの道を失へり〔『後漢書』光武紀〕

は、帝が本性を修養する黄・老の術を会得していないことを述べるものです。

その人の本性を、さらに根源的なものと解する用例としては、

・皓歯蛾眉《かうしがび》（美人）は、命《なづ》けて性を伐《き》るの斧と曰ふ、〔枚乗《ばいじょう》「七発《しちはつ》」〕

を挙げておきましょう。情欲こそが、生の根源を傷つける、というのです。

国語においても、「性」は一般的には「ショウ（シャウ）」と訓まれたようで、『大言海』は、その項に、「人ノ、ウマレツキ。性質。性分」を一義とし、ついで「人ト人ヨリ間ノ遇、不遇、又ハ吉、凶ナド、定ムルコト」、「物ノ自然ノ成立。タチ。性合。質」、「タマシヒ。根性。精神」を挙げ、「せい」の項では、「サガ。タチ」を挙げるばかりです。いわば宋学のうちに洗練された哲理性を含む分例を引用していません。国語では、「性」は哲学化されることがなかったのでしょう。しかも性惰を意味する用例をも提示するところがありません。日本でも、情の要素を棄てきった意味として、「性」は用いられてきたことが分かります。もとより、現今頻用の「性欲」「性愛」などの語は、その原義を遠ざかること甚しいものがあります。おそらく、そのような語義は「sex」の翻訳語として、はじめて登場したのではないでしょうか。もっとも仏典には「性欲」の使用がありますが、かならずしも「sex」と同一の意味として用いられているのではありません。漢文においても、その用例は皆無です。

はじめに示しました、「性本邱山を愛す」の「性」は、もとより「うまれつき」といった程度の訳、あるいは平安期の訓読である「ひととなり」の訳が穏当のようです。そうすれば、副詞的な語法としても生きてくるのではないでしょうか。そして、このような文辞が、「伝」の典型的な記述様式として習見されること、付記しておきます。

Q11 ：「新月」について

漢詩に見える「新月」はどんな月ですか、そして、それを日本ではどう受けとめてきたのですか、説明してください。

A11

白居易の詩中の「新月」のことを直接には指しておられるのではないかと推されます。時に翰林学士であった詩人、白居易は三十九歳。ひとり宮中に宿直して、月にさし向かいつつ、湖北に流された友人・元稹《げんしん》のことがしきりに思いかえされる。ざっと題はこういうことでしょう。

・銀台金闕《きんけつ》夕に沈沈　独宿相ひ思ふて翰林《かんりん》に在り　三五夜中新月の色　二千里外故人の心　渚宮《しょきゅう》の東面に煙波冷かに　浴殿の西頭に鐘漏《しょうろう》深し　猶《な》ほ恐る清光同じく見ざるを　江陵《こうりょう》は卑湿にして秋陰足る〔白居易「八月十五日夜禁中独直対月憶元九」〕

彼此の間を、景がゆきつもどりつしながら、切々と元稹への追慕の念が述べられます。ちなみに、語釈として留意すべきことは、「相思」がかならずしも思いの往来を意味せず、ここではもっぱら白居易の元稹にたいする思いをいうもの、「故人」は「旧友」のこと、「足」は「飽きるほど多い」の意味である、などといった点でしょう。

ところで、「新月」は、「出たばかりの月」と解されてよろしいと思われます。一方、「新月」には、「陰暦三四日ころの月」すなわち「みかづき」を指すこともありましょうが、なにぶん「十五夜」というのですから、「出たばかりの月」としか考えられません。

さて、この詩を日本がどう受容してきたかを、尋ねておきましょう。まず『和漢朗詠集』巻上に、「三五

夜中新月色　二千里外故人心」の二句が引かれて「三五夜の新月の色　二千里の外《ほか》の故人の心」と訓ぜられてより、白居易の詩の深く愛好されてきた事情は、ご承知のことと存じます。

　たとえば、『源氏物語』須磨に、「こよひは十五夜なりけりとおぼしいでて、……月の顔のみ見まもられたまふ。二千里の外故人の心と誦んじたまへる例の涙もとどめられず」とあり、それは、すでに「誦ん」ぜられたのですから、いかほど日本の情感に浸透していたのか察せられましょう。しかも、それは和文の文脈のうちに巧みにほどかれ融けこんでいます。そして、秋の悲哀をより駆り立てる景物として詠まれているのです。それは、文字どおり「月の顔」とされる以上、「みかづき」ごときではなく、やはり円形を保つ月でなければなりません。しかしまた、その「顔」は哀愁を帯びたそれであって、華やかな望月の印象がありません。となると、それは十五夜の「月」でありながら、なお薄明の白い「月」である必要があろうかと考えられます。そのような把握の、より鮮明である例が、「三五夜中新月白く冴え、涼風颯颯たりし……」とする『平家物語』巻七・経政都落の叙述です。それは、敗残したものの心を状《うつ》す「月」でもあったようです。いずれにせよ、白居易の詞を採用しながら、その「新月」を華やかに輝く「月」ではなく、いましも浮かびあがってきた、まだ白さをとどめている「月」として想定しているようです。

　ところが、『徒然草』一三七段は、「望月のくまなきを千里《ちさと》の外まで眺めたるよりも、暁近くなりて待ち出でたるが、いと心深う……」とします。もちろん白居易の詩を襲《ふ》んではいるのですが、おそらく兼好法師は、「新月」がどのような姿形をしているのかなどに配慮を施すことなく、十五夜の「月」から短絡して、翳りのない満月を連想したのでしょう。ほんとうは、そのような風景には関心がなかったかとも思われます。もっぱら、「暁近くなりて待ち出でたる」淡い月にこそ、兼好の眼は、というより、心は注がれたのだと思います。それは誤解というよりも、兼好なりの美学的なスタンスを示すものといってよかろうかと思われるのです。

　白居易の詩中の「新月」は、結局「出たばかりの月」であるとどうじに、「清光」を放つ、新鮮な「月」

であると、いってよいでしょう。その形状については、これより仔細には尋ねがたいものがあろうかと思います。「清」は清爽の意、それなら、むしろ、その「月」の白く、鮮やかな光にこそ、注目していただければ、それで十分かと思われます。しかも、元稹のいる江陵の「煙波」かすみ、「秋陰」多き、その暗然とした情景と対照をなす澄明な光を、白居易は凝視しているのでしょう。こと、「清光」の用例を拾えば、

・寒郊留影無く　秋日清光懸《か》かる〔江淹「望荊山《けいざん》」〕

晩秋の日、清らかな光を帯びた月が、空に懸かっている情景です。

・明日看《みす》みす堕《お》ちんと欲し　窗《まど》に当たつて清光懸かる〔李白「擬古」〕

いまにも堕ちかかろうとする、清冽な月の余光です。

そして「新」の用法をいうなら、同じ白居易の詩からそれを求める如《く》くはないでしょう。

・春禽余弄《よろう》在りて　夏木新陰成る〔白居易「首夏」〕

春の鳥が名残の遊びに耽っている、その時しも、夏の爽やかな木陰が生まれる、という詩でしょう。たしかに、「新」は、その時間的な初期性をもつ語でありながら、むしろ、その状態の清新さを強く指示する語であろうと思われます。

・江柳影寒く新雨の地　塞鴻《さいこう》声急にして霜ふらんと欲するの天〔白居易「贈江客」〕

「新雨」は、降りそめた雨をいうばかりではなく、身をひきしめるほどに、清冷な雨の印象をもつつんでいるかのようです。「新」は、もと新木に辛（針）を打ち込み、それを切る象形。それで、死者の神位を作るのです。いわば新仏《にいぼとけ》の位牌に当たりましょう。その木膚の沁みるような白さを、「新」字は、なおその字義のうちにもとどめ、また白居易の詩にも、そのような光が放たれているのを覚えざるをえません。

Q12 「文」について

文学の「文」と縄文の「文」とでは意味が異なるようです。「文」の本来の意味と、その他の意味を併せて説明してください。

A12

明確に要約しうるものかどうか、はなはだ心許ないしだいですが、「文」字の用例を一通り見てゆくことだけはいたしましょう。

もちろん日本でも、「文」は、まず「ふみ」と訓んで、「書物」「文書」「消息」「書簡」、古くは「漢詩・漢文」「学問」の意をもちました。文学の「文」です。また「あや」と訓んで、「模様」「交錯」「条理」の意、すなわち縄文の「文」です。まことにその義には多様なものがあります。この現象は、もとより中国でも同様です。

中国の『字海』は併せて一一義、『新字源』は一語義、『大漢和辞典』は二七義をそれぞれ並べます。顧野《こや》王《おう》『玉篇』上・巻五は、主としてその音から義を説く字書なのですが、「亡分《ぼうぶん》の切、文章なり、書云ふ、聰《そう》明《めい》文思」とします。音は「亡」(bou)の頭音と「分」(bun)の尾音を約したもの、すなわち「bun」、その義を「文章」としますが、『書』堯典《ぎょうてん》・序の「聴明文思」を引くところからすれば、また「文」に「天地を経緯する」(馬融《ばゆう》注)意味のあることをも述べるのでしょう。そのことよりも、じつは、「文章なり」としたところに、「文」字の初義が洞見されているはずなのです。

その「文章」一語についても、多種の義があり、

・子貢《しこう》曰く、夫子《ふうし》の文章は得て聞くべきなり、夫子の性と天道とを言ふは、得て聞くべからざるなり

〔『論語』公冶長《こうやちょう》〕

孔子は、「性（人間性）」とか、「天道」について議論することはなかったが、「文章」について述べることはあったというのです。このとき、「文章」は、詩、書、礼、楽を総合する、いわゆる「文化」を指すのでしょうが、もし「性」や「天道」が、天から賦与されるものであるならば、それとは対照的に、「文章」は人間の営為によって創り出されたものをいうものでしょう。

・子、四を以て教ふ、文、行、忠、信〔『論語』述而〕

この「文」もまた、「行」「忠」「信」がいずれも、その実践のうちに獲得されるものである以上、ひとしく天よりあてがわれるものでないことを示唆していましょう。

・子曰く、大なるかな、堯《げう》の君たるや、……煥乎《くわんこ》として其れ文章有り〔『論語』泰伯《たいはく》〕

朱熹《しゆき》の『集注』に「煥《くわん》は光明の貌、文章は礼楽法度なり」とあるとおり、「堯」の教化による集成をいうものです。

「文章」とは、作為の結晶を指すこと明らかです。その端緒は、おそらく「文」「章」の字源のうちに開示されているのではないかと思われるのです。

白川静『字統』は「文身の形。卜文・金文の字形は、人の正面形の胸部に文身の模様を加えた形。聖化のために、朱などで加える文身をいう」とし、その俗が、出生、加入式、死喪など通過儀礼に出ていることを説きます。「文」とは、入墨のさい加えられた文飾をいい、またその俗習をもいうことになります。その「文」の語義の展開をたどれば、その俗のよく継承されたゆえに、「文化」や「伝統」の義をもつことになったと考えられます。

・子曰く、質、文に勝てば則ち野なり、文、質に勝てば則ち史なり、分質彬彬《ひんぴん》として（調和して）然《しか》る後に君子なり〔『論語』雍也《ようや》〕

生得の材質を「質」とすれば、それに「文」すなわち彫琢を加えるなら、そこに、「分質」のほどよい調和が生まれるであろう、というのでしょう。「文」は、「質」を洗練する所以にほかなりません。本来、入墨の儀式を指していた語義が、その精神的な営為のうちに移されたとき、「文」は、文字通り「文化」の意味を得たのです。

・倉頡《さうけつ》の初めて書を作るや、蓋《けだ》し類に依り形を象る、故に之れを文と謂ふ〔『説文解字』巻十五・敍〕

もと入墨の模様であった連想から、こうして「文字」の意味を得たのでしょう。しかも、それをもって「文化」的な伝統が有形的にも後世に継承されることより、「文字」はとりもなおさず「文章」の意をとった。ものと考えられます。「章」もまた墨だまりをもつ辛（針）の形を写す字、「文身」の文彩をいう語です。それを一層あざやかに光沢をほどこす字が「彰」です。その字義の展開には、「文」ともども、類似するところが多いようです。

ゆえに「文章」は、内面の彩色であるとも言えましょう。

・蓋《けだ》し文章は経国の大業にして、不朽《ふきう》の成事なり〔曹丕《そうひ》「典論」論文〕

魏の時代に至って、「文章」はほとんど思想の表現そのものをいうことになります。

じつは、そのような意味を得るためには、もとより視覚的な美しさが、内面的な美しさを示す語に置き換えられる必要がありました。

・令聞広誉、身に施す、人の文繡《ぶんしう》を願はざる所以《ゆゑん》なり〔『孟子』告子上〕

「文繡」とは、「ぬいとりのある美しい服」、しかし、ここでは、ほぼ内面的な虚飾をいう比喩に用いられていることが知られます。

「文」は、美しいゆえに、一方では、徳の深さをいい、しかし、一方では、つねに虚飾の傾向をもつゆえに、排斥の対象にもなりました。

・夫《そ》れ文人の相ひ軽んずるは、古よりして然《しか》り〔曹丕「典論」論文〕

現実にかかわる「武」との対比のもとで、浮薄とされてきた歴史を垣間見せるのです。そのことを端的に示す語が「文弱」でしょう。

・君、本《もと》、文弱にして、武幹無し〔『宋書』殷琰《いんえん》伝〕

しかし、「文化」的な使命を遂行することは、元来、儒教の本質的な態度でもあり、

・天の未だ斯《こ》の文を滅ぼさざるや、匡人《きゃうひと》、其《そ》れ予《わ》れを如何せん〔『論語』子罕《しかん》〕

「天」が「文」すなわち文化の体現者である、この孔子を滅ぼそうとしないかぎり、匡の人はどうすることもできない、この態度もまた、中国の歴史における不変の理念でもありました。

・文武なる吉甫《きっぽ》　萬邦憲と為《な》す〔『詩』小雅・六月〕

文武両道こそ願われるべきですが、しかし、

・英雄割拠已《や》んぬと雖《いへど》も　文采《ぶんさい》風流尚《な》ほ存す〔杜甫「丹青引《たんせいいん》」〕

「文」の保持こそ、「士」階層の負うべき使命だったのではないかと存じます。その「文」を尊ぶことを、「右文」と称するのですが、じつは、その学問至上主義的な思潮が確立するのは、かなり後世のことに属するようです。

・守成には、文を尚《たっと》び、遭遇には、武を右《たっと》ぶ、未だ此れを易《か》ふる者有らざるなり〔『史記』平津侯《へいしんこう》主父列伝〕

と、往昔、なお「文」「武」、均衡をとるというべきですが、おそらく科挙制度が編成されたのちにはじめて「文」の優位が唱えられたのでしょう。宋代に、

・紹興《しょうこう》十三年、国学成るを告げ、遂に先聖及び七十二子の賛を作り、冠するに序を以てす、曰く、用《もっ》て列聖、崇儒《すうじゅ》、右文の声を広む〔『宋史』礼志〕

とあり、さらに下って、清代に、

・以為《おも》へらく、天子の文を右び、儒生の古を好むこと、頗《すこぶ》る是《こ》に在り、と〔龔自珍《きょうじちん》「説刻石」〕

とも見え、「右文」は、つねに復古の清新と表裏していることが知られます。

ちなみに「文学」なる語だけをとっても、そのうちに語義の変遷があり、

・文学には、子游《しゅう》、子夏《しか》〔『論語』先進〕

が、その用例のもっとも早いものだと思われますが、学問一般を指すようです。

・武帝、初めて即位し、天下に徴して、方正・賢良、文学、材力の士を挙ぐ〔『漢書』東方朔《とうほうさく》伝〕

かくして、郡国に「文学」の官を置いたと伝えます。「文学」は、このとき官名となります。現今の「文学」の意に近い例としては、

・初め、文帝、五官将と為《な》り、平原君・植《ち》と皆文学を好む〔『魏書《ぎしょ》（三国志）』王粲《おうさん》伝〕

「文帝」は曹丕《そうひ》、「平原君・植」は曹植《そうち》、いずれも詩人の冠たるもの、よって、この「文学」が、「詩文」を指すであろうことが推測されるのですが、それでも、なお小説、戯曲の類をつつむほどの広義な概念での「詩文」ではなかったはずです。しかし、すでに「文学」が、思想表現の一様式として理解されていたことは確かでしょう。

「文」は、いわば通過儀礼の一齣を描写する文字でした。あらかじめ「生」と「死」を象徴し、それを聖化する手段を意味しました。のち語義は派生し、その初義はしだいに曖昧なものになります。しかし、その幾種かの語義のうちには、その本来の意義が、なお浸透して、とどめられていると見るべきでしょう。

「文」の語義の変遷には、「文」にたいする認識の歴史が明らかに反映しています。しばらくは、その反映に照らされていたい衝動にも駆られるのです。

Q13 :「青」について

「青」は、「青春」などの語に用いられるのですが、その色彩がイメージできません。また「信号機」の「緑」を「青」というのも理解できません。要するに、どんな色なのか、用例に従って説明してください。

A13

和語「あお（を）」の語源について、『大言海』はいつになく説明を控えていますが、その色調を、「晴空ノ空ノ如キ色」（青空・青雲）、と「青緑ノ泛称」（青梅・青貝・青銭・青鷺・青蛙・青草・青葉）に分かちます。「信号機」の「緑」を「青」といいくるめる所以です。日本では、一般に「青」は「青」、「緑」をつつむ語であるのでしょう。

本来は、どの色を指したのか、すくなくとも、日本においては、『和名抄』巻九・国郡部が、筑前国の下座郡にある地名「青木」に「安乎木」の訓を与えることよりすれば、どうやら、草木の「青」をいう語であったらしく思われます。

その「青」の字源を考えれば、『説文解字』巻五下に「東方の色なり、木、火を生ず、生丹に従ふ、丹青の信、言、必ず然《しか》り」と見え、その五行思想的な解釈の当否はともかくとして、「丹」との関連を説明していることは注目すべきでしょう。「青」形を含む「静」字は、鋤《すき》を手にして、それに「青」を施すのが初形。農耕の器具を潔斎するのに用いるのでしょう。日本でも、「丹」、「青」は、神聖なる色でした。いわゆる「青丹よし」です。その色は、褪せぬゆえ、変わることのない信頼を、「丹青の信」といいます。その「青」は「丹」と対待する語であり、もと「青土」をいったものらしく思われます。『書』禹貢《うこう》「厥《そ》の土、青黎《せいれい》」

の「青」が、その古義を伝えます。その色の似るところから、「青玉（あおだま）」「緑青（ろくしょう）」の意にも用いられるようになります。あるいは「竹簡」の意に通じて、ゆえに、それに記された歴史を「青史」と呼びます。もしかすると、「青」が本来、不変の色とされたため、その意を託す意図があったかもしれません。

しかし、「青」の時期的に早い用例の一、

・彼の淇奥《きいく》（川の隈）を瞻《み》れば　緑竹青青たり〔『詩』衛風《えいふう》・淇奥〕

は、草木の繁生を詠うもの、「青青」は、竹の色彩的な躍動をいう語のようであり、いまでいえば「さみどり」を髣髴させるものがありましょう。『大言海』の分類に従えば、とうぜん「青緑ノ泛称」に属します。

・青青たる河畔《かはん》の草　鬱蒼たる園中の柳〔『古詩十九首』其二〕

もまた、『詩』のもつ古代的な発想を残すものらしく、もちろん、深々と茂るさまをいう語ではありますが、その「青緑」の印象を拭えません。

・渭城《ゐじゃう》の朝雨軽塵を浥《うるほ》し　客舎青青として柳色新たなり〔王維《おうい》「送元二使安西」〕

の例も同様です。草木、枝竹の色を示すものとして定着します。

もっとも「青（tsyeng）」は、かつて「蒼（tsang）」と音が近く、その色をも兼用することになります。しかも「静」「清」「浄」みな音義に相通ずるものがあり、それで、清浄沈静な海や空の色を表すようになったのでしょう。「青雲の志」というとき、それは、たんに青い空を写すばかりでなく、その清浄な精神に喩えるのです。

・乃《すなわ》ち酒を齎《もたら》し、琴を挟《さしはさ》みて造《いた》る、籍大いに悦び、青眼に見る〔『晋書』阮籍《げんせき》伝〕

「通俗の士」には「白眼」をもって向かうものの、いざ清談の徒・嵆康《けいこう》の訪れるや、阮籍は、「青眼」に変じて、この人を迎えたというのです。この「青眼」もまた、眼の色をいうよりも、俗に染まらない澄明な志尚を表現する語として考えるべきでしょう。

王維の詩に「青」の用字が多いのは、おそらく、その詩人の意境に照応してのことと思われます。

「青春」なる語にも、このことのいくらかは投影されていましょう。じつは、この「青春」の語の初出は、たぶん、

・青春謝を受けて白日照《あき》らかなり〔『楚辞《そじ》』大招《だいしょう》〕

景差の作かとも説かれるものですが、冬が去（謝）り、春がそれに継ぐことを詠います。その王逸《おういつ》の注に、「青は東方、春位、其の色、青」としますが、その経学的な解釈が通用するとは思われません。ただこの「青春」が、季節の「春」をいうものであって、のちの人がいう年代の「春」を指すのでないこと、明らかです。

・未だ青春の好《よろ》しきに厭《あ》かざるに　已《すで》に朱明の移るを観る〔謝霊運《しゃれいうん》「遊南亭」〕

もまた季節の「春」です。対句的な構成をとり、「朱」の夕景にたいして、その燃焼する色調を「青」が示していましょう。

これを年代のことに写して、今の「青春」の意を得たはずです。

・老谷を竝《あは》せて白髪を羞《は》ぢんと欲す　児戯を看る毎《ごと》に青春を憶《おも》ふ〔劉長卿「戯題贈二小男」〕

清冽にして、汚れのない「青春」の時を回顧します。現在の「青春」の意を、ここに見るような気がします。

・伯陽の仙家子　顔色青春の如《ごと》し〔李白「送李青」〕

「青春」は、その表情にも、おのずから発現することです。それは、また「青二才」というごとく、未熟の意にも通じていきましょう。

かつて「青」は、「丹」「朱」とひとしく、いわば聖なる色でした。その色彩は、「青緑」の色であり、ま

た「蒼」との音通により、「空ノ如キ色」をも示しました。しかし、ことに、それが修祓に用いられた染色の具であるゆえに、自然物の不変にして悠久なることを示す語ともなり、かつ、その汚穢を一掃した清純な精神性をも表しました。さて、その字義どおりの「青春」なるものが今日、存在しうるかどうか、問われるべきは、そのことのほうです。

Q14 : 同義語「設」、「置」について

「饅頭百枚を設けて、空室の中に置く」のとき、「設」も「置」も同じ意味なのに、なぜ一語に統一しないのですか、また、このような用例を紹介してください。

A14

落語にまでその題材を採られた、明・謝肇淛《しゃちょうせい》『五雑組（組）』巻一六・事部四、「饅頭を畏る」話の一節ですが、ご質問のとおり、同義語の反復する用例です。「設」と「置」、異字であるからには、そこに微妙な意味の差のあること、いうまでもありません。「設」は、『説文解字』巻三上に「施陳するなり」というように、礼のための陳設をいうものにほかなりません。もっとも、字源を求めれば、祈りのことばを示す「言」に、右手で架設するさまを加える形ですから、もとは、祭儀の場を設定する意が、その初義でしょう。「置」にかんしては、その上部は、網の象形、ちなみに、部首名は「あみがしら」、網をしかける、ほどの意が本来の義だと思われます。しかし、「設置」などと熟字されるところから、「設」と「置」ほぼ同義の字と見るべきでしょう。

それなら、いっそのこと「饅頭百枚を設けて、空室の中に設ける」、「饅頭百枚を置いて、空室の中に置く」、

あるいは「設饅頭百枚於空室中（饅頭百枚を空室の中に設ける）」とでもすれば事足りようというものです。ご質問の趣旨は、おそらくそのような感想に由来するものかと察せされます。

このとき、思いかえされる文法の書が、兪樾《ゆえつ》『古書疑義挙例』です。その巻一に「上下の文、異字にして、同義の例」の条が、さらに巻一に「両句、異なるに似て実に同じき例」の条が設けられています。そこに、兪樾は、

・吾が王、遊ばざるに、吾れ何を以てか休《や》まん、吾が王、豫《たの》しまざるに、何を以てか助けん〔『孟子』梁恵王下〕

の文例を挙げて、「不遊、不豫は文を変へて以て辞を成すも、意義異なる無し」とします。

もうすこし、分かりやすい例に即して、説明を加えましょう。たとえば、

・参差《しんし》たる（ばらばらな）荇菜《かうさい》（あさざ）左右に之れを流《もと》む　窈窕《えうてう》たる（しとやかな）淑女　寤寐《ごび》に（寝てもさめても）之れを求む〔『詩』周南・関雎《かんしょ》〕

において、「流」は、毛伝に「流は、求なり」とされますから、「流」「求」は異字同義となります。

・共工を幽州に流し、驩兜《くわんとう》を崇山《すうざん》に放ち、三苗《さんべう》を三危に竄《ざん》し、鯀《こん》を羽山に殛《ころ》す〔『書』舜典〕

の場合も、いわゆる「偽古文」でありながら、兪樾が引く枚注に「流、放、竄、殛は、誅《ちゅう》なり」とあり、みな放逐による死をいうものです。これまた、異字同義、すくなくとも、このような形式が、類型として定着していたことの証といべきです。

・故《ゆゑ》に、盗、竊《と》らず、賊、刺《と》らず〔『荀子』正論〕

他の訓も考えられましょうが、兪樾は、「是れ、刺に探取の義有り」との前提に立つのですから、それに従って、「竊」「刺」を「とる」と、いまかりに訓んでおきます。異字同義の例と言えましょう。

さらに、兪樾が例示する以外の用例を見ていきますと、

・夏を以て爐を進め、冬を以て扇を奏《すす》む（『論衡《ろんこう》』逢遇《ほうぐう》）

いわゆる「夏爐冬扇」なる成語の出所となる場面です。「進」「奏」は、異字同義。

・鬼神に薦《すす》むべく、王公に羞《すす》むべし（『春秋左伝』隠公三年）

「薦」「羞」ともに、献上することをいいます。

ご質問の文は、まさに『論衡』『春秋左伝』の文例に似て、同じく物を供える行為を列挙、反復して表現するものです。日本でも古く「たなつもの」「はたつもの」あるいは「鰭《はた》広もの」「鰭《はた》狭《き》もの」など対照的なものが進上される場面などにおいて、このような列挙形式の文で綴られることが多く、供薦の場面には、そのような特有の表現形式が定型化されていたのかもしれません。「神話」においても、あえて前後対偶の関係をとりながら、ものの列挙、ことの継起を記す文体がみえ、それによって神意を呼び起こそうとする発想があったのでしょう。『古書疑義挙例』のいう「両句、異なるに似て、実に同じき」用法は、その古代的な修辞を承けるものがあるように思われます。それは、語の重複を避けて、文の停滞を避けるための修辞、あるいは、文の格式ともいえましょう。とくに『五雑組』のような「話体」性をもつ作品において、その種の抑揚表現が、より必要とされたのではないかと推察されます。

Q15 ：「反則」の語

「離」は「かかる（あう）」「はなれる」と全く反対の意味を兼ねる語であると聞いています。どういう事情なのか、またそのような例を他に紹介、説明してください。

A15

いわゆる「反則」と呼ばれる現象のことと察せされます。じつは、その「反則」なる語の初出を明らかにすることができません。もっとも、その定義をなす記述は、すでに、最古の字書とされる『爾雅《じが》』の注に、「徂《そ》（死す）を以て存《ぞん》（存す）と為すは、猶ほ乱《らん》（乱る）を以て治《ち》（治む）と為し、曩《のう》（ひさし）を以て曏《きゅう》（しばし）と為し、故《こ》（古）を以て今《きん》（今）と為すがごとし、此れ、訓詁《くんこ》の義、反覆旁通《はんぷくぼうつう》する有り、美悪、同名を嫌はず」〔『爾雅《じが》』釈詁「徂在存也」注〕と見えます。あらまし、「徂」は「死す」が本義なのに、相反する「存す」の意味をもつのは、ちょうど、「乱る」を本義とする「乱」が、「治む」の意味をもち、「ひさし」を本義とする「曩」が、「しばし」の意味をもち、「古」を本義とする「故」が、「今」の意味をもつようなものだ、というのです。一語が、その対立する語義をもつことをも厭わない、という漢字独自の言語的な特色が、ここに示されています。それを「反訓」と呼んでおきます。

たとえば、「徂」、

・二十有八載、放勲（堯《ぎょう》のこと）乃《すなは》ち徂落《そらく》す〔『孟子』万章上〕

とすれば、「死す」の意をとるのに、その「徂」に通じる「且」を用いて

・則ち荼《と》（つばなの花）のごとしと雖《いへど》も　我が思ひの且《しょ》するに非ず〔『詩』鄭風・出其東門〕

とすれば、「存す」の意をとる、というわけです。もっとも、そう訓むのは、鄭箋の注釈に従うもので、現在では、この「且」は語助の辞として理解される語です。すくなくとも「徂」「且」が「存」と頭音が同じ、いわゆる「双声」の字であるから、通仮したものだという認識があったのでしょう。

「乱」は、『説文解字』巻一四下に「治なり」と見え、その訓は派生の訓ではなく、もとより本義であったことが知られます。糸枷《いとかせ》に手を添え、「乙」状の箆《へら》で、その縺《もつ》れを解く形に象ります。その字形のうちに、すでに「乱る」と「治む」の両義が備わっているのです。日本の『名義抄』にも、「ミダル」「オサム」と、

いずれの訓も記されています。

・魯の大夫にして政を乱る者・少正卯《せうせいばう》を誅す〔『史記』孔子世家《こうしせいか》〕

孔子に、殺人の事実があったことを伝えると記事ですが、「乱」は、ここでは「乱る」、しかし、

・乱に曰く、已《や》んぬるかな、国に人無し〔『楚辞』離騒《りそう》〕

は、むしろ、「治む」の意。王逸注は、「乱は理なり」であり、「其の要を総撮する」章節を指すとします。それなら、「おさめ歌」です。日本の「反歌」も、また、その機能をもつものであったはずですから、「反」も、「反則」に属する字と考えてよいでしょう。

「曩」にいたっては、「さきに」「ひさし」などの訓が与えられる話ですが、ただ『爾雅』は格別にその用例を示すものではありません。それで、具体的にどのような対応を想定しているのか、詳しく分からないというのが実際のところです。おそらくは、

・曩者《さきに》、遊宴の好を追思し、音に感じて歎ず〔向秀《しょうしゅう》「思旧賦」序〕

が、「久しい過去」を指すのにたいして、

・曩昔《だうせき》、吾れ之れを叱す、彼れ乃ち我れを以て人に非ずと為す〔『史記』刺客列伝《しかく》〕

が「さほど久しくない以前」、すなわち「曏」（しばし）を指す、というほどの対立義を説こうとしたのかもしれません。「曩」「曏」、尾音がひとしい畳韻の関係にあるところより、これまた仮借したのでしょう。

「故」「今」は、古くは頭音が近く、双声の関係にあったのでしょう。「故」は「古」と同声にして、それで「古今」「今古」のように熟字されたのでしょう。対義語には、この双声、畳韻の関係によって成る例が多く「天地（tem-ti）」「夫婦（hu-hu）」「規矩（ki-ku）」などは、双声現象にもとづき、「老幼（rou-you）」「寒暖（kan-dan）」「新陳（sin-tin）」などは、それぞれ畳韻現象にもとづいています。そのことは、熟語の成立を考えるさいに、大きな示唆を与える問題のように思われるのですが、ここでは、これより多くの言及を

控えます。しかし、その「故」を「今」に訓む実例を求めえません。

ほんとうは、この「反訓」を紹介するにあたっては、『爾雅』に収められない「離」「受」「市」などの語のほうが、かえって適切な例だと思われます。

「離」は、もと、隹の、𪃟《とりもち》にかかる象、それで、「かかる」の意と、それと表裏する「はなれる」の意を双方もつことになります。日本語においても、「離る」は、本来、「かる」ですから「かかる」とは、音の類似があり、そこに「音」と「義」との相関をうかがいえましょう。漢語では「かかる」の義の場合は「罹」を用いる慣習ですが、その「罹」は、もとより「離」と音を同じくする字です。

・世に倍《そむ》き俗を離れ、巌に居り谷に飲む〔『淮南子《えなんじ》』人間訓《じんかんくん》〕

は「はなれる」、

・法度に循《したが》ひて殃《おう》に離《あ》ふ〔張衡《ちょうこう》「思玄賦」〕

『文選』巻一五に収めるもので、李善注に「殃は、咎《きゅう》なり」、「離は、遭なり」とします。「遭」は、「あふ」であり、すなわち「かかる」の意です。

「受」は、文字どおり、皿状の物が、手から手へと授受される形。「うける」「さずける」両義を備えます。その視点の置き方によって、意味は交替可能であったというべきです。つまり、一つの本義があって、のちにそれと矛盾する意があらたに加わったというものではないようです。

・臣、恩を受《う》くるの感激に勝《た》へず〔諸葛亮《しょかつりょう》「出師表」〕

は、「うく」、

・師は、道を伝へ、業を受け、惑ひを解く所以《ゆえん》なり〔韓愈《かんゆ》「師説」〕

は「さづく」。のちに区別するため、「さづく」には「受」字がもっぱら用いられることになります。ただ「受」「授」いずれも音が「ジュ」であることにかわりはありません。

「市」もまた、その視点によって、語義を替える字なのですが、

・責（債務）、畢《ことごと》く収めば、何を以てか市つて反らん〔『戦国策』斉策〕

は、「売買」の「買」に視点を当てた例、

・是《こ》こを以て学に強め、行ひに力《つと》め、其の貨を珍とし、後に市《あきな》ふ〔『法言』修身〕

は、「売」に視点を当てた例となりましょう。その対照を、さらに外からの視点で見るならば、

・鄭《てい》の商人、弦高《げんかう》、将《まさ》に周に市《いち》せんとす〔『春秋左伝』僖公《きこう》三三年〕

となり、「売買」を包括する意と解されます。

かくて、以上、例示した「徂」「乱」「曩」「古」「離」「受」「市」を二様に分類することが可能であるように思われます。「乱」「離」「受」「市」は、その相反する意を、初義のうちにすでに保有する語群であり、「徂」「曩」「古」は、その声音の関係から、通仮して、矛盾する意を得た語群えあると考えられましょう。

じつはこうした「反訓」の現象から、中国の古代に、弁証法的思惟のあったことを想定するむきもあるようなのですが、字義の問題と理論の問題とは、おのずから別の事柄に属するはずです。

Q16 :「忠」について

漢文の「忠」は、日本と同じく「滅私奉公」的な態度をいう語なのですか、説明してください。

A16

そもそも「忠」がどれほどの概念なのか、そこから検討します。

・曾子曰く、夫子の道は忠恕《ちゅうじょ》なるのみ〔『論語』里仁〕

なお「忠」の実質は明らかではありません。ただ「恕」と並列されていることが、示唆を与えましょう。その「恕」の「如」部は、もと巫女が神意を尋ねる姿、それに「心」を加えて、「思いやる」の意を得ます。対象を顧慮することをいいます。「寛恕」「宥恕」いずれも情意の篤実であることを指しましょう。「忠」は、その「恕」と対応します。また「忠」は「信」とも並列され、

・子曰く、君子は重からざれば則ち威ならず（威厳がない）、学べば則ち固ならず（頑なでない）、忠信を主とす〔『論語』学而〕

と見えますが、どうも曖昧さが残ります。つぎは曾子の態度を述べたものですが、

・吾れ日に三たび吾が身を省みる、人の為に謀《はか》りて忠ならざるか〔『論語』学而〕

ようやく、「忠」の義が、「忠実」「誠実」ほどの意に当たることが納得されます。

「忠」は声符を「中《ちゅう》」とする形声文字。もし造語のさい、その「中」部のうちに多少の意義が託されたとすれば、その意義は、ことの「中正」なるさまをも含みましょう。『説文解字』巻一〇下にも、「敬なり」としますから、もとより封建的な任務をいう語でなかったことが知られます。

・所謂《いわゆる》道は民に忠にして、神に信あるなり〔『春秋左伝』桓公《かんこう》六年〕

もまた、主君に仕える精神態度を示すことばではありません。むしろ主従の関係を超えた「誠実」を示します。

この全人的な真情が、いわば政治的な奉仕の姿勢をいう語として用いられることになったのは、すくなくとも戦国期よりのちのことかと思われます。殉節の気概が尊ばれる風潮をまって、はじめて、「忠君」の意

を得たはずです。「忠君」の意で用いられた文例を、それより以前に見いだすことが困難であるからです。「忠君」の語の用例は乏しく、

・曽参《そうしん》、其の親を愛し、天下以て子為らんと願ふ、子胥《ししょ》、其の君に忠たり、天下以て臣為《た》らんと願ふ〔『戦国策』秦策〕

あたりが浮かぶだけです。もっとも「忠臣」なる語の用例は枚挙にいとまがないほどですが、その早い例を挙げますと、

・孝子は、其の親に諂《へつら》はず、忠臣は、其の君に諂はず〔『荘子』天地〕

『戦国策』『荘子』ともに、家族と国との対応を「孝」、「忠」において説明するものです。

・臣聞く、……忠臣、国を去るも其の名を潔くせず〔『史記』楽毅《がっき》列伝〕

もうここには、「忠君」の理念的な態度が表現されているといえましょう。かくして「忠」は、ひたすら「封建的忠誠」なるものの意をとることとなります。

しかし、たとえば日本の江戸末期に見られる「忠君愛国」のような激しい「忠誠」心情は中国には見いだしがたく思われます。王朝の交替にさいして、節を曲げなかった「士」はいくらもいますし、また、そのゆえに死に赴いた「忠臣」も、むろんいました。しかし、中国には、「君、君たらざれば去る」、つまり主君が暗愚あるいは非道であれば、その義務を易く解除しうる傾向にあったことは確かでしょうし、さらに「隠遁」という処世様式も容認されていました。そのためか、日本ほどダイナミックな「忠誠」行動をとる傾向は希薄に思われます。その理由の一斑として、やはり「忠」が本来あくまで政治の圏外における心情を意味する語であったという言語的な事実が挙げられてよいのではないでしょうか。宋・王応麟《おうおうりん》にしてからが、

・聖賢の忠を言ふは、君に事《つか》ふるを顓《もっぱ》らとせず〔『困学紀聞』巻六「左氏」〕

として、「忠」の概念が、かならずしも下から上、従から主への一方的な義務を意味しない旨を述べていま

す。恭順の対象を特定しないのです。「忠」が、日本に馴染んだようには、従から主への盲目的な献身を意味するものでなかったことが分明しましょう。そのような地盤をなしたのは、あるいは「忠」を全人的な「誠実」の意で用いる『論語』伝統の重みといったものかもしれません。

Q17：「勢」について

「勢」は時に名詞に用いたり、時に副詞に用いたり、また名詞でも「地勢」「権勢」「姿勢」など意味がそれぞれ異なり、はなはだ厄介です。どうしてですか、その経緯を説明してください。

A17

「勢」は、『説文新附』巻一三下に「勢力なる権なり」とします。その解は、おおよそ「勢」の上部を声符として、「力」部に、その義を求めるものでしょう。それで、強い「権勢」を本義と見たてます。しかし当の『説文新附』からして、経典にはあまねく「力」部を去った形に用いられる旨をいうのですから、その本来の義は、やはり上部にあると考えるべきです。その形は「藝」字のうちに見え、植樹のさまに象ります。のち、それに「力」、すなわち耜《すき》を添えたものでしょう。もと「勢」が、人為的な権勢をいう語ではなく、むしろ自然の生成を示す語であったことは明らかです。

したがって、

・各おの其の自然の勢有り〔『淮南子《えなんじ》』脩務訓《しゅうむくん》〕

の用い方が本義に即したものだと思われます。

日本でも、「勢（いきほひ）」は、「生く（いく）」と関連するらしく、漢字の字源にも通って、自然生成のエネルギーをいう語であったとされます。それは、他律的に「生かす」のでも、「成す」のでもなく、「生く」「成る」という自生的な概念をもつ語でした。「橘逸勢」を「たちばのはやなり」と訓むのも、そこに由来しましょう。

その「勢」字を頻用するのは、じつは『論語』でも『荘子』でもなく、『荀子《じゅんし》』であり、『韓非子《かんぴし》』であり、また『史記』であったことは注意に値することのように思われます。

・則ち臧獲《ぞうかく》（しもべ）と雖も肯《あ》へて天子と勢業を易《か》へざらん〔『荀子《じゅんし》』王覇《おうは》〕

「勢」は、つまり身分、地位を指しましょう。それは、「業」と連文されますので、いずれも人為的に設定されるものをいう語として用いられていることが理解されます。

・天子は勢位至尊にして、天下に敵無し〔『荀子』正論〕

「勢位」もまた、人為における権勢と地位のことにほかなりません。

・勢位は以て賢者を詘《くっ》せしむるに足るなり〔『韓非子《かんぴし》』難勢《なんぜい》〕

このとき、もはや「賢者」を尊ぶ儒家的な立場は、法家的な評価に圧倒されているともいえましょう。そうして、「勢位」は侵犯されないものとして固定されます。もし「勢」の本義が、いわば生成の変化をいうものならば、この「勢」は流動することもなければ、展開することもない概念として、対照をなしています。「勢」は、かくして自然的な概念から、歴史的な概念へと移されます。そのとき、「勢」は、未来へと伸張する意を失って、その法家的な思考のうちに動かしがたい宿命として固定されます。

おそらく、その固定のイメージを変化の相として見つめ直したのは、兵家であったと考えられます。

・激水の疾《はや》くして、石を漂はすに至る者は勢なり、……勢は弩《ど》（石弓）を彍《は》るが如し、……故に善戦する者は之れを勢に求め、之れを人に責めず、……円石を千仭《せんじん》の山に転がす者は勢なり〔『孫子』兵勢〕

もちろん軍事的な要請のもとに、「勢」は、その猛々しいダイナミズムを意味する概念として再現したのでしょうが、ここから、「勢」の本義と呼応するものもまた看取されましょう。人為ではなすすべもない、見えぬものの激しい動向、それが「勢」の意味となります。「時勢」や「情勢」などの義がうまれる契機もここに見えた、といってよいでしょう。

・天下の吏士、勢利に趨《はし》る者、皆、魏其《ぎき》を去つて武安に帰す〔『史記』魏其武安侯《ぎきぶあんこう》列伝〕

ここで、『史記』は、法家的な概念である、権勢の意で「勢」を用いているのですが、しかし、その孫子の記述に当たっては、

・善戦する者、其の勢に因りて、之れを利導す〔『史記』孫子呉起列伝〕

と、兵家的な意味を用います。

・勢に乗じて、隴畝《ろうは》の中に起《た》つ〔『史記』項羽本紀〕

もまた、それに近い意でしょうし、

・其の勢、食を得る所無し〔『史記』淮陰侯《わいいんこう》列伝〕

にしても、「なりゆきとして」ほどに解されてよい副詞的な語法で、いわば自然の動向をいうものです。「成りゆき」であって、「成しゆき」としないのは、その自然的な生成の意を、「勢」字が本来的にもっているからです。

・推を改めて敲と作さんと欲し、手を引いて推敲《すいこう》の勢を作すも、未だ決せず〔『唐詩紀事』巻四〇〕

有名な「推敲」の成語の出所に当たる場面です。「勢」は「しぐさ」と訳してよろしいかと存じますが、しかし、その賈島の所作が意図的でなく、ごく自発的、自然発生的であることを、それは含意しましょう。

「勢」は、もと草木の生成をいう語でした。のち、法家的な思想のうちに、その語は、獲得した社会的な地位、権勢の意へと改変されます、しかし、それは、再び、兵家的な立場から、運動のダイナミズムをいう

語として再生されます。やがて時間的な、したがって歴史的な概念に包まれたとき、「時勢」の意を獲得します。それは、時代の、あるいは時局のうねり、流れを示しましょう。自然の動向を指す副詞「なりゆき」として用いられるのは、もとよりのちのことに属します。

ちなみに、この「勢」の語義変化から日本の政治思想を検証した秀抜な論攷に、丸山真男『歴史意識の古層』のあることを付け加えておきます。

成語

Q18 :「呼称」について

「氏」「名」「字」「号」は、どんな概念を示す、「呼称」なのですか、それぞれ具体的な例を挙げて、説明してください。

A18

中国の一般的な見解では「姓」の確立が、近親婚を避ける手段であったことになりますが、信じがたく思われます。しかし、「姫《き》」「姜《きょう》」「姚《よう》」などの呼称が女偏に従うことからすれば、女系社会の余韻が、そこに残るようにも見えます。ただ「姫」以下の呼称が、「姓」であるかどうかは、なお判じがたいものがありましょう。おそらく血縁の表示方法ではなかったかと考えられます。本来、「姓」は、その祖先神をいう語でなかったかと推測されます。したがって、「姓」制度の確率が、女系社会成立の指標となるかどうかは、なお保留にしておくべきかと思われます。もっとも女偏を含む「姓」は殷《いん》王朝に入嫁した女性のものに由来するのではないかと、ひそかには考えています。ともかく、古代社会の制度にかんしてはなお講じられるべきことが山積されているといってよいでしょう。

氏:「姓」の成員が散居し、その個別化が促進されるとき、「氏」が現れます。かといって、それは個人に当てられるものではなく、その氏族の職能を示すものであったらしく思います。もと、共餐のときの、氏族員の確認儀式に用いるナイフを象る字が、「氏」です。「氏」はちょうど日本の部曲のように、その職能氏族を表示する語として生まれたものでしょう。実際『周礼《しゅらい》』には、その例がいくつか見えます。

①職能を示す例：「保氏」「媒《ばい》氏」「射鳥氏」「方相氏」など
②祖先の号を用いる例：「軒轅《けんえん》氏」「高陽氏」「葛天《かってん》氏」など
③祖先の諡を用いる例：「文」「武」「昭」「景」「成」など
④祖先の受封された国名を用いる例：「斉」「魯」「呉」「楚」「秦」など
⑤祖先の爵名を用いる例：「王」「侯」「王孫」「公孫」など
⑥祖先の官名を用いる例：「楽正」「司馬」「司徒」「司空」など
⑦祖先の字を用いる例：「孟孫氏」「叔孫氏」「季孫氏」など
⑧祖先の居住地名用いる例：「東門」「西門」「南宮」「北郭」「東郭」「百里」「柳下」など

以上がおおまかな例です。祖霊信仰の深さを物語りましょう。

この「氏」の呼称方式が、もっと初期の様式であったろうと考えられます。たとえば、日本の「玉造」「鏡造」「中臣《なかとみ》」「忌部《いんべ》」のごときは呼称としてよろしいでしょう。その呼称の方式はさらに多様化し、もちろん、それら「姓」「氏」は氏族ないし貴族の専有するところでした。それなら、「百姓」の語自体が矛盾ではないかと、疑いも残りましょう。ただ「百姓」とは、本来「姓」を名のりえた貴族階層をいう語にほかなりません。もとより平民にそれは許されませんでした。春秋・戦国期に至っても、平民が有するのは、「名」ばかりです。たとえば『荘子』に現れる「包丁」「匠石」がそれに当たります。この「姓」の専有性は、そのまま「姓」を有するかどうかによって、おのずから貴賤の別が明らかとなっていた時代の相が暗示されていましょう。

氏族ないし貴族の女性は、「姓」をもつことはできたのですが、一方、「氏」をもつことは許されなかったようです。女性にとって重要なのは、その帰属するところの「姓」でした。その「姓」のなかでもさらに個別化を求めるならば、未婚の女性は、「孟」「伯」「叔」「季」など排行（大家族における長幼の順）を示す語を加えて区別をはかるのみでした。たとえば「孟姜《もうきょう》」「伯姫《はくき》」「叔隗《しゅくかい》」というふうにです。既婚の女性は、その出自とする国名を、「姓」の上に加えました。「斉姜」というふうにです。あるいは配偶者の「氏」、国名、邑名を加える事例もあり、「秦姫」「趙姫」「礼姫」のごときものです。死後に、配偶者または本人の「諡」を加える例もあります。「武姜」「昭姫」「共姫」などです。

なお古くは「姓」のあとに「氏」を加えて、さらに個別化を求めた例も見えました。戦国期の現象でしょう。漢代になりますと、かえって「姓」をこそ重視する傾向をたどります。その時勢に乗じて、ようやく平民も、「姓」をもつことが可能となりました。のちの「複姓」（「姓」を重ねる）も、その「姓」重視の風潮を象徴するものとして現れたにちがいありません。「長孫」「宇文」「慕容」「尉遅《うっち》」などの例です。ここには少数民族の台頭が反映されています。

さて、「名」は、子が生まれて三月にして家廟に告げる称。「名」は、神にさしだされる実体であるから、「字」をつけて代称する習わしでした。日本の清少納言、紫式部、和泉式部など「名」が知られないのも、こうした共通する古俗によるものだと考えられます。

名：本来、氏族内部の成員を区別するための呼称でした。たとえば殷王朝の帝は、干支をもって、名づけられるのが原則でした。もっとも、その干支が、生まれた日、没した日、あるいは祖祭の日、のいずれを指すのかは、いまのところ確説がありません。

①干支にもとづく例：「孔甲」「盤甲」「武丁」「帝乙」など

周代になりますと礼節が整えられますので、そのような要素を含む文字を用いることが要求されました。

魯の桓公は、大夫は、つぎの五例の文字のいずれかを選んで名づけられるべきことを提案します。

②礼節の概念にもとづく例：「信」「義」「象」「仮」「類」

また、孔子は生まれて、首上が丘のようであったので、その姿形にちなんで名づけられました。

③出時の形質にもとづく例：「孔丘（＝孔子）」など

さらに、父が、卜占して、その吉なるを願って名づける例もありました。

④卜占にもとづく例：「屈原《くつげん》（＝屈平）」など

平民の俗には、卑称、あるいは悪名を用いることが流行します。

⑤醜名にもとづく例：「狗」「奴」「妾」「乞」「悪」など

おそらく、一種の呪的な方法に由来するものだと思われますが、とくに春秋、戦国期に、その風は盛んになったといいます。そのうえに、男性に女性の「名」、女性に男性の「名」の加えられることもあったようです。

漢以後は、独自の「名」をつけることが風潮となります。「単名」と呼びます。漢の十一人の皇帝のうち、なんと十人は、その「単名」が付けられています。いきおい、他者はそれと同一の「名」をもつことが許されません。それに背いて、同一の「名」を付けるならば、それを「犯諱」といいました。「諱《き》（いみな）」とは、もと「忌詞《いみことば》」であって、憚るべき「名」を意味しました。または、その「名」に対する処理をいう語であって、そもそも呼称の様式をいうものではありません。それは「名」との関連のうちに起きうることですから、「名」の普及があってはじめて成立した慣習といえます。その事例の初めは、おそらく漢代にあったのでしょうが、じっさい厳格に規制されるのは、唐代をまってのことなのです。

南北朝に至っては、たとえば、高い志をもつことを旨として、「詩は志の之《ゆ》くところなり」の言にあやかって、その「志」に音義ともに通う「之」字を用いることが流行を呼びます。

⑥「之」の字にもとづく例：「王羲之」「王献之」「王楨《てい》之」など
また仏教が大いに接種されるのもこの時代でしたから、
⑦仏語にもとづく例：「僧弁」「僧智」「周法僧」「姚菩提《ようぼだい》」など
唐・宋に入ると、男子の尊称としての、「彦」「老」「翁」「父」などの語が、「名」のうちに加えられることが多くなります。そして、明代には、いわゆる五行思想の隆盛と符節を合わせて、
⑧五行にもとづく例：「朱熹《しゅき》（火に関連）」「朱松（木に関連）」「朱埜《しゅしょ》（土に関連）」「朱顕（金に関連）」「朱淩（水に関連）」など
も見えてきます。朱家三代にわたって五行が貫かれているわけです。

遼・金の時代は北方の民族が制圧した時代ですから、当然、その地の影響を受けます。
⑨北方民族の影響にもとづく例：「観音奴」「金鋼奴」「鉄哥《てっか》」「定哥」など
元代では、その理由こそ知られないのですが、
⑩数量詞にもとづく例：「四十五」「五九」「七斤」「八斤」など
その他、
⑪祖地モンゴルの語にもとづく例：「察罕《さっかん》」「忽蘭《こつらん》」など
が、特異な命名法として挙げられるでしょう。

やがて、明、清では、族譜の輩次にもとづく「名」が、相当に広がったようです。

字：「字」は、二様に分けられます。一は出生を報告する際の称、すなはち「小字」、また「乳字」とも、「幼名」とも呼ばれるものです。『礼記』によれば、男性は二十歳、成人式である冠礼、女性は十五歳、笄礼《けいれい》のおりに、「字」を付けたとされます。その二です。女性の例では、「多母」「客母」「良母」などの「字」がしばしば付けられたといいます。「字」には「やしなう」の義があるからなのでしょう。

「字」は、いわば「名」を解釈、あるいは補充する称といえましょう。「名」「字」は表裏の関係をなしています。もとより「名」を呼ぶことは無礼のことでした。したがって、孔子は「名」であるところの「丘」を自称しますが、弟子は、「丘」と呼ぶことができません。史書が、通例、諸葛亮《しょかつりょう》を「孔明」張飛を「翼徳」、丘飛を「鵬挙《ほうきょ》」と、「字」をもって記すのは、その「名」を回避する俗によるものだと思われます。むろん、これらの「字」は、「小字」ではなく、成人儀礼のさいに付けた「字」にほかなりません。

「字」は元来、「名」との緊密な関係性を前提とするものが一般的ですが、それとは異なる方法のいくつかを例示しますと、

①書からとりいれた例：「孟徳（＝曹操《そうそう》）」「子龍（＝趙雲《ちょううん》）」など

「孟徳」は『荀子《じゅんし》』から、「子龍」は『周易《しゅうえき》』の一節から、それぞれ引用または連想してのものです。

②「名」と「字」の関係が相反する例：「朱元晦《かい》（＝朱熹《き》）」など

この時、「晦」と「熹」は反義語にあたります。

周代ないし春秋・戦国期において、流行するのが、

③排行を加える例：「伯禽」「仲山」「仲尼」など

④排行になお、父・甫称を加える例：「伯禽父《はくきんほ》」「仲山甫」「仲尼父《ちゅうじほ》」など

⑤排行を除いて、父・甫称を加える例：「禽父」「尼父」など

⑥排行そのものを「字」とする例：「管仲（＝管夷吾《かんいご》）」「范叔《はんしゃく》（＝范雎《はんしょ》）」「魯・公子季（＝公子友）」など

⑦尊称の語「子」を前に置いて、「字」に代用する例：「子産」「子犯」「子胥《ししょ》」など

でした。さらに南北朝に限ってのことですが、

⑧「名」を「字」に加える例：「侯萬景（＝侯景）」「蘇令綽《それいしゃく》（＝蘇綽）」など

唐代における、

⑨「名」、「字」が一致する例：「郭子儀《かくしぎ》」「孟浩然《もうこうぜん》」など

宋代では、有名な例として、

⑩「字」の偏旁を均しくして、家族関係を明示する例：「蘇軾《そしょく》」「蘇轍《そてつ》」など

も見えました。

「名」と「字」が連称されるときは、古くは「字」を先に言うのが慣習だったようです。たとえば、「孟明（字）規（名）」のごとくです。しかし漢代、その現象は逆転します。魏・曹丕《そうひ》の「典論」論文に、いわゆる建安七子をつらねて、「今の文人、魯国の孔融《こうゆう》（名）文挙《ぶんきょ》（字）、広陵の陳琳《ちんりん》（名）孔璋《こうしょう》（字）……」と述べるときの、「名」、「字」の順次のようにです。

なお、さきの「小字」にかんしては、もっと早く文献に見える例では、漢・司馬相如《しばしょうじょ》の「犬子」あたりではないかと思います。のちには、魏《ぎ》・曹操《そうそう》の「小字」が「阿瞞《あまん》」、南宋・劉裕が「寄奴」などと名づけられた例があります。

号：そもそも「号」は神への訴えを意味しました。しかし、その原義とは無関係に自らの個性を表示する役割を果たすものとして、「号」を用いることになりました。「号」はかならずしも、「名」「字」とは関係せず、その人物の資質、性格、信念、趣向を強調するものとして生まれたもののようです。

＊他人がつける例

①その人物の族次、兄弟の序を用いる例：「伯」「仲」「翁」など

②その人物の官職、地位にあやかる例：「孔北海（＝孔融）」「王右軍（＝王羲之《おうぎし》）」「杜工部（＝杜甫）」「王右丞（＝王維）」など

③出生地にあやかる例：「王臨川（＝王安石）」など

④排行を用いる例：「白二十二（＝白居易）」「元九（＝元稹《しん》）」など

＊自らつける例
①自らの脱俗性にもとづく例：「小陵野老（＝杜甫）」「四明狂客（＝賀知章）」など
②居地、またはその環境にもとづく例：「五柳先生（＝陶淵明）」「青蓮居士《せいれんこじ》（＝李白）」「東坡《とうば》居士（＝蘇軾）」など
③自ら愛好すること、愛好するものにあやかる例：「寶晋斎（＝米芾《ふつ》）」など
この風習は、宋に至ってとくに盛んとなり、一人が幾十種ものの「号」をもつものすら現われます。近人・魯迅なども「且介亭《そかいてい》」の「号」をもっており、現代なおその風習は継承されて止むことがありません。

これら中国の呼称の迹をたどることは、結局、人々の飽くことなき自己証明の歴史を外側からふりかえることにほかならないようです。

Q19 ：年齢を示す語

たとえば「志学」が十五歳を示すように、他にも年齢を示す漢語はないのか、そして、それがどんな出典に基づくのか、紹介してください。

A19

ご質問のとおり、年齢を示す漢語は豊富にあります。若きより老いに向かって、それらの漢語を示しながら、その出典を求めてみることにしましょう。
孩提《がいてい》：二、三歳をいうのが「孩提」です。この語の初出は、おそらく、
・孩提《がいてい》の童も、其の親を愛するを知らざる無し〔『孟子』尽心上〕

でなかろうかと存じます。年齢の多少を問わず、その親を敬愛することの普遍性を語る、まことに孟子らしいアフォリズムです。孟子のいう仁義の端緒を指しましょう。金谷治が「孩提」を「ふたつみつ」と訓むのは、『説文解字《せつもんかいじ》』巻二上に「咳は、小児の笑ふなり」とあり、「咳」「孩」の同音であること、その注に「提は挈なり」とあることによって、抱かれて笑う幼児を意味する語と考えているのです。ほんとうは、その『孟子』の注に「孩提は、二三歳の間、襁褓《きょうほ》に在りて、孩笑ふを知り、提抱すべき者なり」とあるのが、決定的な理由となっていましょう。「嬰孩《えいがい》」「孩児」いずれも幼な子をいう語です。もっとも「孩提」は「提孩」ともいい、

・相ひ属和するを煩《わづら》ふこと莫《な》かれ　伝示提孩に及ぶ〔韓愈「咏《えい》雪贈張籍」〕

と見えます。

齠齔《ちょうしん》：七、八歳を「齠齔」といいます。「齔」について、『説文解字』巻二下に、「男、八月にして歯を生じ、八歳にして齔す、女、七月にして歯を生じ、七歳にして齔す」とするものの、じつは『大戴礼《だたいれい》』本命を引くもののようです。「匕」形は「化」に通じ、乳歯の脱落することをいいます。「齠」は、みそっぱ、「齔」は、はえかわるの意。それを年齢を指す語として用いたのは、

・遺男有り、初めて齔《しん》す〔『列子』湯問《とうもん》〕

あたりかとも思われます。熟字した例としては、

・昔、齠齔に有りて便《すなは》ち誨誘《くわいいう》（教え）を蒙る〔『顔氏家訓《がんしかくん》』序致《じょち》〕

を挙げておきましょう。唐代、

・齠齔七八歳綺紈《きぐわん》（あでやかな白絹）三四児〔白居易「観児戯」〕

「齠齔」の七、八歳をうことの定着を、ここで明らかに見ることができましょう。

舞勺《ぶしゃく》：十三歳を「舞勺」とします。

・十有三年、楽を学び詩を誦し勺《しゃく》を舞ふ、成童は象を舞ふ〔『礼記《らいき》』内則〕

注、疏を照合すれば、「勺」「象」は、それぞれ舞の様式をいうもので、「勺」は文舞、「象」は武舞。「勺」、「象」の順序で、文武を習得するのだとされたようです。「勺」はおそらく竹管を用いる楽章のようで、

・周公、勺を作る、勺は能く先祖の道を斟酌《しんしゃく》するを言ふ〔『風俗通（義）』声音〕

と「勺」を「斟酌」の「酌」にかけて、その縁起が語られています。その真偽は明らかではありません。ただ『詩』周頌に、一章八句の「酌」があり、それが、王の功徳を頌するものであることから、それを児童の習う教材としたのでしょう。「象」のほうは、武王が紂《ちゅう》を伐ったときの作と伝えられ、干戈《かんか》（たてとほこ）を執って舞ったとされます。「舞」もまた、ある教育的な理念のうちに実習されたのです。

もと「舞」は、舞って雨乞いする人の象形。本来は、呪術的な行為であったのですが、もうこのときに至っては、その論理の要求する行為として定着していたことがうかがわれます。

六尺《りくせき》之孤：十五歳をいう字。おおよそ兵役の条件を指す語であったらしく思われますが、すでに、

・曽子曰く、以て六尺の孤を託すべく、以て百里の命を寄すべく、大節に臨んで奪ふべからず、君子人か、君子人なり、と〔『論語』泰伯〕

とあり、荻生《おぎゅう》徂徠《そらい》の『論語徴』は、周代の一尺は、「今の曲尺の七寸二分」にあたるので、「六尺」は「四尺三寸二分」に当たろうかと、換算します。その「一尺」は、ほぼ二歳半ばの子の身長、よって、「六尺」は、十五歳ほどに当たりましょうか。なお『論語集解』に、孔安国の言として「六尺の孤は、幼少の君なり」と記されます。しかも「孤」とは、

・幼くして父無きを孤と曰ふ〔『孟子』梁恵王下〕

のとおり、みなし児。「六尺の孤」とは、「父を失った十五歳の君」の意味に相当しましょう。もちろん、その年齢を厳密にいう語句ではなく、『論語』においても、「主君を失った若君」程度の意で用いられているよ

うです。

志学：十五歳。もとより出典は『論語』にあります。

・子曰く、吾れ十有五にして学に志す、三十にして（＝而）立つ、四十にして惑《まど》はず、五十にして天命を知る、六十にして耳順ふ、七十にして心の欲する所に従ひて矩《のり》を踰《こ》えず、と〔『論語』為政〕

このとき、一般に、書き下し文は、現在形で記されていますから、この来歴が、さて孔子の過去を語るものか、それとも理想のこととして述べられているのかは、不明です。じっさい、このことの判別のためには、この発言が孔子の何歳のときのものなのか検討が必要となりましょう。しかし、今のところ、依然として不審のことに属しているとしかいえません。ただ「志学」なる語の出所が『論語』であることは、中国内外を問わず、儒教の影響力の大きさを十二分に物語っているようです。ちなみに、三十が「而立《じりつ》」、四十が「不惑」、五十が「知命」、六十が「耳順《じじゅん》」、さほど馴染まないところですが、七十は「従心」といいます。

笄年《けいねん》：女子、十五歳にして「笄年」とされるのは、

・女子十有五年にして笄《けい》し、二十にして嫁《か》す〔『礼記』内則〕

に拠りましょう。「笄」は髪を束ねたり、冠をとめたりするピンどめ、すなわち「こうがい」。それを加えて許嫁の礼を行ったものです。日本の「こうがい」がもっぱら装飾の具として用いられたのとは、いささか用途を異にするもののようです。

・女子許嫁するに、笄して之れに醴《れい》して字を称す〔『儀礼《ぎらい》』士昏礼《しこんれい》〕

からすれば、どうじに「字」が付けられる儀式のあったことが知られます。「笄」の儀は、あたかも男子の「冠」の義のごときものと考えてよろしいかと存じます。「笄」字は、たとえば、

・福州の陳氏、笄年にして志を守り、寿、九秩（九十歳）を踰《こ》ゆ〔『宋史』理宗紀〕

のように、「笄年」と熟字されて用いられることともなりました。

破瓜：また女子の十六歳を「破瓜」といいます。現在では思春期のことをいい、医学の術語のうちにも採られる語ですが、その出所は明らかでありません。ただ、晋・孫綽《そんしゃく》の作として伝えられる詩に、

・碧玉破瓜《はくわ》の時　郎為に情顛倒《てんたう》す　君に感じて羞赧《しうたん》（はずかしがる）せず　身を廻《めぐ》らして郎の抱くに就く

〔孫綽「情人碧玉歌」〕

あたりが、早い例ではなかろうかと思います。もっとも、この詩を収める『漢魏六朝百三家集』には、「楽《が》府《ふ》詩集に、宋の汝南王《じょなんおう》の作と云ふ」としますから、それなら時代はいささか遅れることとなります。なかなか妖艶な詩です。このことからかどうかはよく分かりませんが、その語源においても、性的な解釈をなすものがあったのでしょう。清・袁枚《えんばい》は、そのような解釈を批判して、

・或いは解して以て月事初めて来たるに瓜の破るるごとし、則ち紅潮を見ると為すは、非なり、蓋《けだ》し瓜、縦横に之れを破れば、二八の字と成る、十六歳の解を作《な》すなり〔『随園詩話』〕

とします。女子の初潮のこととは、なんら関係せず、たんに「瓜」の割れるさまが、「二八」のふうであることから、十六歳の意を得たのであることをいうものです。ただし、それよりさき、「瓜」の形状の問題ではなく、「瓜」の文字自体を二分すれば、二つの「八」の字が現れることから、二・八すなわち十六を得たのであるとする説もありました。また、二つの「八」は、八・八のこととも考えられ、すなわち六十四歳を指すようにも説かれてきたのです。その語源にかんしては、なお判じがたいものがあり、一応、そのことは保留とすべきと思われます。ただ詩文のうちに、六十四歳の意で用いられた例は管見の及ぶところではありません。

弱冠《じゃっかん》：二十歳を「弱冠」とします。

・人生十年を幼と曰ひ、二十を弱と曰ひて冠す〔『礼記』曲礼上〕

もちろん周制の元服をいうものです。したがって、男子の二十歳をいうものですが、さらに「弱笄」とすれ

ば、女子の十五歳を指します。「弱冠」の語例としては、
・朕、弱冠に在りて、未だ稼穡《かしょく》（農事）の艱難《かんなん》を知らず〔『後漢書』章帝紀〕
・玄、字は太初、少《わか》くして名を知らる、弱冠にして、散騎黄門侍郎と為る〔『三国志（魏書）』夏候伝〕
など、いずれも、その意のうちに「不十分」の要素をもつ語として用いられているようです。『後漢書』の場合ならば、年齢が「不十分」なので、「稼穡」の苦しみを理解しない、『魏書』ならば、年齢が「不十分」であるのに、もうこんな高い役職についた、ということになりましょう。「弱」字の初形は弓につけた飾りのなびくさまを象ったものだと思われます。その義は「よわい」ではなく、むしろ「嫋々《じょうじょう》」たるさま、美しい容状をいうものにほかなりません。

強仕：「強仕」は四十歳。
・三十を壮と曰ひ、室有り、四十を強と曰ひて仕ふ〔『礼記』曲礼上〕
すでに「壮」のみで三十歳、「強」のみで四十歳を指しています。なお「室」は、「令室」すなわち、「妻」のことです。まさしく、
・丈夫は四十強にして仕ふるも、吾れ二十弱冠の辰《とき》に当たる〔鮑照《ほうしょう》「撃擬行路難」〕
の詩は、その『礼記』の言を承けるものでしょう。

桑年：四十八歳にして「桑年」。こんな逸話があります。
・祇《し》、字は君粛《くんしゅく》、少《わか》くして寒貧なり、人と為《な》り寛厚通済にして、體甚だ壮大、又た飲食を能《よ》くして、声色を好み、節倹を持せず、故に時人之れを貴《たっと》ぶ者少なし、嘗《かつ》て井中に桑の生ずるを夢む、占夢を趙直《ちょうちょく》に問ふ、直、曰く、桑は、井中の物に非ず、会《かなら》ず当に移植すべし、然《しか》れども桑の字、四つの十、下は八、君の寿、恐らく此れを過ぎず、と、祇、笑ひて言ふ、此れを得ば、足れり、と……年四十八にして卒す、直の言ふ所のごとし〔『三国志（蜀《しょく》書）』・楊洪《ようこう》伝・注引「益部耆旧《ききゅう》伝雑記」〕

諸葛亮に起用された楊洪《ようこう》が、何祗《かし》を迎える記述につけた注に、それが引かれています。趙直が「桑の字を分析すると、四個の十の字と、一個の八の字から成っている、君の寿命も、足し算して、四十八ほどじゃろう」と占うと、何祗は「そこまで生きれば十分だ」と答えたという話です。そして、じっさい、何祗は趙直のいうとおり四十八歳で亡くなった、と伝えるのです。当時、流行した「字解き」の逸話です。あるいは、この逸話の根源には、「桑」がかつて神樹として認められていたときの民俗的な発想が広がっているのかもしれません。

艾年《がいねん》：艾年《がいねん》は五十歳。

・傁《そう》、艾は長老なり、東のかた斉・魯・衛の間、凡《おほよ》そ老を尊びて、之れを傁と謂ひ、或いは、之れを艾と謂《い》ふ〔『方言』巻六〕

とあります。もとは東方の方言であったのでしょうが、すでにその注が『礼記《らいき》』曲礼上を引いて、「五十を艾と為す（＝五十を艾と曰ふ）」と示すように、中央においても、その語の進行していたことが分かります。しかし、その『礼記』の注が「老なり」とし、疏が「髪の蒼白色なること艾のごとし」とするように、ななならずしも年次の特定はなかったように思われます。さらに、

・九天に登つて彗星を撫《はら》ひ　長劔を慫《ぬ》いて幼艾《ようがい》を擁《よう》す〔『楚辞《そじ》』九歌・小司命〕

も、その王逸の注には、たんに「艾は長なり」とするばかりで、老人一般を指していることになります。「艾」は「よもぎ」、俗に、よもぎ色というのは、青白色のこと、ゆえに頭髪の青白色に通じ、換喩して、老人の意を得たものでしょう。熟字「艾年」の用いられる例は乏しく、むしろ「艾服」の語を用いる例が多いと思われます。それというのも、

・五十を艾《がい》と曰ひ、官政を服す、六十を耆《き》と曰ひ、指使す〔『礼記』曲礼上〕

とあるからでしょう。なお、五、六十歳の範囲を「艾耆《がいき》」というのも、これに基づくものです。「指使」と

は、指図することをいいます。もっとも、「艾」が、なぜ、そのような年齢を意味することになったのかには、疑問が残りましょう。一説は、その「よもぎ」の蒼白色と、頭髪の色との通うことに由る、とするもの、一説は、「艾」が「をさめる」の訓をとることより、事を治めるに適した年齢をいうようになったとするもの、二説行われています。『礼記』の記述は、おそらく、その後者の説に傾くもののようですが、いくらか論理的なものになずむ解釈のようにも感ぜられます。

還暦：「還暦」は六十歳。暦のうえ、干支を一周して、もとに帰ること。いわゆる本卦返りです。のちにいう「華甲」に同じ。その文例を漢籍のうちに見いだしえません。

下寿：「下寿」、六十歳。後述「上寿」の項を参照ください。

華甲《かこう》：「華甲」六十歳。あるいは「華（花）甲子」ともいい、「還暦」の意とひとしく用いられます。「甲」はむろん「甲子」の意。「華」が、「りっぱな」の意をもつからなのか、それとも、字を分析、十の字六個と、一の字一個から成っており、足して六十一であるところからという両説があり、判定しがたいところです。その文例も旧籍には見えず、せいぜいのところ、宋代あたりからの俗語のうちに散見されることになります。

古稀《こき》：「古稀《こき》」、七十歳。唐・杜甫の詩に出るものとされます。

・朝《てう》（朝廷）より回るに日日春衣を典《てん》し（質入れする）　毎日頭に酔ひを尽くして帰る　酒債は尋常行く処有り　人生七十古来稀《まれ》なり〔杜甫「曲江」二首うち一首〕

ただし、この「人生七十古来稀」の句がまったくの独創かとなると、そうもいいきれない面もあります。清・仇兆鰲《きゅうちょうこう》は、「人生百歳、七十なる者稀《まれ》なり、は、本《もと》、古の諺語《げんご》なり」とする「遠注」を引いています（『杜少陵集詳註』巻六）。つまり、そのような俗間の諺が、杜甫の詩のうちに洗練、濾過されて、「人生七十古来稀」の句は成立したといえるでしょう。そして、それが、わずか「古稀」二字の語として、いっそう深く世間に定着したものと思われるのです。この詩、酒に溺れるわが身を詠んで、どだい、人の命、七十までもった例などめったにないのだから、と、自嘲しつつも、自足しているふうでもある、そのような詩にも映ります。

喜寿…「喜寿」七七歳。また「喜字」「喜字齢」といい、その賀会を「喜字宴」といいます。その語に「字」をふくむことからしても、とうぜん七十七の設定は、その「喜」の字体のうちに由来しましょう。「喜」字の草書が、そのまま、七、十、七の合成された形の似るところから、こうした呼称を生んだのだと思われます。語例を見ません。

中寿…「中寿」、八十歳。「上寿」の項で説明いたします。

米寿…「米寿」、八十八歳。あるいは、「米年」ともいいます。字を分解して、八・十・八、したがって、八十八歳というわけです。もとより日本の文のうちにしか用いられません。『大言海』の引くもの、わずかに二例、いずれも江戸期より遡るものはありません。

白寿…「白寿」を九十九歳とするのは、あくまで和製のことです。これも「字解き」の一種でしょう。「白」は「百」から「一」を引いたもの。『大言海』の引用例はありません。「喜寿」「米寿」「白寿」はともども、江戸時代の遅い一時期に現れた風潮によるものではないかと推量されます。ちょうど、誕生日（＝生辰）を祝う行事が、江戸晩期の漢詩人によって促進されてきたように、その流行と、あるいは平行するものかもしれません。すくなくとも伝統的な行事などではなかったことは確実のようです。

上寿…「上寿」、百歳。

・盗跖《とうせき》曰く、人、上寿は百歳、中寿は八十、下寿は六十、病瘦死喪憂患を除けば、其の中、口を開いて笑ふこと一月の中、四五日に過ぎざるのみ〔『荘子』盗跖〕

と、同書「楊朱《ようしゅ》」篇にも同様のシニカルな発言を見ます。

・上寿は百二十歳、中寿は百、下寿は八十〔『春秋左伝』僖公《きこう》三十二年・疏〕

さらには、

・上寿は九十、中寿は八十、下寿は七十〔『論衡《ろんこう》』正説〕

とあり、諸説ならび立ち、一致を見ません。ただ、竹林七賢の一人・嵆康《けいこう》「養生論」には、「上寿は百二十歳、古今同じうする所」とあります。おそらく、もとは厳密な年次の指定のなかったものが、本来「寿を上《たてまつ》る」というような用い方があったため、そのような無窮への願望をこめて、しだいに「百二十」の数にまで及んできたのではないでしょうか。そして、やがて順次を求めて、中、下を置くようになったのではないかと推測されます。いきおい熟字としての「上寿」は、「寿を上《たてまつ》る」の語義として用いられる以外、見あたりません。「中寿」「下寿」またしかりです。

以上、この種の語が多く、中国、日本を問わず、儀式的な領域のうちに成立したものであることが了解されましょう。

Q20 誤解しがちな故事成語

得意げに使った故事成語が、あとで誤用であったことに気づき、恥ずかしい思いをすることがあります。そのような誤解しがちな故事成語の例を紹介し、その説明も加えてください。

A20

たとえば、「他山の石」のみに例をとっても、一般の辞書には、おおむね、つまらない言動でも、自分の品性を磨くに役立つこと、などの意味を記しているのですが、さて、ほんとうに、それが、本義であったのか、判定しえないものがあろうかと思われるのです。

・它山の石以て玉を攻むべし〔『詩』小雅・鶴鳴《かくめい》〕

が、その典拠になるのですが、「它」を「他」とすることは誤解の類ではありません。たんに字体の異種と考えられます。もとより「他」に作る本もあります。「攻」は「みがく」「おさむ」の両訓が当てられますが、いずれも可能のことです。問題は、これらの句が、どういうことの寓意であるのかに尽きましょう。ほんとうは、どのような寓意ももたぬ詩であるのかもしれないのですが、これまでの解釈は、その寓意の内容をめぐっての論議であったといえましょう。朱熹『詩集伝』は、要するに、石は邪なるものをいい、それからの侵害を防ごうとする心意のうちに、義が生じ、道徳的な淘汰があるのだと、説明します。おそらく「他山の石」を、つまらないものと喩えるのは、その朱子の言に発端があろうかと思われます。むしろ、それは、新しい解釈というべきであり、正統とされる「毛伝」には、「錯は石なり、以て玉を琢す（みがく）べし、賢を挙げ、滞（うずもれている賢者）を用ゐれば則ち以て国を治むべし」と見えます。磨玉のことをもって、治国のことに喩えるものですが、そうならば、「他山の石」は賢人を喩える句となっていることが分かります。「鄭箋」は「它山は異国に喩《たと》ふ」とします。鄭箋はつねに毛伝を継承する立場をとるものですから、両説をつなげて、「它山の石」とは、異国にうずもれている賢才をいう句とします。ふだん謙遜の辞として、「わたしごときの行いを、他山の石として、ご活用ください」などというのですが、「毛伝」などの立場からすれば、かえって、僭越の辞ということになりましょう。

ところで「弱肉強食」なる成語があります。出典、

・夫《そ》れ、鳥は俛《うつむ》いて啄《ついば》み、仰いで四顧《しこ》す、夫れ獣は深居して簡《えら》び出て、物に己を害せらるるを懼《をそ》れ、猶《な》ほ脱せず、弱の肉は彊《きゃう》の食となる、〔『韓愈』「送浮屠《ふと》文暢師序」〕

いうまでもなく鳥獣の生態の記述に由来しています。「強」「彊」、もちろん同音同義、しかし、わずか画数の多さをもって、難を去り易に就くことは感心されません。やはり「彊」のままにすべきでしょう。「病膏肓《こうかう》に入る」は、

・医、至りて曰く、病は為《をさ》むべからず、肓《くわう》の上、膏《かう》の下に有り、之れを攻《をさ》むるも、可ならず〔『春秋左伝』成公十年〕

に基づきます。晋の景公の夢に、病魔が肓（横隔膜の上）、膏（心臓の下）にしのびこんだ、とする故事です。これを、いつからか、「こうもう」と訓みはじめたのは、おそらく「肓」を「盲」に誤ったことによろうかと思います。しかも、厳密にいえば、「入る」は「いる」であって、「はいる」でないことが承知されなければならないでしょうし、その語順も「肓膏」とするのが無難のように思われます。意味するところ、病の篤く、治癒の見込みなきことをいったのですが、いまでは、むしろ、それを趣味のことに移して、手に負えない「やみつき」の意に用いることが多いようです。

「時に及んでは当に勉励すべし」とは、勉学の訓辞として定着していましょうが、どうやら主旨をとりちがえているようです。

・盛年重ねては来たらず　一日再び晨《あした》なり難し　時に及んでは当に勉励すべし　歳月は人を待たず〔陶淵明「雑詩」其一〕

評価の高い鈴木虎雄（豹軒）『陶淵明詩解』によれば、ここ、「おりにつけせいぜい遊ぶべきだ」と訳されています。「勉励」は、強いて享楽することをいう語です。

「鳴かず飛ばず」といえば、業績を挙げえず、いまだ陽の目をみない境遇をいうようですが、

・三年蜚《と》ばず、蜚ばば将《まさ》に天に冲《いた》らんとす、三年鳴かず、鳴かば将《まさ》に人を驚かさんとす〔『史記』楚世家〕

まず、「飛」は「蜚」に記されていますし、その内容は、将来の大事にたいする強い意志、期待を主としていう句と考えられましょう。ただ、

・此の鳥飛ばずんば則ち已《や》まん、一たび飛ばば天に冲らん、鳴かずんば則ち已《や》まん、一たび鳴かば人を驚かさん〔『史記』滑稽列伝〕

と見えますから、あながち「飛」を「蜚」に改める必要はないものと思われます。しかし、この用例もまた、不遇をかこつのではなく、斉の威王の抱負が語られている場面に見えるものなのです。

「死せる孔明、生ける仲達を走らす」は、

・宣王の退くや、百姓《ひゃくせい》、之れが諺《げん》（ことわざ）を為して曰く、死せる諸葛《しょかつ》、生ける仲達を走らす、と、或ひと以て宣王に告ぐ、宣王曰く、吾れ、能《よ》く生を料《はか》るも、便《すなは》ち死を料《はか》らず、と〔『三国志（蜀《しょく》書）』諸葛《しょかつ》亮《りょう》伝・注引『漢晋春秋』〕

が、もとの形でしょう。周知の『三国演義』にもまた、蜀人の諺として、「死せる、諸葛、生ける仲達を走らす」と綴られています。「孔明」は、「諸葛」の複姓で示されるのです。日本では、その名「孔明」が愛好されたためでしょうか。

用字を誤った例としては、さらに「屋上屋を架す」が挙げられましょう。

・庾《ゆ》仲初《ちゅうしょ》、楊都賦を作りて成り、以て庾亮に呈す、亮、親族の懐を以て大いに名價《めいか》を為して云ふ、二京を三とし、三都を四とすべし、と、此こに於て、人人、競ひ写し、都下の紙、之れが為に貴し、謝太傅《しゃたいふ》云ふ、爾《しか》るを得ず、此れは是れ、屋下に屋を架すのみ、事事、擬学《ぎがく》（真似する）して、検狭《けんけふ》なるを免れず〔『世説新語』文学〕

真似をして新味のないことをいう成語となります。出所としては、まっさきに、この劉義慶『世説新語《せせつしんご》』が挙げられるのですが、じつは、その劉孝標の「注」には、「王隠《わういん》、揚雄《やうゆう》の太玄経を論じて曰く、玄経は妙なりと雖《いへど》も、益するに非《あら》ざるなり、是《こ》こを以て、古人、其の屋下に屋を架す、と謂ふ」とあり、その成語は、古くより伝わる諺のたぐいであったようです。

・魏・晉已来《いらい》、著す所の諸子、理重《かさ》ね事複《かさ》ね、遞《たが》ひに相ひ摸效《もかう》（真似する）す、猶《な》ほ其の屋下に屋を架し、床上に床を施すがごとし〔『顔氏家訓』序致〕

ともありますから、おそらく、もと「屋下に屋を架し」は、「床上に床を施すがごとし」と連接して、通行していた諺であったのでしょう。そして、どれも「屋上」とせず、「屋下」とされているのです。あるいは「屋上」とするのは、「屋上の烏」なる成語と錯綜した結果かもしれません。しかし、いずれにせよ、さほどの誤解であるとも思われません。

これらの誤解は、じつは誤解と呼ばれるものではなく、その咀嚼のありかたいかんによることだといってよいのではないでしょうか。誤解として一蹴するのではなく、そう受容してきた日本の漢文認識の迹を顧る材料として、柔軟に対応していくことが、好ましいことと思われるのです。

Q21 ：「推敲」について

いわゆる「推敲」の故事には、不自然で、よく納得しえない場面があります。その故事の経緯をもう少し具体的に述べてください。

どういう点が不明なのか、ご質問だけでは判然としないのですが、その趣旨を忖度し、以下、論じていきます。

A21

思うに「成語」なる初見は、宋・計有功『唐詩紀事』巻四〇の記述にありましょう。そこには、「推」字、「敲」字、いずれが適切かを苦慮する賈島《かとう》と韓愈との出合いが描かれます。そうして、ふたりの身分差を超えた友情が語られています。

・賈島、挙（科挙の試験）に赴きて京《けい》に至る、驢《ろ》に騎《の》りて詩を賦《ふ》し、僧は推す月下の門、の句を得たり、推を改め敲《かう》と作《な》さんと欲す、手を引きて推敲の勢（しぐさ）を作《な》すも、未だ決せず、覚えず大尹《だいゐん》・韓愈に衝《あた》る、乃ち具《つぶさ》に言ふ、愈曰く、敲の字佳し、と、遂に轡《くつわ》を並べて詩を論ずること之れを久しうす、或いは云ふ、落葉長安に満つ、の句を吟じて、大尹・劉栖楚《りうせいそ》に唐突す（ふとつきあたる）、繫《つな》がること一夕にして、之れを放つ〔『唐詩紀事』巻四〇〕

これだけでは、この「故事」が事実かどうかは判じえません。『唐詩紀事』自体が、著者の序によれば、さまざまな文献、刻文などを併せて、巡歴調査し、ならびに伝承のたぐいをも博捜した結果に拠る書であることを述べていますが、叙述は断片的であり、情報の収録にすぎない憾みが残ります。しかも、時の大尹が、韓愈であったが、劉栖楚であったかの考証を欠き、別に一説をつけるばかりです。素直な感想からいえば、「衝」ったにもかかわらず、大尹（都知事）たる韓愈がすぐさま事情を了解し、詩の批評を加えるなど、常識では考えられないはずです。ご質問の、「不自然」は、そのような印象に由来しようかと思います。ちなみに「轡」は「くつわ」と一応訓んでおきますが、じっさいは、手綱の意味でしょう。

ところで、この計有功『唐詩紀事』が、どういう資料に基づいたのかも、なお不明です。しかし、この「故事」に先行する類似の記述はあるにはあったようです。

賈島の伝記としてもっとも早い資料である蘇絳《そこう》「唐故《もと》司倉参軍賈公墓銘」は、賈島が死んだ翌年に記されたと伝えられる墓誌銘ですが、それには、苦吟のことも、韓愈との出会いについてもなんら言及されていません。『唐詩紀事』の素材は、あるいは五代の王定保『唐摭言《とうせきげん》』あたりかもしれない、と思われます。

・嘗《かつ》て驢に跨り、蓋を張りて、天衢《てんく》（都大路）を横截《わうせつ》す（よこぎる）、時に秋風正に厲《はげ》し、黄葉掃ふべし、島、忽《たちま》ち吟じて曰く、落葉長安に満つ、と、志、其の口に衝《つ》いて直ちに致るを重んじ、之れを一聯《いちれん》に求む（句を連ねようとする）も、杳《えう》（一に「杏」に作るが、誤り）として得べからず、身の従ふところを知らず、之れに因りて、大京兆・劉栖楚に唐突す、繋がるること一夕にして之れを釈《ゆる》す〔『唐摭言《とうせきげん》』巻一一〕

「驢」に騎る場面、詩を吟じる場面、大京兆に衝突する場面が採用されます。もっとも、その大京兆が韓愈でないこと、詩句が「僧は推す月下の門」でないことが異なっています。

同じ宋代において、欧陽脩らによって、『旧唐書』を補修して成った『新唐書』には、

・一に曰く、京兆尹を見るも、驢に跨がりて避けず、之れを謼詰《こきつ》す（叱りとばす）、久しくして乃ち釈さるるを得たり〔『新唐書』韓愈附伝・賈島〕

となります。ここで京兆尹は、韓愈伝に附された記事ですので、韓愈が相当しましょう。もっとも、虚構を避ける「史」のことですから、詳しいいきさつについては触れるところがありません。また、あくまで「一

に曰く」と条件が加わっています。

とするなら、やはり、この「故事」の成立は、『唐詩紀事』にあるとしなければなりません。おそらく、以上に挙げた先行の資料から、劉栖楚を韓愈に置換し、そこに「僧は推す月下の門」の句を挿入することによって、この「故事」は成立したと見るべきでしょう。それは、一種の潤色であって、およそ、事実とみなしうる可能性はきわめて乏しいように思われます。そこに、「不自然」さの感ぜられる理由があろうかと存じます。

この「故事」を、そこから矛盾を排して、具体的に補完する試みが、宋・阮閲《げんえつ》の『詩話總龜《しわそうき》』によってなされています。

・賈島、初め挙に赴きて京師に有り、一日驢上に於《おい》て、句を得、云ふ、鳥は宿る池中の樹、僧は敲《たた》く月下の門、と、又た推の字にせんと欲す、之れを煉《ね》るも、未だ定まらず、驢上に於て吟哦（うたをうたう）し、手を引きて推敲の勢を作す、観る者、之れを訝《いぶか》る、時に韓退之《かんたいし》（韓愈）、京兆尹を権《か》ね（兼ねつかさどる）、車騎方《まさ》に出づるに、島、覚えず（思いがけなく）行きて、第三節（行列の三列目）に至るも、尚ほ手勢を為して、未だ已《や》まず、俄《には》かに為に、左右、尹の前に擁《よう》す（ひきとらえる）、島、具《つぶさ》に対《こた》ふ、得る所の詩句、推の字と敲の字と未だ定まらず、神、象外に遊ばし（うわのそらになり）、廻避《くわいひ》するを知らず、と、退之、馬を立つる（とどめる）こと、之れを久しうして、島に曰く、敲の字佳し、と、遂に轡《くつわ》を並べ帰り、共に詩道を論じて留連（いつづける）すること、日を累《かさ》ぬ、因りて島と布衣《ふい》の交り（身分にかかわらないつきあい）を為す（『詩話總龜《しわそうき》』巻一一・引『唐宋遺史』）

こうなると、「僧は推す月下の門」の句と、韓愈との出会いとの結びつきが、いよいよ確乎たるものになってきます。じつは、それだけ巧くまとまった、ということでしょう。

ところが、明・辛文房『唐才子伝』は、一度は劉栖楚、そして一度は韓愈と、賈島が行列に突き当たった件数を二度とします。たぶん『唐摭言《とうせきげん》』の記述も生かしながら、さらに『詩話總龜』を引用したのは、より詳細に、その伝の一齣を描こうとしたためでもありましょうし、「天は文書の渾《すべ》て断絶せんことを恐れ　再び賈島を生じて人間《じんかん》に在らしむ」と詠う韓愈の詩を披露することによって、そのふたりの緊密な文学的な交友を主張したかったこともありましょう。『唐才子伝』は、賈島の死に触れて、「死に臨むの日、家、一銭も無く、惟だ病驢、古琴あるのみ」と記すのですが、「推敲」の故事は、あるいはその伏線にすぎなかったかもしれません。

『唐詩紀事』も『唐才子伝』も、そういう意味では、同じく用意周到の虚構であったと思われるのです。

Q22 ：「助長」について

『孟子』の「助長」から、どんなことがらを焦点として学習すればよいのですか、説明してください。

A22

この成語、いまでは、成長、発展の助けをする意に用いられたりもしますが、もとは、かえって、害を与える結果となる作為をいう語であったこと、いうまでもありません。

・宋人に其の苗の長ぜざるを閔《うれ》へて、之れを揠《ぬ》く者有り、芒芒然《ぼうぼうぜん》として（へとへとで）帰り、其の人に謂ひて曰く、今日病《つか》れたり、予《われ》、助けて苗を長ぜしむ、と、其の子、趨《はし》り往きて、之れを視れば、苗は則ち槁《か》れたり〔『孟子』公孫丑上〕

ご質問の一節について、老婆心ながら、指導に当たって、留意すべき諸点、まず挙げておきたいと思います。「宋人」の訓は、慣習で「ソウ＋ひと」と、「国名」は「音」、「人」は「訓」でよむのを通例とします。「閔」は「憐憫」の「憫」に同じく、「うれふ」または「いたむ」と訓みます。「揠」は、「ひっこぬく」。「茫茫然」は、疲労のさまをいうオノマトペ、「ぐったり」などの訳でよろしいでしょう。「今日」は、やはり「コンニチ」と、「音」で読んでいただきたいものです。さて、つぎの句、「苗の長ずるを助けたり」と訓むむきもありますが、「助」はすでにそのうちに「使役」の要素をもつ字ですから、「助けて苗を長ぜしむ」とするのが妥当でしょう。「見」が、自然的な「みる」なら、「視」は、じっくり「みる」に相当しましょう。

　語釈はともかく、改めて、ご質問の課題を考えます。もとより、この故事、『孟子』に収められます。孟子の弁論は、つねに「比喩」の効果において、その説得力を獲得しています。梁恵王に「請ふ、戦を以て喩へん」と進言した、あの「五十歩百歩」の故事の形式もそれに準じます。「助長」は、

・行ひ、心に慊《あきた》らざること有れは則ち餒《う》う、我れ故に曰く、告子は未だ嘗て義を知らず、と、其の之れを外にするを以てなり、必ず事とする有り、而《しか》も正《あらかじ》めすること勿《な》かれ、忘るること勿かれ、助けて長ぜしむること勿かれ、宋人の若《ごと》く然《しか》すること無かれ（『孟子』公孫丑上）

の一節に後続している故事です。公孫丑に尋ねられて、いわゆる「浩然《こうぜん》の気」を養う方法を説明している場面である、ということを前提としてください。

　つまり、行為において不満足があれば、「浩然の気」は飢渇してしまう、告子なる人物は、「義」を認識するには至ってないのだ、なぜなら、告子は、「義」を心の外部に求めようとしているからにほかならない、じつは、心の内部にこそ、それを求めなければならないし、ぜひとも「浩然の気」を養うにつとめなければならない。しかし、あらかじめより到達することを決めてかかって、性急になってはいけない、そうかといって、つとめを忘れてもならない、そして、愚直な宋人にならって無理に作為を加えてはならない、と戒めているのです。

そして、先の故事によって、いっそう、その論証を固めようとするのです。

さらに執拗に、

・天下の苗を助けて長ぜしめざる者、寡《すくな》し、以て益無しと為して、之れを舍《す》つる者は苗を耘《くさぎ》らざる者なり、之れを助けて長ぜしむる者は苗を揠く者なり、徒《ただ》に益無きに非ずして、又た之れを害す〔『孟子』公孫丑上〕

ちょうど雑草も抜かない者のように、無益のこととして、「浩然の気」を養うことにつとめないのは、いわば「義」の放棄である、だが逆に苗を引き抜いた「宋人」のように、強いて早期の到達を作為することは、さらに有害である、と結論するのです。このとき、「宋人」は、愚直の典型を負わされているといえましょう。そういえば、

・宋人に田《でん》を耕す者有り、田中に株有りて、兎走りて株に触れ、頸《くび》を折りて死せり、因りて其の耒《すき》を釈《す》てて株を守り、復《ま》た兎を得んことを冀《こひねが》ふ、而《しか》して兎復た得べからず、身は宋国の笑ひと為る〔『韓非子』五蠹《ごと》〕

嘲笑の対照は、これも「宋人」です。

ちなみに、いささか語釈を施すなら、「田」は「畑」の意ですから、「た」ではなく、「デン」と音読しておきます。「株」は「くひぜ」、あるいは「かぶ」で結構かと存じます。「触」は「こすれる」程度をいう語ではなく、「ぶつかる」。牛の角に突かれるさまを連想されるとよろしいでしょう。「身」は「自分自身」。「為」は「受身」の用法。

・今、堯《げう》、舜《しゅん》、湯、武、禹《う》の道を当今の世に美《ほ》むる者有らば、必ず新聖の笑ひと為らん、是こを以て聖人は修古を期せず（上古をあてにしない）、常可を法《のり》とせず、世事を論じ、因りて之れが備へを為す〔『韓非子』五蠹〕

これが「守株」の故事に先行する節です。善政をほどこした、三代・殷・周の王の道を、この今の時代に称賛するなら、笑い者になるだけだ、それは過去の栄光にとらわれ、時勢に適応しないからである、真の「聖人」とは先王の道を固守するのではなく、「世事」を考慮し、時代の潮流に適合する方法を求めるものをいう、のだと述べるのです。こうした頑迷に旧を守る「宋人」が指弾されます。

「助長」、「守株」、「宋襄の仁」（『春秋左伝』僖公《きこう》二二年）、廉価で酒を売りながらも、傍らに猛犬を飼っていたため、客を失ってしまった酒売りのはなし（『韓非子』外儲説右上）など、愚拙な人物の故事が、どうして「宋」の国に集中するのか、じつは、そのことが最も気がかりです。どうやら、それは「宋」国の独自の歴史的な背景に基づくことのように思われるのです。

殷《いん》が滅びたのち、その遺民は「宋」に移されたとされます。そして、周は殷王・紂《ちゅう》の庶兄である微子を封じて、殷王朝の祭祀を委ねます。戦国初頭、「宋」の景王は、旱魃のさい、自らすすんで薪のうえに座って、火をつけさせました。フレイザーの『金枝篇』に見られる犠牲王を演じたのです。その行為は、殷の創始王・湯王《とうおう》の行為に倣ったものでした。おおよそ「宋」は、殷の伝統継承者を自任する国だったのです。そのような一途に保守的な習俗、態度は、外部からすれば、まことに異様なものに映ったであろうこと、いうまでもありません。そのような伝統的な気風が固持されればされるほど、融通のきかない偏屈な国柄の印象は、強くなる一方であったはずです。

北魏に至って、楊衒之《ようげんし》は、

・洛陽城の東北に上商里有り、殷《いん》の頑民《ぐゎんみん》の居処する所なり、高祖の名（この下一字脱落）、義里に聞こゆ、京を遷《うつ》せし始め、朝士、其の中に迭《たがひ》に相ひ譏刺《きし》し（そしって）、竟《つひ》に、皆之れを去る、唯だ瓦を造る者、其の内に止《とど》まり、京師の瓦器、焉《ここ》に出づ（『洛陽伽藍記《らくようがらんき》』巻五「城北」）

と、殷の頑民である製瓦職人のみは、ここを固守して住みつづけた旨を語ります。殷の末裔は、頑なに、その地を離れることのなかったことを伝えます。それが殷の遺民の伝統的な生存の様式ともいいえたのです。同じく「刻舟求剣」などの、やはり愚直な者の故事が「楚人」のこととされるのは、もとより、「楚」が「宋」の南に隣接しており、あるいは「宋」の気風の浸透することのあったためかもしれません。故事を検討するさい、その「寓意」の意図を求めることはもちろん重要なことです。しかし、そのうえに、各国ごとの故事を分類し、そこに、これぞれの風土、文化的な差異を比較、系列化していく試みもまた有意義のことと思われるのです。

Q23：「骸骨を乞ふ」について

A23

「骸骨を乞ふ」という表現は、不気味であって、しかもどんなことを言うのか曖昧です。説明してください。

たしかに字面からして物騒、意味の解しがたいことばです。そこで、「骸骨」の語の用例から見ていきたいと思います。『大言海』は「動物ノ屍ノ、肉去リテ、骨組ノミトナリタルモノ。シャリ。コツ」とします。もちろん死骨を指す語です。『大言海』の引用する、

・冢墓《ちょうぼ》、発《あば》かれ、骸骨暴露す〔『後漢書』陳球伝〕

は、まさにその残骨をさらすことをいうものです。

もっとも、「骸」の字に、死骨の意がすでに備わっているかどうかといえば、かならずしもそうではなく、『説文解字』巻四下に「骸は頸骨なり」とするように、たんに骨格の部所を称する語でしかなかったように

も思われます。

・嗟子《ああ》の学労《らう》すと雖《いへど》も　徒《た》だ自ら骸筋《がいきん》を苦しますのみ〔欧陽脩《おうようしゅう》「酬僧」〕

刻苦して身体をこわすことをいう一節です。このとき、「骸筋」は、けっして死骨に相当しません。

日本の『新撰字鏡』に「骸、須祢汁《すねしる》」とあり、『名義抄』に「カバネ・ホネ・スネ・シリ・サネ」とするのも、格別に死骨をのみ指す語としていないことを裏書きしていましょう。

ただし、字形からすれば、「骸」の右部「亥」は、獣の屍を象るもの、その意と音「ガイ」をうけて成った字が「骸」です。やはり死骨の印象を「骸」字がとどめていたことは確実なことのようです。

お尋ねの件は、「骸骨」の原義のことなどではなく、じつは「骸骨を乞ふ」という慣用句の内容にかんすることと判断されます。よく知られる例は、

・范増《はんぞう》大いに怒《いか》りて曰く、天下の事、大いに定まる、君王自ら之れを為せ、願はくは骸骨を賜《たま》ひて、卒伍《そつご》に帰せん、と、項王、之れを許す〔『史記』項羽本紀《こううほんぎ》〕

でしょう。なお右記の例と同じ場面を扱った「陳丞相世家」には、つぎのように言い換えられます。

・願はくは骸骨を請《こ》ひて帰らん〔『史記』陳丞相世家〕

つまり、「願はくは骸骨を請（乞）はん」の句は、ほぼ定型の句として慣用されていたということです。あえて場面の経緯を示すならば、項羽より、漢と私交があるのではないかと疑われた范増が、その権限を奪われることを懼れ憤って、辞意を表明するくだりです。これまで、身を尽くして、項羽に奉じてきた范増の辞職決断といってよいでしょう。漢文では、官に就くことを、「学仕《がくし》」といい、官を去ることを「致仕《ちし》」といいます。その「致仕」の決意を述べたのです。そのことは、進退における、日本流にいえば「身を要なきもの」という自覚を意味しましょう。その辞表の定型句として、「骸骨を乞ふ」が用いられているのです。

主君に仕えることは、もとより身も心も、その政治に投入することを指しました。しかし、いま決意に従っ

て、「無官」の地位で生きるには、たとえ、酷使して古びてしまった残骨であれ、その「器」としての身体がどうしても必要です。それだけは返していただきたい、との懇望のことばが、「骸骨を乞ふ」であったのです。辞任の句であるとともに、それは自らの自由を求めようとする決意を語る謙辞ともいえましょう。それはまた本来の世界への再帰、また再生を願う辞の形式であったともいいえましょう。しかし、当の范増は、「生きて、彭上《ほうじゃう》に至らずして、疽《そ》（腫瘍）、背に発して死す」（『史記』項羽本紀）という結果を迎えます。その「公的」な世界から「私的」な世界への再生は、ついに叶えられなかったとすべきです。

この定型句、「骸骨を乞ふ」の初出は、

・愚（私め）、復《ま》た東阿（斉にある地名）を治むること能《あた》はず、願はくは骸骨を乞《こ》はん（『晏子春秋』外篇・重而異者）

あたりかもしれません。ほんとうは、そのことよりも、日本でも古くより辞表の句として定着していたことが関心のあるところです。「正五位下守部連大隅、上書して骸骨を乞ふ」（『続日本紀』神亀五年八月甲午）、そうして、近世では、「元禄庚午の冬、累《しき》りに骸骨を乞ひ、致仕《ちし》す」（徳川光圀《みつくに》「梅里先生碑陰記」）などと用いられていいます。「致仕」とは、先述のとおり、辞職をいいます。

語　法

Q24 「すなはち」について

「すなはち」に当たるたび、その用法を確認するのに困惑します。その語の由来、また「すなはち」と訓む字例、ならびに、その意味、用法について紹介してください。

A24

まず和語「すなはち」の古い用例を考えてみましょう。『万葉集』一五〇五「霍公鳥《ほととぎす》鳴きしすなはち君が家に往けと負ひしは至りけむかも」、『竹取物語』「綱絶ゆるすなはちに八島の鼎の上にのけざまに落ちたまへり」などの例から、いずれも連体形の語に接続し、名詞として用いられていることが分かります。「その時」というほどの意味でしょうか。その語源説としては、大槻文彦『大言海』の「墨縄路《スミナハヂ》ノ略カ」とするのが、もっとも無難の説に近いといえましょう。その語源を名詞に求めていることが察せられるからです。ただし、『大言海』の説は、その「則」字の本義に基づくものとしては成立するでしょうが、じっさいは『古事記』には、「すなはち」と訓みうる漢字表記は、「乃」「即」「登時」以外に認められません。すくなくとも本居宣長が『古事記伝』訓法《よみざま》の事に提示するのは、この三例のみです。しかし、のち漢文の訓読法が導入されて、はじめて接続詞また副詞として用いられることになったのでしょう。したがって、漢文の体裁になる

『日本書紀』には、おのずから、その用法だけが採られています。「日本古典文学大系」の訓点は、まさにその用法に準則しており、名詞的な用法として訓むところがありません。そのような語助として、「すなはち」と訓む漢字は、多数にのぼり、すでに『名義抄』は、三〇余字を挙げます。近時の諸橋轍次『大漢和辞典』には、述べ二三字を索引につらねます。最新の白川静『字通』は、「乃」「即」「便」「則」「廼」「曾」「輒」の七字を精選します。これらが、どうして接続詞または副詞として用いられることになったかを、その字源のうちに求める必要があろうかと思います。もっとも伊藤東涯の『操觚《そうこ》字訣《じけつ》』が示すように、常用のものとしては、「乃」「即」「便」「則」「輒」の五字だといってよいでしょう。そこで、その五字についてのみ、語源、ならびに用例を併記し、さらにいささか解説を加えておきます。

乃：もと弓弦を外した形。先の状態がそのまま持続するゆえに、承接の働きをとることになります。順接の語となったのは、そこに由来するものだと思います。しかし、『説文解字』巻五上に「气の出で難きを象る」と、その字源を求めるのは、当時すでに、「乃」に屈折の意が含まれ、それで逆接の語としても定着していたからにほかなりません。それらの意を含んで、王引之『経伝釈詞』巻六は、「乃」の独自の義、併せて一五例を示します。まず「猶～也（なほ～ごとし）」という語釈形式で、①「於是（そこで）」、②「然後（しかるのち）」、③「而（だのに）」、④「則（すなわち）」、⑤「其（これこそ）」、⑥「是（とりもなおさず）」、⑦「方・裁（やっと・わずかに）」、⑧「若（もし）」、⑨「且（また）」、⑩「寧（むしろ・かえって）」の語意に相当するものとして列挙し、かつ、⑪「発語の詞なり（さて）」、⑫「転語の詞なり（ところで）」、⑬「発声なり」、⑭「急詞なり」、⑮「之れを異しむの詞なり（なんと）」とします。うち⑬⑭について触れるのは、ここでは控えておきます。

①「於是（そこで）」の例

・諸呂《しょろ》、変故を為して法を乱《みだ》り、独《ひと》り制すること能《あた》はず、乃《すなは》ち他姓の子を取りて、孝恵皇帝の嗣（あとつ

ぎ）と為せり〔『漢書』文帝「賜南粤王《なんえつおう》趙佗《ちょうだ》書」〕

③「而」（だのに）」

・大夫拝せずして、乃ち飲す〔『儀礼《ぎらい》』燕礼〕

⑤「其（これこそ）」の例

・夫《そ》れ我れ乃ち之れを行ひ、反つて之を求むるに、吾が心を得ず〔『孟子』梁恵王上〕

⑥「是（とりもなおさず）」の例

・嗟夫《ああ》、二人の者、予《わ》れは乃ち其の盛衰を見たれば、則ち予れも亦《ま》た将《まさ》に老いんとするか〔欧陽脩「釈秘演詩集序」〕

⑦「方・裁（やっと・わずかに）」の例

・東城に至れば乃ち二十八騎有るのみ〔『史記』項羽本紀〕

⑨「且（また）」の例

・乃ち神にして、乃ち聖なり〔『書』大禹謨《だいうぼ》〕

⑩「寧（むしろ・かえって）」の例

・子都《しと》を見ずして　乃ち狂を見る〔『詩』鄭風《ていふう》・山有扶蘇《ふそ》〕

⑫「転語の詞なり（ところで）」の例

・其の下は主簿、尉なり、主簿、尉は乃ち文職有り〔韓愈《かんゆ》「藍田《らんでん》県丞庁壁記」〕

⑮「之れを異《あや》しむの詞なり（なんと）」の例

・問ふ、今は是れ何の世ぞと、乃ち漢有るを知らず、魏・晋に論無し〔陶淵明「桃花源記」〕

この「乃」がもっと多義に亙っており、ほかの「すなはち」と訓む漢字の意味は、ほとんど、このうちに包括されるか、あるいは重なっているといっても過言でないほどです。

即：聖餐の器に人の即く形。その「物事に接着する」の形から、それを時間的な概念に移しかえれば、おのずと「即時」の意を得ます。しかも、「則」と同声のため、両字、義の通い合う現象も生みます。『経伝釈詞』巻八に従うなら、①「猶ほ今人の即今と言ふがごとし（ただちに）」、②「猶ほ今人の即是と言ふがごとし（とりもなおさず）」、③「猶ほ若のごとし（もし）」、④「猶ほ或のごとし（あるいは）」となります。

①「猶《な》ほ今人の即今と言ふがごとし（ただちに）」の例

・権（孫権）即ち粛（魯粛《ろしゅく》）を遣《つか》はす〔『資治通鑑《しじつがん》』赤壁之戦〕

②「猶ほ今人の即是と言ふがごとし（とりもなおさず）」の例

・其《そ》れ父兄に非《あら》ず、即《すなは》ち其の子弟なり〔『春秋左伝』襄公《じょうこう》八年〕

便：人に、鞭撻を加える象形。それは、古代の呪法の一であり、そうすることによって、修祓することをいう語です。修祓された状態を心理的な概念に移して、愉楽の意をとります。①「たやすく」の意は、そこからうまれてきたのでしょう。併せて①「たやすく」、②「すぐに」、③「はやくも」の意などが挙げられます。

①「たやすく」の例

・復た其の虚実を料《はか》らず、便《すなは》ち此の議を開く〔『資治通鑑』赤壁之戦〕

②「すぐに」の例

・未だ嘗《かつ》て舟を見ざるに、便ち之れを操す〔『荘子』達生〕

③「はやくも」の例

・是の時を回思するに、奄忽《えんこつ》として便ち已《すで》に十年なり〔帰有光《きゆうこう》「寒花葬志」〕

則：もと、円鼎に刀をもって刻む形。刻まれたものが、そのまま規則、法則です。ゆえに、②「〜にしたがって・〜すれば〜となる」の意が生まれたのでしょう。いわゆる「レバ則」の意です。またそれは例示され、刻されることから、①「～は（アレハコレハの則ちの用法）」の義も現れます。じじつ金文には、たとえば「則ち拝す」「則ち誓う」などと、神事と神事とを示す句と句との間に「則」が置かれ、ことの進行を接続させてゆきます。あたかもつぎに行われる儀礼の前提を確認するために、「則」は記されているがごとくです。やはり承接の語ともなるのです。①「～は」、②「～にしたがって・～すれば～となる」、③「しかし」、④「そこで」、⑤「もし」、⑥「あるいは」、⑦「これこそ」、⑧「ただ」などの義があります。

①「～は」の例

・弟子入りては則《すなは》ち孝、出でては則ち弟〔『論語』学而《がくじ》〕

②「～にしたがって・～すれば～となる」の例

・衣食足れば則ち栄辱《えいじょく》を知る〔『管子《かんし》』牧民〕

輒：『名義抄』に「タヤスク、スナハチ、アト、ウタヽ、タマタマ、ホシイマヽ」の訓が見えます。うち「アト」を除けば、いずれも副詞的用法として用いられていたことになります。もっとも語源はよく分かりません。右部は、耳の垂れるさま。車輿の両傍に似ているところより、のち車偏を加えたものだと考えられます。しかし、その字源から、どうして、いまの「すなわち」の意味をとったかは、依然として不審です。おそらく仮借によるのではないかと思います。義は、①「そのたびに」、②「たやすく」など。

①「そのたびに」の例

・張負の女五たび嫁して、夫、輒《すなは》ち死す〔『史記』陳平世家〕

②「たやすく」

・盗賊、輒ち辜に伏せず、免脱する者衆《おほ》し〔『漢書』吾邱寿王《ごきゅうじゅおう》伝〕

以上具体的に述べてきましたように、その意味には出入、重複すること甚だしいものがあります。そのゆえ、「すなはち」の意味は、むしろ、その初義との関連および、その文脈、文勢から、総合的に判定すべきだということが分かります。とくに承上起下の語として置かれているのなら、なおさら、その語自体のうちに意味を求めるのではなく、前後の状況内容を把握することによって、より適切な語意を求める方法がとられてよいと思います。

Q25 ：擬態語・擬声語

日本語に豊富だとされている擬態語・擬声語に相当するものが漢語にはあるのでしょうか、それらの具体的な語句を示して紹介してください。

A25

たとえば、「如」「然」「焉」「乎」などの字を補って形状を写す表現方法はありますが、中国の学界用語で「複音詞」といわれるものが、もっとも日本の擬態語・擬声語、つまりオノマトペに相当しましょう。それらは、音の一致による組み合わせによって成立する熟語だといえます。いわゆる「複音詞」を分類しますと、まず①「畳音詞（重言語）」、②「連綿詞（連語）」の二様に分かれます。さらに、②「連綿詞」は、それぞれ、「双声語」と「畳韻語」に細分化されます。それらの語例をここで紹介しておきます。とくにことばの始原性をもつ『詩経』つまり『詩』を主として、その例を索めていきたいと思います。

①「畳音詞（重言語）」

・宣《うべ》なり爾《なんぢ》の子孫振振たり（繁栄するさま）〔『詩』周南・螽斯《しゅうし》〕
・桃の夭夭《えうえう》（若くて美しいさま）たる　灼灼たる其の華〔『詩』周南・桃夭《とうよう》〕
・坎坎《かんかん》として檀《まゆみ》を伐ち　之れを河の干《ほとり》に寘《お》く〔『詩』魏風・伐檀《ばったん》〕

同一の語を重ねていうことで、物の姿や、その音声に擬らえて表現する語法です。

②「連綿詩（連語）」

＊「双声語」（＝頭音が等しい語）：「蔽芾《へいひ》（繁るさま）」「厭浥《よういう》（濡れるさま）」「髣髴《ほうふつ》＝彷彿」「坎軻《かんか》（志を得ぬさま）」「猶豫《ゆうよ》」「参差《しんし》（不揃いのさま）」「淋漓《りんり》」「磊落《らいらく》」「憔悴《しょうすい》（疲れ切るさま）」など

＊「畳韻語」（＝尾音が等しい語）：「窈窕《ようちょう》（貞淑なさま）」「逍遥《しょうよう》」「依稀《いき》（不明なさま）」「強梁《きょうりょう》」「婀娜《あだ》（しとやかなさま）」「朦朧《もうろう》」「浩蕩《こうとう》」など

＊「双声語」「畳韻語」いずれにも該当する例：「繽紛《ひんぷん》」「綿蠻《めんばん》（鳥の鳴く声）」「輾轉《てんてん》（寝返りをうつさま）」など

＊「双声語」「畳韻語」いずれにも該当しない例：「扶揺《ふよう》」「邂逅《かいこう》」「狼藉《ろうぜき》（乱雑なさま）」「狼狽《ろうばい》」など

これらの語はすべて音の交響によって統合された語ですから、一字一字を分離して、その意味を求めることはできません。したがって、「猶豫」で「ぐずぐず」、「参差」で「ばらばら」、「依稀」で「ぼんやり」などと、オノマトペとして訳するほうが、その文調に、より生彩を与えるものとなりましょう。

ただ、「双声語」にしろ、「畳韻語」にしろ、中国音に基づいてはじめて成立するものですから、日本の音読を強いて充てようとするならば、かえって誤解をうむことにもつながりましょう。また現代中国音を基準とすることにも、慎重を期したいものです。たとえば、「知識」を日本の音読では「ti-siki」と発音し、現代中国音では、「zhi-shi」と発音します。これだと、尾音が一致していることになりますから、いわゆる「畳韻語」となります。しかし、中古音では、「識」は入声「-k」音を伴って、「shi-k」と発音されたはずです。ゆえに、「畳韻語」と見なすことは不可能です。これらのことも念頭に置いて、上述の類型に該当するかどうかを判別する必要があろうかと思います。

ところで、これらのオノマトペが、なぜ成立するかという説明において、とんでもない失敗を犯した実例を示しましょう。『漢書』高后紀に施した唐・顔師古の注に、「猶豫」が、どうして「ぐずぐず」の意をもつのかに触れて、あらまし、つぎのように語っています。すなわち「猶は獣名。この動物は、うまれつき臆病である。それであるから、いつも山中にいて、いざ、どこからか声がするや、きっと人間が襲う声だと心配になり、豫《あらかじ》め樹に登り、のち人のいなくなったのを見計らい、また登る」、だから「ぐずぐず」の意を得たのであると。それ以前にも、北斎・顔之推《がんしすい》は『顔氏家訓』書證に「猶は犬のこと。犬は豫《あらかじ》め人の前にいるのを好んで、人が来るのを待って、だめだと分かると、また出迎える。それが終日つづく」、だから「ぐずぐず」の意を得たのであると述べています。さらに、唐・孔穎達《くようだつ》も『礼記《らいき》』曲礼の一節に疏を施して、「猶は猿、豫は象、この二匹は進退逡巡することが多い」、だから「ぐずぐず」の意を得たのである、と述べています。いずれの説も二字を分解して、その一字単位の意味を求めていることにおいて、同工です。そして、その意味成立の由来を、動物の性状にかこつけてまで探ろうとする試みにおいて、また同断です。こうなると、もはや奇に過ぎた創作というべきでしょう。さらに「狼狽」については、唐・段成式《だんせいしき》の『酉陽雑俎《ゆうようざっそ》』巻一六に、「狼」「狽」の二字に分解して、「狼、狽ともに動物、狽はいつも狼に乗って歩く習性をもち、狼を失えば動けない。よって物事の乖離する意をもつことになった」というようなことを述べています。「文に望んで義を生む」解釈でしかありません。中国のオノマトペは原則的に、このような理屈によって成立する語法では、けっしてありません。その分離不可能な音の組み合わせによって、はじめて一意をなす語ですから、それを分解して説を立てようとすることは、無効というべきです。もっとも、たとえば、「天地」など、その双声語的なものが基本的な相対語を作る場合が、きわめて多く、オノマトペの成立が、このような熟字の方法と深い関連があったのかもしれないとも思われてくるのです。

Q26 ：「一人称・二人称」の問題

漢文において「一人称」、「二人称」はどういう語で示されるのでしょうか、説明してください。

A26

ひとまず常用の「一人称」の語と、その用例を挙げましょう。すべて「わ（われ・わが）」と訓じてよろしいでしょう。

一人称

・吾《わ》れ日に三たび吾が身を省る（「吾《ぎょ》」）〔『論語』学而〕
・我《わ》が心に於けるや戚戚焉《せきせきえん》（心の動くさま）たる有り、と（「我《が》」）〔『孟子』梁恵王上〕
・余《わ》れ爾《なんぢ》が骨を収めん（「余」）〔『春秋左伝』僖公《きこう》三十三年〕
・予《わ》れ豈《あ》に弁を好まんや、予れ已《や》むを得ざるなり（「予」）〔『孟子』滕文公《とうぶんこう》上〕

ここで注意すべきは、魏・晋以前、「吾」は一般的に目的語としては用いられていないということです。

ただ否定句中には、動詞の前に置かれて目的語となることは可能です。その例。

・我れ若《なんぢ》に勝てば、若、吾に勝たず（＝不吾勝）〔『荘子』斉物論〕
・吾を知らざるなり（＝不吾知也）〔『論語』先進〕

他に、極めて早い時期の一人称には、

・皋陶《かうえう》曰く、朕《わ》が言、恵《まさ》に底行《しかう》す（実行に移す）べきか、と（「朕《よう》」）〔『書』皋陶謨《こうようぼ》〕
・朝夕に誨《をしへ》を納れ、以て台《わ》が徳を輔《たす》けよ（「台《い》」）〔『書』説命上〕

・人渉るも卬《わ》れは否《しか》せず　卬れば友を須《ま》つ〔「卬《ごう》」〕〔『詩』邶《はい》風・匏有苦葉《ほうゆうくよう》〕

などの例がみられます。うち「朕」は、もとは一般に用いられる自称でしたが、秦・始皇帝に至って、皇帝専用の語となります。「台」「卬」は先秦の記述にのみあらわれます。

「二人称」に関しては以下の通りです。いずれも「なんじ」と訓みます。

二人称

・三歳女《なんぢ》に貫《つか》へしも　我れを肯《あ》へて顧る莫《な》し〔「女（＝汝）」〕〔『詩』魏風・碩鼠《せきそ》〕

・若《なんぢ》、長大にして、刀剣を帯ぶるを好むと雖《いへど》も中情は怯《けふ》なる（臆病だ）のみ〔「若」〕〔『史記』淮陰侯列伝〕

・家祭するに、乃《なんぢ》の翁に告ぐるを忘るる無かれ〔「乃《じょう》」〕〔陸游《りくゆう》「示児」〕

・吾れ乃ち而《なんぢ》の君とは言はん〔「而《じ》」〕〔『史記』平原君列伝〕

・君子萬年　爾《なんぢ》の景福を介《おほ》いにす〔「爾《じ》」〕〔『詩』大雅・既酔《きすい》〕

うち「女（＝汝）」「爾」は、礼節に拘束されぬ用法であり、ふだん親密な間に用いられていたようです。

さらに『詩』のなかでのみ用いられている例としては、⑥「戎」です。

・戎小子と雖も　而《しか》も式《もっ》て弘大なり〔「戎《じゅう》」〕〔『詩』大雅・民労〕

どうして、こうした文字がそれぞれ「一人称」、あるいは「二人称」として用いられることになったかについては、おそらく「仮借」という方式で要約されようと思います。じっさい、「我」は、鋸《のこぎり》の象形であり、本来「われ」の意とは一切関係のない初義をもつ語です。その初義とは無縁のところで、音の関連として、これらの用法が成立しただろうことが推測されます。漢字は、単音節ですので、いわゆる「声近ければ、その義近し」という法則が生まれ、ことばを拡大していきます。つまり音の類同があるなら、その文字の義を借りるという現象をいいます。そういう文字が「仮借」字です。とくに代名詞など、実体としては感知しえないものは、多くその方式に頼る以外ありません。その本義とは無関係に、他の義が備わるのです。「一人称」、「二人称」をいう語は、ほぼ、その原則に基いて成立しているようです。

たとえば一人称の語として例示された、「余」「予」「朕」「台」は、いずれも「余《よ》」母の字です。中古音では「喩」母の字です。その声符（頭音）が、「余」また「喩」の声符と共通して相同するということです。そして、「吾」「我」双方とも、「疑《ぎ》」母の字です。そういう音法則に応じて、「一人称」の語となりえたのでしょう。「二人称」においても、そのことは該当します。ここで採りあげた「二人称」の語、どれも「泥《でい》」母に属する文字です。これらの文字は一系列のなかにある文字として同義の語のうちに収められるのです。

なお張玉金『甲骨文虚詞詞典』に拠れば、甲骨文に一般的に用いられる「一人称」代名詞は、「我」「余」「朕」であり、「二人称」代名詞は、「女」「乃」「爾」の三種です。うち「余」は所有格として働くこと、ほとんどなく、「朕」は、目的格として働くこと、まったくないことが検証されています。「乃」「爾」は、主格として働くこと、絶無、「爾」はまた目的格として働くこと、絶無であることも、検証されています。すでに、その語法には、一定の制約があったのでしょう。後代の語法にも、一定の制約があるのは、そうした初原の語法を承けることがあるからにほかなりません。

さらに張玉金は、「我」が一般的には複数代名詞として用いられ、「余」「朕」が単数代名詞として用いられていること、ならびに「女」が単数代名詞、「乃」「爾」が単数、複数いずれにも用いられていることを指摘します。しかし、その別はさほど厳密なものではなく、さらに時代の経過とともに、その境界は混沌としてきます。おしなべて単数、複数の用法には判然とせぬものがあり、それで、もし明確に複数を示そうとするならば、その人称代名詞のあとに、「儕《せい》」「輩」「属」「等」「曹」などを加える法をとることになったのでしょう。もっとも、それらの用法は現代中国語の「們」が、抽象的な全体をさすのとは異なって、むしろ局限的、同類的な概念として用いられます。

Q27 :「感嘆詞（感動詞）」

「感嘆詞（感動詞）」にはどんな語がありますか、また、それらはどう訓み、どんな感情を伝えるものなのか、説明してください。

A27

単独で語を成す、これらの「感嘆詞」はほぼ、音声をうつしたところから生まれたものだと思われます。欧米語との関連において、中国語の文法を体系化しようとした『（馬氏）文通』には、英・仏語ならびにギリシャ・ラテン語の「感嘆詞」が、大抵、開口音であるのに、中国では閉口音であるとの相違が説かれており、興味をそそります。のみこむ感情が「感嘆詞」を生みだしたとでもいいたいのでしょうか。

それはともかく、まず、それらの「感嘆詞」が、どういう感情を表現するものか、出入もあれば、截然と区別しきれぬものもありましょうが、概略、つぎのように分類しておきましょう。

①嘆息・悲痛

・顔淵死す、子曰く、噫《ああ》、天予《わ》れを喪《ほろぼ》せり〔『論語』先進〕
・意《ああ》、甚だしいかな、其の愧《はぢ》無くして、恥《はぢ》を知らざることの甚だしきや〔『荘子』在宥《ざいゆう》〕
・其の妻曰く、嘻《ああ》、子、読書遊説する毋《なか》らば、安《いずく》んぞ此の辱を得んや〔『史記』張儀列伝〕
・唉《ああ》、豎子《じゅし》与《とも》に謀《はか》るに足らず〔『史記』項羽本紀〕
・噫嘻《ああ》、悲しいかな、此の秋声なるや〔欧陽脩《おうようしゅう》「秋声賦」〕
・嗟乎《ああ》、陳思《ちんし》（曹植《そうち》のこと）の文章に於けるや、人倫の周・孔有るに譬《たと》ふ〔『詩品』上品〕
・嗚呼《ああ》、汝の病、吾れ時を知らず〔韓愈《かんゆ》「祭十二郎文」〕

②驚愕・賛嘆

・楊子曰く、嘻《ああ》、一羊を亡《うしな》ふに、何ぞ追ふ者の衆《おほ》きや〔『列子』説符〕

・使者曰く、烏《ああ》、此れを謂はんや〔『史記』司馬相如《しばしょうじょ》列伝〕

・猗《あ》嗟《あ》、昌《さか》んなり　頎《き》（丈が高い）にして長なり〔『詩』斉風・猗嗟《いさ》〕

③憤怒・叱責

・悪《ああ》、是れ何の言《いひ》ぞや〔『孟子』公孫丑下〕

・子反、叱りて曰く、訾《ああ》、退け〔『呂氏春秋』権勲《けんくん》〕

④命令、呼びかけ

・帝曰く、咨《ああ》、汝、義《ぎ》、暨《およ》び和《くわ》よ〔『書』堯典《ぎょうてん》〕

・従者曰く、嘻《ああ》、速《すみや》やかに駕《が》せよ〔『春秋左伝』定公八年〕

・噫《あ》嘻《あ》、亦た太甚《はなはだ》しきかな、先生の言や〔『史記』魯仲連鄒陽《すうよう》列伝〕

ただし、このような分類が、すべて厳格になされているか、どうかは判然としません。たとえば、の文で、「索隠」は「噫は不平の声……噫は驚恨の声」とするのですが、あえて分離して意を求められるような語ではないはずです。連語にして、はじめて「悲痛」を泄らしているものと考えます。

「感嘆詞」の字ははなはだ多く、単語として「ああ」と訓ずる語、『大漢和辞典』は三二例を挙げます。しかし二字連語の例もあり、『日本書紀』に用いられたものでは、「嗟乎《あ》」「嗟夫《あ》」「亜《あ》」「嗚呼《ああ》」「噫《ああ》」「咨《ああ》」など、その訓は「あ」「え」「ああ」の三例、『名義抄』は「嗟」「於」「呼」「噫」「咨」「嗟乎」「於乎」「嗚呼」を挙げ、訓を「あ」とします。その訓は一様に「母音」をもって訓まれていることが分かります。ここに、ことばの発生を見てよいかということに、関心が注がれそうです。しかし、もっとも初原にちかい表記である甲骨文に用いられた「感嘆詞」は、わずか、「兪」らしき文字だけです。そのことから、どうやら、「感嘆詞」はかならずしも、ことばの始めの形ではなさそうだという推測を生むでしょうし、また、文字と、はなしことばとは、もと全く異なった目的性をもって成立したという可能性も見えてくるでしょう。

「感嘆詞」に用いられる「烏」、「於」は一系列の字であり、ともに鳥を追う呪法にもとづくものです。その強い感動の義とともに、その所作のおりに発せられる音声をともなう語です。「乎」もまた鳴子板をもって神霊を迎える儀式を示す字でした。その音響が神を呼ぶのでしょう。かくして、「感嘆詞」としての「乎」には、その声義がやどるのです。「意」「噫」も同じく神への心的な対応をいう語であり、なおその音も近く一連のものと考えられます。「咨」は、嘆息して、神に愬訴する意でした。そこに「感嘆詞」として用いられる所以があります。こうして、「感嘆詞」のほとんどは、もと、そのような感動性をもつ義を承けるものだったのですが、のち、その意は忘れられ、ただ表音的な相似性に立脚して、同じ系列の語に属することとなったのです。日本において、「感嘆詞」が一律、「ああ」という一訓をもって訓まれることになったのも、じつは、こうした表音的に同列のものであるとする前提があったからにちがいありません。

Q28 ：「是」について

「是」を「これ」と訓んでも、その意味は多様に亘るようです。どんな意味があるのですか、説明してください。

A28

『説文解字』巻二下には、「直なり、日と正とに従ふ」とし、清・段玉裁《だんぎょくさい》の注は「天下の物、日より正しきは莫《な》し」として、その初義を「是非」の「是」の意に求めるのですが、もとは「匙《さじ》」の象形。「是非」「是正」など抽象的な観念として用いられるのは、「実」字の音に通じるところから、仮借されてのことでしょう。

『広雅』釈言には「是は此なり」と指示代名詞の用法のみを挙げていますが、ここでは、王引之の『経伝釈詞』巻九にもとづいて、六例の用法に分類して考えてみましょう。

①「猶ほ於是（そこで）のごとし」の例
・桑土既に蠶《さん》し（養蚕をおこす）、是《ここ》に邱《きゅう》を降し土を宅《を》る〔『書』禹貢《うこう》〕
②「猶ほ寔《しょく》（まことに～である）のごとし」の例
・余《わ》れ是れ嫁する所の婦人の父なり〔『論衡《ろんこう》』死偽《しぎ》〕
③「猶ほ之（これ）のごとし」の例
・富と貴とは、是れ人の欲する所なり〔『論語』里仁〕
④「猶ほ祇《し》（ただ～である）のごとし」の例
・今の孝は、是れ能く養ふを謂ふ〔『論語』為政《いせい》〕
⑤「猶ほ夫（これ）のごとし」の例
・今、是れ、世の陵遅《りょうち》する（衰える）こと亦た久し〔『荀子』宥坐《ゆうざ》〕
⑥「猶ほ則（すなわち～である）のごとし」の例
・教定は、是れ正し〔『大戴礼《だたいれい》』王言〕

大雑把には、②④⑥を判断動詞として、③⑤を指示代名詞として、①を副詞として三類に分かつことができましょう。そして、ここから分明することを説明しましょう。先秦にあっては、①の用法と、③の用法とが一般的であって、漢代より急速に②の用法が増加しているということです。つまり、③のような指示代名詞としての用法から、②のような判断動詞としての用法へという傾向を見い出すことができましょう。指示代名詞の用法は、おそらく「此」「時」「之」と音が近いところより、通ずることになったのだと思われ、判断動詞の用法は、「寔」「祗」と音通すること、また「是」「寔」「祗」ともども、その本義が神事に関する語であることから生まれたのだと思われます。

日本の『名義抄』は、「是」に「コレ、ココニ、カカルコト、ヨシ、コトハル、コトハリ、カクノゴトキ、カクノゴトク、タツ」の訓を付けます。とするなら、ここは副詞、判断動詞、指示代名詞の用法すべてが包まれていることになりましょう。

Q29 :「者」について

「者」を「もの」と訓まれたり、「は」と訓まれたり、複雑です。なんとか分かりやすい識別でもできないものでしょうか。

A29

『名義抄』には、「者　モノ、ヒト、ミギ、ハ、アニ」とあり、わずかに、人をいう語でないことが分かります。『説文解字』巻四上にも、「白」部に収めて、「事を別かつの詞」として、助字とみなしています。しかしこのような事物を特定する意に用いるのは、のちのことであって、本義は「著」の意（＝顕著の意）に通うものがあろうかと思います。そして、その初義は廃れ、もっぱら助字として用いられることとなりました。『経伝釈詞』巻九には、「或いは其の事を指し、或いは其の物を指し、或いは其の人を指す」といい、さらに「猶ほ也のごとし」とします。この分類を、一応、つぎのように設定し、その用例を示しておきます。

①人を指す場合（「もの」と訓む）

・顔回といふ者有り〔『論語』雍也《ようや》〕

②事を指す場合（「こと」と訓む）

・国を滅ぼす者、五十〔『孟子』滕文公《とうぶんこう》下〕

③物を指す場合（「もの」と訓む）

・陛下、世に高きの行ひといふ者、三有り〔『史記』袁盎《えんおう》伝〕

④所を指す場合（「もの」と訓む）

・会稽《くわいけい》を環《めぐ》る三里の者、以て判蠡《はんれい》の地と為す〔『国語』周語上〕

⑤理由を指す場合（「もの」と訓む）

・虞公《ぐこう》の兵殆《あやふ》くして、地削らるる者は、何ぞや〔『韓非子《かんぴし》』十週〕

⑥仮定条件を指す場合（「とき」または「ば」と訓む）

・若《も》し得ざる者《とき》は、則ち多いに憂へ、以て懼《おそ》る〔『荘子』至楽〕

「ば」と訓むなら、書き下し文にするさいには、「者」は、ひらがな表記となりましょう。その例として、「何者（なんとなれば）」、「不者（しからずんば）」、「然者（しからば）」などを挙げておきます。

⑦区別の助字として用いる場合（「は」と訓む）

・元は（者）善の長なり〔『易《えき》』乾・用九・文言〕

もとより、書き下し文のさいには、ひらがな表記します。

⑧時を示す場合

熟語として用いられ、特定の訓をもつ例です。「昔者（むかし）」「古者（いにしえ）」「日者（さきごろ）」「今者（いま）」「近者（ちかごろ）」「曩者（さきごろ）」「嚮者（さきに）」など、⑥仮定条件を指す場合の「とき」にと訓むことと、あるいは関連することかもしれません。あるいは、前の字をたんに指示するために機能しているだけかもしれません。

一般的にいえば、これらの「者」の用法は、英語でいうところのthe（定冠詞）とほぼ同一の働きをしていることになりましょう。つまり、それ自体はなんら実質的な意味をもたず、それの指示する語、句、文を、強示あるいは、顕示する字であると、一応は要約できましょうか。そもそも「顕著」の「著」字に通じるところがあるからです。

Q30 助字の概念

「助字」の概念がどうもはっきりしません。結局、「助字」とは、どんな語を指していうのでしょうか、説明してください。

A30

『広辞苑』を繙きますと、「助辞」の項があり、そこに「助字」とも記して、「虚字」の一種とします。その語例として、「焉」「哉」「乎」「耶」を挙げます。日本の品詞でいうならば、「助詞」しかも「終助詞」が意識されているということになりましょう。しかし中国の文法では、「助字」は、より広義に用いられているようです。たとえば王引之『経伝釈詞』にいう「助語」（ただし、阮元《げんげん》の序では、「虚字」と言い換えています）に相当するものは、「助詞」はおろか「助動詞」「接続詞」「感動詞」「副詞」さらに「動詞」「形容詞」の一部にも及んでいます。また「名詞」をも加えるのですが、もっとも「代名詞」に限られています。したがって、「実字」以外のほぼすべてを包んでいるとさえいえます。「助字」と「虚字」とはほぼ同格扱いされています。劉淇《りゅうき》の『助字辨略』も、この分類を継承します。ただ馬建忠の『（馬氏）文通』においては、「助字」は「虚字」に包含される概念であり、さらにその「虚字」を、「介字」「連子」「嘆字」「助字」に細分し、その「助字」は「焉」「哉」「乎」「耶」などの「終助詞」のみを指しています。

たぶん、ご質問は、訓読する側において、「助字」がどういう概念であるのかがもっとも、お知りになりたい主旨であろうかと存じます。そのことについて少し触れましょう。

その「助字」の分析を徹底したのは、日本では江戸期に当たっています。ちょうど日本語文法の基礎が固められる時期と相応するかのようにです。具体的には、皆川淇園、荻生徂徠、伊藤東涯などの儒者によってでした。それぞれが、どういう分類法を採っていたかを、ここで図示しておきましょう。

皆川淇園の『助字詳解』に拠れば、

実字（名詞）・虚字（動詞／形容詞）・助字（助詞／助動詞／接続詞／副詞）

荻生徂徠の『訳文筌蹄《せんてい》』『訓訳示蒙』などに拠れば、

実字（名詞）・虚字（動詞）・助字（助詞／助動詞／接続詞／副詞）・半虚字（形容詞）

伊藤東涯の『助字考』『操觚字訣《そうこじけつ》』などに拠れば、

実字（名詞）・虚字（動詞／形容詞）・助字（助詞／助動詞／接続詞／副詞）

と概観されます。特徴は、いずれも中国とは異なって、「虚字」と「助字」とを分けていることです。そして「助字」を『広辞苑』が意識するところの「終助詞」の制限をはるかにこえた水準で理解しているということでしょう。じつは、より重要なことは、こうした分類法自体にあるのではなく、それぞれの「助字」そのものの理解のありかた、ないしは言語観そのものであろうかと思われるのです。すでに劉淇は、

・構文の道は実字、虚字の両端に過ぎず、実字は其の体骨にして、虚字は其の性情なり〔『助字辨略』序〕

といいます。このとき「虚字」は「助字」を含む概念として用いられています。しかるに日本の東涯はいうのです。

・賓主の際を道《みちび》き、虚実の用に通ずる者は、其れ助辞（字）ならんか（『助字考』）
徂徠曰く、
・助語（字）ハ文ノ関鍵（シマリ）ナリ、実語ヲ引キマハスモノナリ（『訓訳示蒙』）
淇園曰く、
・其文字ト文字トノ持合ノ勢ノハズミヲモタセタル道具ナリト思フベシ（『助字詳解』）

すくなくとも、俗に「棄て字」などという発想を一掃して、「助字」を、ことばの付属物とする観念から十分に超出し、むしろ、ことばのはこびに柔軟な可塑性、弾力性をもたらす発条《ばね》のようなものとして想定していってよいのです。いわば、ことばの通路を「助字」は負担するのです。こうして「助字」はいわば復権したといってよいのです。じつは、富士谷成章の『あゆひ抄』は、この皆川淇園の学殖のもとに生まれたものですし、また『詞の通路』を著した盲目の学者・本居春庭の発想も、父・宣長が通じて、その淇園の漢字に影響を受けたものにほかなりません。「助字」の探求は、そのまま江戸期の日本語文法学を培う土壌となりえたのです。こうした観点から「助字」を把握されることを望みます。

Q31 :「所」について

「所見」「所存」などの語のように、「所」はかならずしも「場所」を指さない、とされますが、それではどんな語法があるのですか、説明してください。

A31

まず、「所見」「所期」「所得」「所以」「所為」「所謂」「所有」などの熟語の例から、かならずしも「場所」を指さず、ほぼ助字な語法として用いられていることが察せられます。それで、『日本書紀』に付けた訓点には、「所由（ことのよし）」「所効（しるし）」「所見（あるかたち）」「所有（たもてる）」「所献（たてまつれる）」「所知（しらす）」などの例、『大唐西域記』の訓点にも、「所止（やどり）」「所履（くつはける）」などの例がみえます。もっとも、「所謂」は「いわゆるところ」、「所有」は「あらゆるところ」と訓まれたふしもありますが、「ところ」の訓を失っていきます。「所」が、形式名詞的な働きをとっているため、義をもたないものとして省略に付したのでしょう。いずれにせよ「所」を「ところ」と訓まなかった、あるいは訓まなくなったのには、その「所」字の助字的な用法に通じていたことの証明となるかもしれません。『説文解字』十四下にも「木を伐る声なり」として、木を伐採する音状をいうオノマトペとします。「所」が含む「斤」字との連関から、その本義を説くのです。また『広雅《こうが》』釈詁《しゃっこ》二に「所は凥（居）」なりとし、『説文通訓定声』が、「所、仮借して処と為す」とするのも、「場所（＝処）」に初義を求めない立場からの見解です。しかし、「所」字の初形からすれば、もと、聖なる「場所」をいったようです。

これを「受身」形で用いたり、「関係代名詞」的に用いたりする用法こそ、後起のことに属するはずなのです。

日本の『名義抄』は、「所　トコロ、オク、セラル、ミモト、ミチ、タリ」と、初義、派生義いずれも含みます。『経伝釈詞』巻九は、もちろん助字のみを扱うものですから、「指事の詞なり」「猶ほ可のごとし」「猶ほ若のごとし」「語助なり」と分類します。うち「指事の詞」というのは、いわゆる「関係代名詞」的な用法をいうものでしょう。いま「関係代名詞」とあえて括弧づけするのは、かならずしも「先行詞」なる語が前に置かれるとは限らないからです。したがって『（馬氏）文通』は「接続代字」と名づけて、「先行詞」

（前詞）の前に置かれる文例、後に置かれる文例があることを指摘しました。

たとえば「先行詞」が前に置かれる例、

・浮屠《ふと》（仏教）老子外国の説、皆、詳悉《しょうしつ》する所なり〔韓愈「毛穎《もうえい》伝」〕

「所」は「浮屠老子外国の説」を指していましょう。しかし、

・仲子の居る所の室は、伯夷《はくい》の築く所なるか、抑《そもそ》も盗跖《とうせき》の築く所なるか〔『孟子』滕文公《とうぶんこう》下〕

となれば、「居る所の室」の「所」は、いうまでもなく、後の「築く所」を指すこととなります。「関係代名詞」の概念と抵触します。また、

・馬は王の愛する所なり〔『史記』滑稽列伝〕

の場合、『文通』は依然として「指事代字」と見なすのですが、陽樹達はその著『高等国文法』において異を唱え、「被動助動詞」（受身の助動詞）とします。「所」字の用法にかんしてはなお定着をみません。しかも、たとえば「彼の愛する所の花」とは言いえても、「花を愛する所の彼」という句の成立しえない矛盾が残ります。

　こうした矛盾を解消する立場からでもありましょうが、この「所」の助字的な用法を、とりわけ合理的に概説したテキストは、西田太一郎『漢文法要説』でしょう。ここでは「所」を、「何かを（に・で・から）△する（である）何か」の用法であると提言し、さらに図式的に、「ソレヲ△スルソレ」とします。そして、その用例を挙げ、その

・天子、古、図書を案じ、河（黄河）の出づる所の山を名づけて崑崙《こんろん》と曰ふ〔『史記』大宛《えん》列伝〕

の文を釈して、「河がソレカラ出てくるソレデアル山を名づけて崑崙といった」とします。理屈っぽくありますが、その通りだと思われます。つまり「関係代名詞」的な用法の説明として適切なものだといえましょう。

しかも、漢文の「所」は、かならずしも先行詞を要しません。「所以」と連文されるとき、それ自体で、手段、理由の意味になり、先行詞を求める必要を失っています。そのために「ゆえん」の訓が用意されなければならなかったのでしょう。さらに、

・数《しば》しば其の家の金余、尚《な》ほ幾所《いくばかり》有るかを問ふ〔『漢書』疏広《そこう》伝〕

などの例が見え、ほぼ、「許」の意、つまり「～ほど（程度）」の意に用いられている例です。『経伝釈詞』巻九の「猶ほ可のごとし」に、その用法は相当しましょう。

語順のことから見れば、「所」字はつねに、動詞の直前に置かれました。しかし、

・君の未だ嘗《かつ》て食《くら》はざる所（＝所未嘗食）は唯だ人肉のみ〔『韓非子』十過〕

の場合は、「所」と動詞を隔てるように、助動詞「未」、副詞「嘗」が位置することとなります。あるいは、助字をもつ場合、

・生は萌す所有り、死は帰する所有り（＝生有所乎萌、死有所乎帰）〔『荘子』田子方《でんしほう》〕

も、当然、その助字「乎」の前に「所」が置かれます。

かように「所」ははなはだ厄介な助字といえましょう。以上述べてきましたのは、ひとえに「所」を「関係代名詞」に直結させないで、さらに柔軟な目で「所」を眺めるべきことと思われるからです。

Q32 「虚数」について

どんな「数」が、「虚数」として用いられるのか、また、その基準のようなものでもあるのでしょうか、説明してください。

A32

お尋ねの「虚数」というのは、むろん漢文にみえる誇張の意をもって記される「虚数」を指すのでしょうが、その意味での「虚数」なる語は、もと漢文には見あたりません。

・壮健を御《ぎょ》せば、以て天下に敵無きに足《た》る、何ぞ細弱を取りて、以て虚数を増さん〔『金史』陳規《ちんき》伝〕

など、「虚数」の語なるものは管見されるのですが、ここでは、「むだな数」といったほどの意味で用いられていますので、もとより問題の「虚数」とは関係しません。また負数の平方根をいう語として用いるものの、これは数学の術語、とうぜん誇張の表現法とは無縁のことに属します。

ともかく「虚数」の具体的な例を示していきます。

・斉侯免れ、丑父《ちうほ》を求め、三たび入り、三たび出づ〔『春秋左伝』成公二年〕

文字通り、「三度」の意とする説もありますが、「幾度も」としたほうがよいでしょう。

・亦た余《わ》が心の善《よ》みする所、九死すと雖《いえど》も其れ猶《な》ほ未だ悔いず〔『楚辞《そじ》』離騒《りそう》〕

「いくたび死んでも」となります。

・軍書十二巻　巻巻爺の名有り〔「木蘭辞」〕

「何冊も」ということでしょう。

・梁父《りやうほ》なる者、七十二家、而《しか》るに夷吾《いご》の記す所の者は十有二なり〔『史記』封禅書〕

「七十二」も「多数」をいうことばでしょう。

　こう見てきますと、「三」「九」「七十二」がそれぞれ「三」の倍数であることに、もうお気づきかと存じます。『説文解字』巻一上に「三」字を説明して、「天地人の道なり」とし、「王」字の解に、孔子の言を引いて、「一、三を貫くを王と為す」とします。「三」はまさに、陰陽を兼ねる数字であり、それは、いわば宇宙を包括する聖なる数でもあるのです。「三」はまた音声の上で「参」にも通じます。「参」は「参集」のごとき熟語があるように、集約の意も備えます。「三」が「虚数」として用いられることとなった理由の一つではなかろうかと存じます。「三」の倍数は、おのずから「聖数」でした。そこに「虚数」の端緒が開かれていたといってもよいでしょう。

　つぎは、「三」にかかわりなく、「十」「百」「千」「萬」などを用いて、「多数」なることを示す例を見ておきます。
・人、一之れを能くすれば、己れは之れを百とし、人、十之れを能くすれば、己れは之れを千とす〈『礼記』中庸〉
・是の故、百戦百勝は、善に非《あら》ざるの善なる者なり〈『孫子』謀攻〉
・斉の田《でん》氏、庭に祖《そ》（みちまつり）するに、食客千人あり〈『列子』説符〉
のごときです。李白の「白髪三千丈」は、以上、二つの用法を重ねたものといえるでしょう。

　そうであるのなら、有名な、
・烽《ほう》火三月に連なり　家書萬金に抵《あた》る〈杜甫「春望」〉
において、「萬金」はむろん「虚数」なのですから、前句の「三月」についても同様のことがいえるのかもしれません。この「三月」については、「旧暦三月」のことか、「三ヶ月」のことか、さらに「さんがつ」、「さんげつ」いずれの訓が適切か、議論のあるところですが、さきの「三」の原理からすれば、これを「虚数」と考えて、「何ヶ月も」と解して、「さんげつ」と訓むのが望ましいでしょう。松浦友久『詩語ノート』は、ここでは韻律の制約から、「三」の数しか用いられない、といった趣旨を述べ、忠実に「三月」、「三ヶ月」の意味として受け入れがたいことを説いています。さしあたっては「虚数」である可能性のみをいうにとどめておきます。

さて、以上はどれも「多数」を示す語法といえますが、ついで、

・仮令《たとい》、僕法に伏し、誅《ちゅう》を受くとも、九牛の一毛を亡《うしな》ふが若し〔司馬遷《しばせん》「報任少卿書」〕

となりますと、こんどはまったく逆に、きわめて「少数」なることを示しています。これもまた「実数」でないゆえに「虚数」の一用法と考えてよいでしょう。

「虚数」が、かならず「多数」「多量」を誇張する用法であるとする観念からは自由であるべきだと考えます。

Q33 :「欲」について

「欲」を「〜したい」と口語訳するとどうしても文意に沿わない場合があります。どうしてなのか、説明してください。

A33

「欲」をもつ例として代表的な語句に、

・白頭掻《か》けば更に短く　渾《すべ》て簪《しん》に勝《た》へざらんと欲す〔杜甫「春望」〕

さらに、

・山雨来たらんと欲して風楼《ろう》に満つ〔許渾《きょこん》「咸陽《かんよう》城東」〕

などがありましょう。

『名義抄』には、「オモフ、ネガフ、ネガハクハ、ホス、トス、ムサボル、オモヘラク、セムトス」の訓が、『字鏡集』には「ナムナムトス、セントス、ムサボル、オモヘラク、ネガフ、オモフ、ホス、トス」の訓がそれぞれ当てられています。その「トス」の訓が、「春望」「咸陽城東」に見える「欲」字の訓に相当しましょう。それなら、「勝へざらんとす」、「来たらんとす」の訓が成り立ちましょう。英文法でいうところの「単純未来」をいう語です。これをいま「将然」の意とします。『大言海』は、「欲（ほつす）」の項に、その「将然」の用例を示しません。

「欲」の初義は、神の髣髴として現れることを願う意でした。したがって、『名義抄』『字鏡集』が並べる訓のほとんどは、その義を承けるものです。この「将然」の意をとる「欲」に注目した、江戸期の岡本保孝『博士読攷證』は、本居宣長『古事記伝』巻上「欲　おほくは、将字と同じ格《さま》に、ただ牟《む》と訓べし」の言に倣ってのことでしょう、「欲《ホリス》　欲開、欲落、凡《すべ》テ心無モノニホリストハ云ヘカラス」とします。「将然」の意ならば、意志、欲求を意味する「ホリス」「ホッス」の訓は成立しないはずです。もとより、「ホリス」の語は、訓読語特有のもので、動詞「ホル（欲る）」の連用形に、「ス」が加わったもの。やがて、その「リ」が促音化して、「ホッス」に固定したものと考えられます。しかも、「ホッス」という訓読が成立するのは、きわめて遅く、鎌倉期あたりからではなかろうかと思われます。したがって、強いて「ホッス」の訓を当てずに、宣長のいうように、「欲開」を「開かむとす」、「欲落」を「落ちむとす」、

・山青くして花然えんと欲す〔杜甫「絶句」〕

を「花然えむとす」と訓めば、ほんとうは、ご質問の疑問はあらかじめよりなくて済んだのかもしれません。

しかし、たとえば、

・君子は言に訥《とつ》（口べた）にして、行に敏《びん》ならんと欲す〔『論語』里仁《りじん》〕

の「欲」は、日本語文法にいうところの「あつらえ望む」の用法をとるのですから、「将然」の語として、「行に敏ならんとす」とは訓じえません。「行に敏ならなむ」とでも訓めば訓めなくもないのでしょうが、その「訓読」はなお熟しているわけではありません。「欲」を「ホッス」と一応は訓むものの、その用法は、「将然」「あつらえ望む」「欲求」の三種あることを理解しておくべきでしょう。もっとも、それらの用法いずれもが、「未来」をいうものであることもまた明瞭です。さしあたって、日本語の「む」の用法に類するものと考えられること、添えておきます。

Q34：終尾詞の用法

「矣」「焉」「也」「乎」「哉」「邪」「耶」「歟」「與」など「や」「か」などと訓まれる「助字」はまったく同一の働きをもつものでしょうか、説明してください。

A34

あらかじめお断りしておきますが、「や」「か」などと訓じ、あるいは「置き字」として扱われるこれらの「助字」を明快に区別することは至難のことに属します。学習参考書も、これについては、ただ後尾詞、終尾詞、歇尾詞《けつびし》などと名づけ、ほか「夫」「耳」「已」「来」などの用例を施すのみで、厳密に比較するのをあえて避けるかのごとくです。

馬建忠の『文通』巻九は、ご質問のうちの「乎」「哉」「耶」「與」、そして「夫」「諸」の六字を、「伝疑助字」と定め、「其の用為るや、三有り、一は則ち疑有りて、用、設問を以てする者、一は則ち疑無くして、用、擬議を以てする者、一は則ち、用、詠歎を以てする者なり」と用法を三種に分類します。じつは、こうして包括される以上に、その働きは多岐に亘っているのが実状です。

矣：およそ、この「矣」字に、訓の施されることはなかったと思われます。たしかに「か」、または「かな」「なり」などの訓が可能ではありましょうが、一般的には、そのような訓があったとしても、それは、「矣」字に直に先行する語の「送りがな」と見なしてよく、「不読」の字と考えてよいと思います。その「矣」にかんして、劉淇《き》『助字辨略』巻三は、『説文解字』の語を借りて、「語已《や》むの辞」とします。これは用法について述べた説ではなく、「矣」の位置性をいうものでしょう。「句末」「文末」に置かれることを指します。そうして七種の用法と用例が示されます。「決《かなら》ずの辞」、「断定」の意でしょう。「僅《わづ》かに可なりの意」、すなわち、「やっと～できる」というほど。ついで「未だ之れを深く許さざるなり」といっていますから、「推定」あるいは「婉曲」といった用法でしょうか。「頓挫《とんざ》の辞」、その用例は、

・不仁を悪む者は、其れ仁を為さん（＝矣）、不仁者をして其の身に加へしめず〔『論語』里仁〕

に見える「矣」です。いわば文の流れが、この「矣」字で転調してしまう、そのような用法をいうのでしょう。「詠歎」、感動の強調です。「尽くして余無きの辞」、これも「限定」に相当しましょうか。「辞の未だ畢《おは》はらざる者」、前句の内容を承けて、かえって後文を起こす用法であるとします。「逆説」的な用法でしょう。あるいは「甚」「矣」連文して、「深歎」の用法をとることにします。このとき、「詠歎」「深歎」の用法では、あるいは「かな」の訓も成立するとも思われますが、「深歎」の例、

・子曰く、甚《はなはだ》しいかな（＝矣）、吾が衰へたるや〔『論語』述而〕

を見ますと、「甚」字の「送りがな」としても不都合でないことが分かります。とすれば、「矣」字そのものの働きとするよりも、「矣」字をもつ文脈において、その用法が限定されると考えたほうがよいと思います。

したがって、「矣」自体は「不読」の字として、その直前の字の「送りがな」に、用法を示す「訓」を譲るのだ、という説明で充分かと思います。

焉：まず「いづくんぞ」「これ」などと訓むときの用法などには触れず、もっぱら「助字」としての「焉」について言及しましょう。「断定」「完了」「回想」「限定」などの語法として、「なり」と訓まれ、「矣」と重なる場合が多いようです。それなら「矣」と同様に「不読」の字と考えてよろしいかとも存じます。しかし、たとえば形容語につけて、「盪盪焉《とうとうえん》」「巍巍焉《ぎぎえん》」などと熟字される例もなくはありません。そのさいは、たしかに「とうとうえん」「ぎぎえん」とよみますから、一概に「不読」としがたいきらいもあるにはありましょう。しかし、これとて平安期の訓点には、やはり「不読」の字として、「とうとうとして」「ぎぎとして」とする例さえ残っているのです。文例は乏しいのですが、また「か」「や」と訓まれたふしもあり、「疑問」あるいは「反語」の用法もとられます。

・自ら反りみて縮《なほ》からずんば、褐《かつ》、寛博（だぶだぶ）と雖《いへど》も吾れ惴《おそ》れざらんや（＝焉）〔『孟子』公孫丑上〕

「反語」法と見るべきでしょう。

也：一般には、終尾詞として「なり」と訓じます。しかし古い訓点では、その直前の字に「ナリ」の「送りがな」のふられる例が多く、やはり「不読」と認識されていたのでしょう。句中にあって、主格や連用修飾格を作るさいには「や」と訓じますが、これもまた、あえて訓もうとしない例が見え、「不読」がもとは原則ではなかったかと思われます。「也」の用法、「矣」「焉」と変わりなく、「断定」「完了」などありましょうが、格別なこととしては、「矣」「焉」とは異なって、「疑問」や「反語」の用法が多くとられることが挙げられましょう。「疑問」として、

・身、人の手に死し、天下の笑ひと為れるは、何ぞや（＝也）〔『漢書』賈誼《かぎ》伝〕

「反語」として、

・君子何ぞ兄弟無きを患《うれ》へんや（＝也）（『論語』顔淵）の例を掲げておきます。

乎…「詠嘆」「疑問」「反語」に用いられましょう。「詠嘆」の例、

・子曰く、中庸の徳為《た》るや、其れ至れるかな（＝乎）、民鮮《すくな》きこと久し（『論語』雍也《ようや》）

「反語」の例、

・臣を以て君を弑《しい》す、仁と謂ふ可《べ》けんや（＝乎）（『史記』伯夷《はくい》伝）

『助字辨略』巻一に「乎は説文に云ふ、語の余なり、愚案するに（わたし考えますに）、語已むの辞、然れども両義有り、一は是れ詠歎の辞……一は是れ不定の辞なり」としますが、一は「詠嘆」、一は「疑問」に当たりましょう。「詠嘆」なら「かな」、「疑問」「反語」なら「か」、あるいは「や」と訓んでさしつかえありません。もっとも日本文法に準ずるなら、連体形の語に接続の場合、「か」、終止形に接続の場合、「や」と訓むことになっているようです。その「訓」の原則は、むろん、「か」「や」の訓をもつ諸字にも貫かれましょう。句中においては、前置詞的な働きをとり、「に」「を」「より」など目的格を受け、「乎」自体はとうぜん「不読」となります。また「煥煥《かんかん》乎」「滔滔《とうとう》乎」のような、形容語に「乎」の付く場合は、「焉」の例と同じく「乎（こ）」と読んでも、「不読」としても妥当です。

哉…『助字辨略』巻一には、「語已むの辞に両義有り」として、「詠嘆」「疑問」の用法とともに、「反語」の用例も挙げ、「疑歎の二義を兼ぬ」とします。「反語」は、「疑問」を包括する用法として受けとられているようなのです。『助字辨略』は、「詠嘆」の用例に、

・関雎《くわんしよ》（『詩』の一篇）の乱（終章）は、洋洋乎として耳に盈《み》てるかな（＝哉）（『論語』泰伯）

「反語」の例、

・玉帛《ぎよくはく》を云はんや（哉）、楽と云ひ楽と云ふ、鐘鼓を云はんや（＝哉）（『論語』陽貨）

「詠嘆」のときには「かな」「や」、「疑問」「反語」では「か」「や」と訓みます。また「断定」のおりには、

「なり」と訓んでよく、あるいは直前句の「断定」の働きを受けるものと考えて、「不読」としてもよいかと思います。いずれにせよ、それ自体が「断定」の用法をもっているのか、承前の語として、「断定」の働きを支えているのかは、なお不明のところが残ります。

邪：「疑問」「反語」「詠嘆」の用法をとります。「か」「や」いずれに訓むのかは、「乎」の項で触れた通りですが、傾向としては、「疑問」「詠嘆」の場合は「か」、「反語」の場合は「や」と訓むのが、どうやら慣習のようです。「疑問」の例、

・其れ真《まこと》に馬無きか（＝邪）、其れ真に知らざるなり〔韓愈《かんゆ》「雑説」〕

「詠嘆」の例、

・高さ四尺なる者は、先生の墓か（＝邪）〔韓愈「施先生墓銘」〕

耶：『広韻』に「邪は俗に耶なり」とありますから、正体と俗体のちがいだけで、同意とみなします。ゆえに『経伝釈詞』はそれに言及するところがありません。

・松や（＝耶）、柏や（＝耶）、建を共に住まはせしは、客なるか（＝耶）〔『史記』田敬仲完世家〕

前半の二字は、「詠嘆」、後半は「疑問」と考えてよろしいでしょう。

歟：『経伝釈詞』巻四に「玉篇に曰く、與は語末の辞なり、と」として、「古くは通じて與に作る」と加えます。また、皇侃《こうかん》『論語』疏を引いて「不定の辞」、高誘『呂氏春秋』注を引いて、「邪なり」といいます。「疑問」のことです。他に、「也」「兮」に通じる旨も示します。「疑問」として、

・子は三閭《さんりょ》大夫に非ずや（＝歟）〔『史記』屈原伝〕

語調をととのえる「兮」に類似した用例としては、

・猗《い》なるかな（＝歟）那《だ》なるかな（＝歟）我が鞉鼓《たうこ》を置《た》つ〔『詩』商頌《しょうしょう》・那《だ》〕

を提示しておきましょう。「猗」「那」併せて、「美盛なるさま」をいう話。「鞉」は、ふりつづみ、「鼓」は、

太鼓。

與：「歟」と通用です。「疑問」の例、「か」と訓じましょう。

・天下の我れを以て其の物に備ふるか（＝與）〔『淮南子《えなんじ》』精神訓〕

ただ、さきの『経伝釈詞』巻一には「～と」「～より」などと訓むときの義のほかに、「語助なり、意義無し」の例を挙げています。たんに「添字」とするのですから、もちろん訓まずにおきます。その例として、

・若《も》し、其の口を塞《ふさ》がば、其れ（＝與）能《よ》く幾何《いくばく》ぞ〔『国語』周語上〕

これら一連の語はみな、その字の初義とは無縁に、「不読」の字と見なされていたようです。実体を示さない、こうした抽象的な語は、おおむね仮借の方法によりはじめて、その意を得るのです。うち「乎」「焉」「也」「邪」「耶」「與」は音の近似によって一系列をなす字群とも考えられましょう。

Q35 ：「これ」の用法

「唯」「惟」「維」の用法を紹介してください。また、これらは通用することが多いと聞きましたが、どうしてなのでしょうか、できるなら、その字源から説明してください。

A35

まず、それぞれ、現代の中国音からすれば「唯」「惟」「維」ともに「wei」と発音されます。音声上からも、そこには深い関連性があろうかと推測されましょう。じっさい王引之『経伝釈詞』は、「唯」「惟」「維」の古く通ずることより、それらを一括して一項目をたてます。その語義を抽出しますと、「発語の詞」「独なり」「有なり」「猶ほ乃のごとし」「是なり」「為なり」「猶《な》ほ以のごとし」「猶ほ與のごとし」の八例と

いうことになります。劉淇《りゅうき》『助字辨略』巻一「上平声」の部に至っては、これもまた「唯」の項に、「惟」「維」を付記して、「発語の辞」「独なり」「語助の辞なり」「是なり」「但の辞なり」「猶ほ是乃のごとし」「豈なり」などを挙げ、さらに、別に「上声」の部の巻三に、「唯」の一項をたて、「応ずるの速《すみや》かにして疑ひ無きなり」を提示しています。

平易に要約しますと、まず「これ」と訓む「発語の詞」や「豈なり」として反語をなすのは、一種の「問いかけ」でしょうし、また「これ」を訓にとる「是なり」とするのは、その「確かめ」を意味しましょう。その「確かめ」を具体的に示すのが、「応ずるの速やかにして疑ひ無きなり」に当たるのでしょう。しかも、『説文解字』巻二上には、「諾なり」とあり、まさに「認め」の意を示していましょう。その承諾を得るならば、それはそのものにとって、既成のこととして所有され、「占有」されるにひとしいものとなりましょう。それをいうのが「独なり」であり、「但の辞なり」となります。それより「唯一」の意味が生まれ、「ただ」と訓じうることになったようです。ご質問の三字は、いわば「問いかけ」から「確かめ」「認め」、かくて「占有」という過程を包みこむ語だと思われます。

・惟《こ》れ十有三年春、大いに孟津《まうしん》に会す〔『書』泰誓《たいせい》〕

一般の辞書には、「惟れ」は語調を整える発語とされますが、たんにリズムの問題ではなく、断定的な響きをもつかに思われます。

・桓、荘の族、何の罪ありて以て戮《りく》せられ〔殺され〕、惟《た》だ逼《せま》らざらんや〔『春秋左伝』僖公《きこう》五年〕

の「惟だ逼らざらんや」は「反語」ですから、「惟」を、『助字辨略』に従い、「豈なり」と同義のこととしてさしつかえないところです。いずれも「問いかけ」の要素を濃厚に帯びている文調です。

・周は旧邦と雖《いえど》も　其の命惟《こ》れ新たなり〔『詩』大雅・文王〕

いわゆる「明治維新」というときの、「維新」の由来するところです。「維」は「是」に同じく、ゆえに

「確かめ」の語としておきます。

・父命じて呼ぶときは、唯《ゐ》して諾《だく》せず〔『礼記《らいき》』玉藻《ぎょくそう》〕

「唯」は日本の「はい」に当たりましょう。また、

・男は唯し、女は兪《ゆ》す〔『礼記』内則〕

男女の応答の作法をいう場面です。「唯」は「応ずるの急」なるものであり、「兪」は「応ずるの緩」やかなるものであったようです、こうして尊者の承諾を得て、それに応答するのです。「認め」の様式でしょう。「認め」を経過したものは、それを自己のうちに保有することになりましょう。

・唯だ我れと爾《なんぢ》とのみ是れ有るかな〔『論語』述而〕

孔子が弟子・顔淵にたいして、出処進退にかんする真意を理解しうるものは、おまえだけだ、と述べているくだりです。孔子、顔淵ふたりによる思想の「占有」といってもよいでしょう。

白川静『字統』は、「惟」「唯」「維」ともに、「鳥占い」に由来する字であると想定します。ご質問の三字は、いずれも「隹」形を含む字であり、「唯」は、その「鳥占い」における祈り、「惟」は、その思い、「維」は鳥を繋ぐことをそれぞれ本義とするものだったのでしょう。これらの字の用法は、その字源においてすでに開示されるもののようです。

Q36：「つひに」について

「つひに」がかならずしも「とうとう」と解釈できない場面に会うことがあります。どんな意味があるのですか、また「つひに」と訓む字と、それぞれの意味を紹介、説明してくださ い。

A36

大槻文彦『大言海』は、「終」「遂」「竟」の三字を挙げ、その語義、「終リニ、ツマルトコロ、タウトウ、トウトウ」の四例を示すのみです。なお『新字源』は、「終」「遂」「竟」に加えて、「了」「卒」を収めます。その用法、用例を追いながら、かつ、その字源を考えていきたいものです。「終」は「しまいに・とうとう」、「遂」は「その結果・かくて」、「竟」は「ついに・とうとう」、「了」は「ついに」、「卒」は「ついに」などが、一般的な参考書が記す語義でありましょう。しかし、ちょうど英語においても、「finally」「at last」などの異なった語が、一括して「ついに」と翻訳されるように、もとは、それぞれに微妙な差があったことは、とうぜん予想されるところです。うち、「終」「遂」「竟」「卒」についてのみ、『経伝釈詞』と『助字辨略』に依拠しつつ、その用例を示し、説明を加えていくことにします。

終：『経伝釈詞』は、「終」のみをとりあげ、その巻三に『詩』にみえる「終」の用例をほぼすべて摘出し、「終は猶ほ既のごとし」と要約します。そして、「説く者、終を以て終竟と為すも亦た之れを失ふ」と述べ、「終」がけっして「終竟」つまり「しまいに」や「とうとう」などの意をとらないことを再三に主張するのです。訓みうるなら、「すでに」とするしかしようがない旨をいうのでしょう。もっとも考察の対象は、もっぱら『詩』という古代的な表現でした。したがって、それよりも新しい表現といいうる『列女伝』節義

「昔吾が先君・荘王、淫楽《いんらく》すること三年、政事を聴《き》かず」に継ぐ「終而能改」の句は「既にして能《よ》く改むるを言ふ」ものだとするのです。それでなければ、後句「卒《つひ》に天下に覇たり」とつづかないと考えたのでしょう。著者・王引之によれば、「もうすでに、きちんと自分を改めたからこそ、のちには天下の覇者となった」というほどの意味を確認しているのでしょう。それは、「終」が「とうとう」の意なら、まず、のちの「卒」と重複するところなり、直後の「而」に連結するはずがないという認識に支えられているといってよいでしょう。

・我れ亦た敢《あ》へて其れ終《つひ》に不祥に出づ、と曰ふを知らず〔『書』君奭《くんせき》〕

は、『経伝釈詞』のいうようには、「既」の義に収まることなく、むしろ「しまいには」程度に訓んで充分とも思えます。じっさい、「すでに」の意も、「しまいに」の意も、ものごとの「終結」をいうものであることにかわりはありません。その「終」字の初形は「冬」、その字自体が、すでに糸の先を結ぶ形であり、「終結」するさまを象っています。そのうちに初義も求められましょう。のち部首「糸」が加えられるのですが、余計のことに属します。

遂…『集韻』に「遂は因なり」とあり、『助字辨略』巻四も、また「事を継ぐの辞なり」とします。「それで」「かくて」などの訳が適切でしょう。『助字辨略』は、かならずしも用例を「経伝」に求めているわけでもないのですが、「遂」の用例にいたっては、「経伝」の句のみを挙げています。古くは、この用法が正統であったようです。

・君、卿と事を図《はか》つて、遂に使者に命ず〔『儀礼《ぎらい》』聘礼《へいれい》〕

・蔡公《さいこう》来たりて、遂に王后を紀に逆《むか》ふ〔『春秋』桓公七年〕

しかし、『大漢和辞典』に「はては」と「因り及びて」の義を示しますが、一般的に、「はては」の義をもつ用例は、それら旧典よりのちの著述に現れたものらしく思われます。

・高祖、貴ばるるに及んで、遂に老父の処を知らず〔『史記』高祖本紀〕

ここでは、「はては」の意としてよく、したがって、『助字辨略』も「猶《な》ほ終竟を云ふがごとし」とするのです。ただ「終竟」をいう辞例は乏しく、「事を継ぐ」例として用いられる場合が多く、それなら、ほぼ「かくて」の意としてさしつかえないかと存じます。語源からすれば、『字統』は、「獣を用いて、行為を継続するかどうか、その吉凶などを卜する」義とします。初義からして、「事を継ぐ」意を備えるのです。それなら「乃（＝すなはち）」に近いものといえましょう。

竟…「畢竟《ひっきゃう》」と熟字します。

・城を攻め地を略すこと勝《あ》げて計《かぞ》ふべからず、而《し》かも、竟に死を賜《たま》ふ〔『史記』項羽本紀〕

・王の後宮、見て之れを愛し、子・伯服を生む、竟に申公及び太子を廃し、褒姒《ほうじ》を以て后と為し、伯服を太子と為す〔『史記』周本紀〕

「褒姒」は、すなわち「笑わぬ姫」。やはり「畢竟」と熟字されますように、これらの「竟」字は「とうとう」の意としてよいでしょう。じつは日本・滝川亀太郎の『史記会注考證』は、その「考證」に、「此の一節、断続の際、未だ詳かにせず」とし、「伯服を生む」と「竟に申公及び太子を廃す」との間の接続関係がよくわからない、といいながら、「竟以下」は独立して「紀事の文」であろうとしています。「竟」は「遂」とは異なって、直前の句を承けるものではないということでしょう。その用法として、

・呂后の時に及んで、事、故《こと》（わざわい）多し、然《しか》れども、竟に平（陳平）自ら脱《まぬが》る〔『史記』陳丞相世家〕

を挙げましょう。前後、逆接の関係をもちます。前句を「継ぐ」べき事由のないことが察せられます。これも、「とうとう」としてよろしいと思います。

卒…「終」の頭音の一致するところから、「終」と同義に近いものでしょう。

・卒に善士と為る〔『孟子』尽心下〕

注に「卒は後なり」とするのは、「そのあとで」というこころなのでしょう。『助字辨略』巻五は、『爾雅』を援用して、「既なり」とし、『広雅』を援用して、「尽なり、終なり」としながら、そのうち「終」の用例として、

・管仲、卒《つひ》に下卿の礼を受けて還る〔『史記』周本紀〕

を挙げ、一方「卒」は、「既」、「既」は「固」、「固」は「乃」、「乃」は「斯」であるから、つまるところ、「卒」は「斯なり」とします。

・鶏三たび号《な》けば、卒に明けん〔『史記』暦書〕

「斯」は、「すなわち」「そこで」ほどの意。しかし「卒」の字は、もと死者の衣の象形。それで「尽なり、終なり」の意をとることになります。

・然《しか》れども卒に此《こ》こに困《くる》しむ、此れ天の我れを亡《ほろぼ》すにして、戦ひの罪に非ず〔『史記』項羽本紀〕

この場合はまさしく、「終なり」の意で、「結局は」程度の訳でよいかと思います。

これら、おおむね前節を承けて「事を継ぐ」語と考えられましょう。たんに副詞として扱うだけでなく、むしろ接続詞的な要素を帯びるものとして考慮されるべきです。

Q37 ：「頗」について

「頗（すこぶる）」は、「かなり」あるいは「はなはだ」の意ではないかと思いますが、その訳を「少し」とする例が多いようです。どちらが正しいのでしょうか、説明してください。

A37

たしかに現在では「頗る元気だ」「頗るきれいだ」などと用いられます。皆川淇園の「助字詳解」巻三は、いつものように、はなはだ入念に説いて「物ニ入リコムコトガ、十分ノ内ニテ、其トマリマデハ行キツカヌヤフスニシ云フニ、頗ト云ナリ」とします。淇園の語を借りれば、全てではないけれども七八分は、そうだ、との解であり、「少し」の語義も用例も提示するものではありません。中国の辞典『辞海』には、まず、『広雅』を承けて、「少なり」とし、一方、『正字通』を承けて、「甚なり」とします。両義を備えます。いわゆる「反訓」的な用法です。もっとも、その意味の時代的な変化を、『辞海』は述べるものではありません。ただ『辞海』は、「少なり」の用例をわずか一節、挙げるのみです。

・尚書を序するに至つては、則ち略《ほ》ぼ年月無く、或いは頗《すこぶ》る有り、然《しか》れども闕《か》くるもの多し〈『史記』三代世表〉

「略」と「頗」との対応によって「ほんの少しは、年月の記載がある」というほどに解されましょう。

ところが、時代が下って、

・蔡《さい》、三頃を盗取して、頗る売りて四十余萬を得たり〈『漢書《かんじょ》』李広伝〉

との文が見えます。この用例から、『助字辨略』巻三は、「頗は本《もと》略に訓ず、而して略に又た尽悉の義有り、故に転じて相ひ通ず」と、義の変化をたどります。つまり、「頗」が、はじめは「稍」、「少」の意で用いられてきたのが、『漢書』が成立した後漢には、もう、その反義でもある「尽」、「悉」の意で用いられるようになった、その変化を説いているのです。

さらに下って、唐代の、

・宜秋門《ぎしゅうもん》に傍《そ》ひて、皆な高槐《かうくゎい》古柳、一《いつ》に山居に似たるは、頗る野生に便なり〔韓愈「答楊済甫」〕

は、紛れもなく、「はなはだ」の意に解されましょう。「頗」字をもつものとしては、

・偏《へん》無く頗《は》無く、王の義に遵《したが》ふ〔『書』洪範《こうはん》〕

などが、本義をよくとどめた用い方であろうかと思います。『説文解字』巻九上に「頭、偏《かたよ》れるなり」とあり、もとより「偏頗《へんぱ》」の意です。その「偏頗」を、数量のことに移して、「少なり」の意を得たことだと思われます。「すこぶる」の訓は、たぶんその「少し」を語尾変化させ成ったものではないでしょうか。

「頗（すこぶる）」は、漢文訓読の語であり、すくなくとも和語としては、平安初期までには見いだしえないとのことです。そして、訓読に見える「すこぶる」の義には、あらかじめから、両義併存していたようです（築島裕『平安時代の漢文訓読語につきての研究』参照）。こと日本では、両義ともに、最初から認められていたとも推測されるのですが、やはり先述のとおり、「少し」に由来する語だとすれば、基本的には、「甚」の義が、「少」の義より派生したものだとするのが無難の説に近いようです。

Q38 ：「わづかに」について

「わづかに」は一体、何が少ない、という意なのですか、その「わづかに」と訓む漢字にはどんなものがあり、またその語義にはどんなものがあるのか、説明してください。

A38

『名義抄』は「わづかに」と訓むもの、「僅」「纔」「適」「趣」「財」などを挙げますが、別に「勤」「才」「哉」「裁」も、その訓をもつ字です。うち『助字辨略』に載せる「纔」「裁」「才」「財」、そして、常用の「僅」の語法をも検討してみましょう。このとき、「裁」「才」「財」は、音の近似があり、また「纔《ざん》」も、古音は「才《さい》」に近く、一系列を成す語群です。句法としては、「限定」、一般に「わづかニ～ノミ」と呼応して訓むものです。

僅：「僅」は「飢饉」の「饉」に通う字であり、雨乞いの巫女を縛して焚く象形。その祈願に応じて、霊験の現れるに及ぶことを示したものが、

・僅《わづ》かに年《みのり》有るなり〔『春秋公羊伝』桓公三年〕

の一節でしょう。その効果は、なお微少であるゆえに、「僅」となります。おそらく、それが初義であろうかと思います。分量や状態の微弱であることをいうのです。

・四たび戦ひし後、趙《てう》の亡卒するもの、数十萬にして、邯鄲《かんたん》、僅かに存するのみ〔『史記』張儀列伝〕

これは、「かろうじて」などと解されるところの、状態の微弱を指す語法でしょう。

裁：音のうえから、「才」に通うため、同義となります。あるいは「裁」の字源からすれば、衣の初裁をいう語でしょうから、それより時間的な端緒、開始を意味することとなったのではないかとも思われます。

ただ用法としては、時間、状態、分量を問わず用いられるようです。

・大男子と雖も裁《わづ》かに嬰児《えいじ》の如し〔『史記』張儀列伝〕

・裁かに城西の数畝地を買ふのみ〔『後漢書』馬援《ばえん》伝〕

など、むしろ時間的な制約を超えて、ここでは、状態、分量をいう例として用いられています。

才…「才」は『説文解字』八上に「材かに能《よ》くするなり」とあり、「材」「才」それぞれ通用、よって、「はじめて」の意をもちます。字源のうえでも、「才」は土地をはじめて占有する標識を意味する文字であって、すでに、「初生」をいうことばにほかなりません。もっとも、『説文解字』六上には、「艸木《さうもく》の初めなり」としますが、字の初形はそれとは異なるもののようです。ただ、ものごとの「初生」をいう字源解釈においては当たっているといえましょう。「才」は、そもそも時間的な概念をいう語であったのです。もっとも、それが形質のうえからしても、分量的または状態的な概念をもつ語に移行したであろうことも想像に難くありません。

・乃ち小冠を為《つく》り、高広、才《わづ》かに二寸のみ〔『漢書』杜欽《ときん》伝〕

もちろん、分量の微少をいう例です。

纔…「纔」も、『広雅』釈言に「暫なり」とするように、もと時間を示す語であったようです。しかし、

・身死して纔《わづ》かに数月なるのみ〔『漢書』賈山《かさん》伝〕

は、その時間的な微少をいうものです。しかし、これまた空間的な語としても適用されることになります。

・初めは極めて狭く、纔かに人を通ずるのみ、復た行くこと数十歩、豁然《くわつぜん》として開朗なり〔陶淵明「桃花原記」〕

などが、その恰好の例となりましょう。

『助字辨略』巻一は、「纔」「裁」「才」「財」を一列に併せて、「少なり」「方なり」の二義に触れます。「少

なり」が「ほんの少し」と、分量的、状態的な義ならば、「方なり」が「はじめて」と、時間的な義と申せましょう。やはり、その両義を包括する説明になっています。

『大言海』は「えあずかに」の項を立て、「はつかにノ転」とし、一義に「ハツカニ。カツガツ。カラウジテ。エイヤット」を、二義に「スコシバカリ。イササカ」を挙げます。やはり両義を併記するものです。そして、一義の語例を『古事記』から、二義の例を『更級日記』から引きます。おそらく、時代のうえから、一義の語法のほうが、早かったのではないかと想像されます。すなわち時間的な義が先だということです。「才」の項目で説いたとおり、もとは「初生」をいう語であり、ものごとの「初生」のときの微弱であることから、概念が拡張し、状態、空間の微弱をもいう話となったと考えられます。それなら、中国、日本、同様の語義の変遷をたどったものと窺われて、興味深いものが感ぜられましょう。

Q39 ：「つねに」について

「常」「恒」など、「つねに」と訓む漢字には、何か共通することがあるのでしょうか。それとも、それぞれ語意は異なるのでしょうか。説明してください。

A39

慣用の「常」「恒」「毎」について調査しましょう。

ことに数多く副詞を助字として収める劉淇の『助字辨略』を参考に、それぞれの同異を見ていきます。『助字辨略』巻二の「常」の項は、「時時（いつも）」「大卒（おおむね）」「習常（習いとして）」「尋常（ふだん）」などの意を挙げます。このとき、「常」は「曽」「嘗」にも相通じて「かつて」の意も、あわせて述べています。同じ巻二の「恒」の項には「いつも」と、やはり「曽」「嘗」に通じて、「かつて」の意を、巻三の「毎」は、「雖（～としても）」「どの～も」「ことあるごとに」「いつも」を挙げます。ここに、それぞれの文例を引いて、それが、どれほどの意で用いられているか、検討を加えていきましょう。

常：「常」はむろん「常用」の「常」。

・常に王媼《わうあう》・武負に従ひ、酒を貰《か》る〈『漢書』高帝紀〉

「いつも」の例。

・馬、常には秣《まぐさか》はず〈『礼記』少儀〉

「いつも」の意でしょう。もっとも、これを「かつて」の意とする解もあります。それは『助字辨略』のいう「嘗」との音通を認めたものでしょう。ただ「かつて」を、結局、過去における「いつも」の意ととれば、そこに意味の隔たりはないと考えてよいかと思います。

・吾が治を乱る者は、常に二輔なり〈『漢書』趙広漢《ちょうこうかん》伝〉

が「およそ」の意に当たりましょう。また、

・議論、今古に證拠《しょうきょ》し、経史百子に出入す、踔厲《たくれい》風発（高く激しく風の起こるように勢いよく）、率《おほむ》ね常に其の坐人、（列席の人）を屈す〈韓愈「柳子厚墓誌銘」〉

「率常」は熟字して「そつじょう」と読んでもさしつかえないでしょうが、また「おおむねつねに」と訓むことも可能でしょう。「そつじょう」と読むのは、「常」が「率」の義に吸収されて、「おおむね」の意と判定されたからでしょう。しかし、やはり「率」、「常」を分けて「おおむねつねに」と訓むのが適当かとも思われ、それなら、あわせて、「しばしば」程度の意味になりましょうか。

恒：「常」については、「恒常」「恒星」「恒産」などと連体修飾語として名詞を作るか、または、それだけで名詞をとる場合が多いようですが、なかには、その副詞的な用法もあり、

・楚国の挙〈太子を立てる〉は、恒《つね》に少者〈年下の者〉に在り〈『春秋左伝』文公元年〉

などの例です。ここは、「いつも」の意。

・恒に死せずとは、中〈中の徳〉、未だ亡《ほろ》びざればなり〈『易』豫《よ》・六五・象〉

むしろ「いつまでも」とぐらいに訳しえましょう。「ひさしく」の訓を、これに当てるのが、あるいは無難かもしれません。ただ「恒」を副詞的な用法の例として引用しうるものは、『春秋左伝』『易』などのような旧典に限られており、あらためて「つねに」と訓む字例として一項を設けるほどのことでないかもしれません。ただ、のちのいわゆる志怪小説など白話的な文脈のうちに、再び頻出することになったようです。

毎：「毎」にかんして、

・政を為す者は、毎に人ごとに之れを悦《よろこ》ばさんとせば、日も亦た足らず〈『孟子』離婁《りろう》下〉

は、「どの〜も」の例であり、「つねに」は、強いて訓む必要のないものです。

・毎に自ら管仲、楽毅に比す〈『三国志〈蜀書〉』諸葛亮伝〉

は、「ことあるごとに」と訳することができましょう。また、

・毎に佳節に逢ふごとに倍《ます》ます親《しん》を思ふ〈王維「九月九日憶山東兄弟」〉

なども、この一例でしょう。

・毎に臣と此の事を論ず〈諸葛亮「出師表《ずいしひょう》」〉

は、「いつも」。

・毎に懐《おも》ふごとに及ぶ靡《な》し〈『詩』小雅・皇皇者華《こうこうしゃか》〉

の「毎」は逆接の辞ととってよく、それなら、『助字辨略』のいうとおりに、「いへども」と訓むべきかとも思われます。

いずれにせよ、「つねに」と副詞的に用いた例は多くはないのですが、しかし、日本では、『万葉集』三二

七三に「二つなき恋をしすれば常の帯を三重結ぶべく我が身は成りぬ」などと、あたかも日本古語における副詞「例の」のような用法が見られ、もとは、むしろ副詞的に働くことが多かったのではないかと思います。字源からいえば、「常」は、一定の幅をもった織物、「きまって」。「恒」はどうやら、弦月の形と考えられ、その月の恒久なることを意味するようになったのではないでしょうか。「いつまでも」。「毎」の本義は、「毎」を含む、「敏」のほうにあり、頭上に呪飾を着けて、定時的に神事に勤める意をもちます。「ことあるごとに」。「常」「恒」「毎」ともその字源のうちに、「つねに」の語義を備えていることは確実です。

Q40 「ますます」「いよいよ」について

「逾」は、意味は異ならないのに、「ますます」「いよいよ」二通りの訓みがあるようですが、いずれが正しいのか、説明してください。

A40

もちろん「逾」は、訓読するさいには、踊り字「〻」をほどこして、「いよいよ」、あるいは「ますます」と訓むのですが、じつは、ご質問の趣旨は、そのことではなさそうに思います。同じ意味なら、「いよいよ」と訓むほうが適切なのに、あえて「ますます」と訓むのが不自然だという印象からの、ご質問ではなかろうかと察せられます。

一般には、「愈」「逾」「彌（弥）」などを「いよいよ」と訓み、「倍」「益」は、「ますます」と訓じますが、それなら、「いよいよ」と訓んだほうが、和風の趣もあり、言葉の味わいをもひきだすことになるのではないか、たしかにそう思われます。じっさい、

・江は碧にして鳥逾《いよ》いよ白し〔杜甫「絶句」〕

の「逾」は「いよいよ」と訓まれますが、たまに「ますます」と訓まれる場合もあり、「いよいよ」「ますます」は互換可能ともいえましょう。

おそらく「いよいよ」は「いや」の母音交替したものが反復された形でしょうし、「ますます」は「益す」の反復によって副詞化されたものでしょうし、意味の上からも、「〜すれば〜するほどよりいっそう」ほどの意として一致する語だと思われます。

・燕を忌むこと愈いよ甚だし〔『史記』蘇秦《そしん》列伝〕
・思ひ彌いよ遠くして逾いよ深し〔潘岳《はんがく》「寡婦賦《かふふ》」〕
・毎に佳節に逢ふごとに倍ます親を思ふ〔王維「九月九日憶山東兄弟」〕
・銭を為ること益ます多くして軽し〔『漢書』食貨志〕

その訓こそ異なれ、その語義に違いは見えません。

そこで、『大言海』を見ますと、「ますます」の用例を、『大学章句』と、柳宗元の句の訓読のなかから、それを拾っていますし、「いよいよ」もまた『論語』の「之れを仰げば、彌いよ高し」の句に求めています。そして、「いよいよ」の音約した形「いよよ」の項にしてはじめて、『万葉集』を引くのです。一例は「世の中は空しきものと知る時し伊與余ますます悲しかりけり」（七九三）、二例は「劔太刀伊余與研ぐべし古ゆ清けく負ひて来にしその名ぞ」（四四六七）です。「世の中は」は、大伴旅人、「劔太刀」は、その子・家持の歌。両人とも、じつは漢文の素養を深く備えていました。あるいは大槻文彦は、「ますます」「いよいよ」とともに、漢文訓読語から得たことばであるとする認識に立っていたのかもしれません。他に『万葉集』から「いよよ」の訓の成立する歌を探せば、「ここをしもあやに貴みうれしけく伊余與が思ひて……」（四〇九四）の長歌があり、さらに決定的には、さきの旅人の「世の中は」の歌の序に、「蘭室に屛風は徒《いたづ》らに張り、断腸の哀しみ弥《いよ》いよ痛し」と見えます。これは「凶問に報ふる歌」の序文であり、もとより漢文で綴られているものです。

そうなると、「いよいよ」が、もと漢文訓読語として用いられていた可能性はより高いということになりましょう。しかし、いちはやく「いよいよ」は和語のうちに吸収されたらしく、その後の和文古典に頻用されることになります。ところが、同じ旅人の「世の中は」の歌に見えた「ますます」は、和文にたやすく採用されなかったのだと考えられます。したがって、『大言海』も、もっぱら漢文訓読の例を引くことしかできなかったのではないでしょうか。じっさい、「ますます」の用例は、「世の中は空しきものと知る時しいよよ麻須萬須《ますます》悲しかりけり」と、もう一例、「……益益も重き馬荷に表荷打つと言ふことのごと……」（八九七）ぐらいではないでしょうか。この歌は、「老いたる身に病を重ね、年を経て辛苦《たしな》み、及《また》、児らを思へる歌」の長歌の一節、おそらく帰化系の人かとも考えられ、しかも渡唐の体験ももつ山上憶良の歌です。そこには、やはり訓読語の要素が十分に窺われるところです。

おおよそ和文成立の嚆矢ともいえる『土左日記』には、「ますます」は見えず、さらに下って、他の和文作品にも、ほとんど、その用例を見ることができません。むしろ和文のうちに適合しえたのは、「いよいよ」のほうだったといえましょう。同じく訓読語として用いられた、「いよいよ」「ますます」のうち、その「いよいよ」が和語の位置を確保し、そうして、その和文の領域から、「ますます」のほうはしだいに追われていったのではないかと考えられるのです。

しかし平安期の『大鏡』五・道長上に「染着《せんちゃく》の心いとどますますにおこしつつ……」とあり、それは和文ではないかと、ご指摘もあろうかと思われますが、いってみれば「染着の心」などという仏教的な用語に伴って、「ますます」は用いられているのですから、すくなくとも漢文脈のうちに溶け込んでいる用例と考えてよいかと思われるのです。

なお字源について述べますと、「彌」の「爾」部は、胸部に入墨した女性の立身像をあらわし、さらに「弓」を加えて、蘇生のための魂振りをいう字のようです。それより長久の意を得たものでしょう。「愈」の上部は、皿に長針をもって膿血を移すさまを象っています。かくして病気は「治癒」されます。その治癒の時序を、副詞的にいえば、「いよいよ」となります。「逾」もまた、その原義に由来しようかと思われます。河北景楨《かげえだ》『助字鵠《じょじこく》』は、「愈ハ堅ニ説キ、彌ハ横ニ説キ、愈ハ較《やや》実、彌ハ較虚ナリ」と「愈」「彌」両字の比較を試みていますが、おそらく、そこまでの相違があるものか、なお疑問です。「倍」は、「剖」に原義があるようで、誓約の書を剖《さ》くさま。違約することをいいましょう。したがって、「倍」はまた「そむく」とも訓じます。ものを分割するゆえに、それを副詞に用いて、「ますます」となります。「益」は、皿に水が溢れるさまを象ったもの。それより、その量のいよいよ増大する意味をとります。もっとも、和文には動詞として扱う場合が多く、それを副詞として用いる例は、ほぼ訓読文に影響された文脈においてのみ現れているようです。

Q41 :「もと」「もとより」について

「もと」、また「もとより」と訓む字はいずれも「本来」の意に解していいのでしょうか、説明してください。

A41

日本の江戸時代、伊勢の人・河北景楨《かげえだ》は、その『助字鵠《じょじこく》』に、三二五字の助字に解説を加えています。江戸期、助字に関する文法書はいくらかありますが、とりわけ『助字鵠』は、数多くの副詞を採りあげ、その語法の相違を一貫した方法で解明しようとしたことにおいて注目に値する著作です。

ご質問の語については、その巻四に詳述があります。ここでは、そこに例示された「もと」と訓む八字に従って、逐一、要約ならびに補足してまいりましょう。

「本」について、「末ノ反、……今ヲ末トシテ本ハカクアリシト云詞也」

「原」について、「水源ノ義ヨリ転用ス、水ノ流出ルモト也、ハジメ也」

「旧」について、「フルキノ義ヨリ転ジテ、マヘカタト云詞ナリ」

「故」について、「助字ニ用テ、モトトヨムモ、旧ハヤ、重ク、故ハヤ、軽シ」

じつは、この「軽重」の弁別こそが、『助字鵠』独自の方法であるといえるのですが、どれほどの差かと申しますと、「旧」は、「昔」の時点でそれ自体をいう語であるのに対して、「故」は、「新」に対して「昔」をいう語となりましょうか。しかし、その微妙な差が、すべての字例に通用するものとは思われません。

「雅」について、「常也、……平生サアルコトハ、モトカラノ義アレバ、又、転ジ、モトト訓ズ」

「雅」には「ツネ」の訓もあることを示しています。

「素」について、「平素ノ義、……雅ト同意ナリ、ヨテ、モトトモ訓ズ」

ここでも、「素」「雅」を比較し、「素ヤ、重ク、雅ヤ、軽シ」と、語意の「軽重」を説きます。

「固」について、「本トシカアリシト云辞字也」

「職」について、「主ノ義ヲ軽用シテオモニ此人ヨリスルノ意ニ用ウ、ヨテ、モトトシテテト訓ズ」

以上の記述にもとづいて、あえて口語に置き換えるなら、「本」は「本来」。「原」は「はじめは」。「旧」は「むかし」。「故」は「以前に」。「雅」は「もとから」。「素」は「平素から」。「固」は「元来」。「職」は「もっぱら」というほどになりましょうか。

字源から説明を加えますと、「本」は、木の根本をいう字、「原」は、『助字鵠』のいうごとく、文字通り源泉、崖下に水の落ちるさまを象った字、「旧」は、その旧字体、臼状の器に隹《とり》を取り抑える形。ただし、「もと」の訓を得たのは、「久」字と音通することに由来しようかと思われます。「故」は、「古」と通用、祈誓の器を固く封じている形の字、「もと」のものをそのまま確保することをいいます。「雅」は本来はたんに鳥の名、のち、歌舞する人を象る「夏」に通じることとされ、それで、典雅、雅正などの意を得たものでしょう。歌舞の正統をいう話です。「素」は、糸の染められる前の白色をいう字、「固」は、「故」の字の来歴と呼応しましょう。「職」は戦争で捕獲したものの耳にしるしをつけて識別する象形、その戦役にかんすることから、一般の業務を主《つかさど》るの意に移ったものでしょう。そして、『助字鵠』のいう通りに転用されたものと推量されます。

うち、「本」「原」「故」「雅」「素」「故」「固」は、一律、事物の本質をいう語であったはずです。それを時間的な概念に移して、「はじめは」「以前に」「もとから」などの意を得たものと考えられます。以下、できるかぎり『助字鵠』が引かない用例を挙げながら、その大概を述べます。

・肉刑を除くは、本、以て民を全うせんと欲すればなり〔『漢書』刑法志〕

「本」は、「本来」、具体的には、根本的な理由をいう語として用いられています。

・姦邪《かんじゃ》禁ずべからず、原、銭に起こる〔『漢書』食貨志〕

「原」は、「はじめは」。事の起因をいいます。

・台《われ》、小子、旧《もと》、甘盤（＝人名）に学ぶ〔『書』説明下〕

「むかし」です。

・陳嬰《ちんえい》なる者、故《もと》、東陳令史にして、県中に居る、素《もとよ》り信謹なり、称して長者と為す〔『史記』項羽本紀〕

「故」に、「以前に」、「素」に「平素から」を代入すること、十分に可能です。

・子貢《しこう》曰く、固《もとよ》り、天縦《てんしょう》（天分）将聖（聖人の可能性がある）なり、又た多能なり、と〔『論語』子罕《しかん》〕

「固」は「元来」。先天的の素質をさしましょう。

・雅り、沛公《はいこう》に属せんと欲せず〔『史記』高祖本紀〕

「雅」は、「もとから」。

・噂沓背憎《そんたうはいぞう》（噂話や陰口）職り競ふて人に由る〔『詩』小雅・十月之交《じゅうがつしこう》〕

「職」は一応、「職として」と訓む習慣ですが、「もっぱら」の意味に解せられますから、「職《もとよ》り」と訓んでさしつかえありません。

こうして並べてみますと、「職」の用法のみが時間的な概念をもたない点において異例であることが、お分かりだと思われます。その字源に由来する相違というべきでしょう。

Q42 ：「まことに」について

「まことに」と訓む時は、時に「ほんとうに」、時に「じっさいに」などの訳が加えられ、どれに定めてよいものか迷います。「まことに」と訓む字を挙げ、ならびにその語法についても説明してください。

A42

慣用の「真」「誠」「信」「実」「諒」「良」「充」について説明いたしましょう。

・子は誠に斉人《せいひと》なり、管仲・晏子《あんし》を知るのみ〔『孟子』公孫丑上〕

・実に塗《みち》に迷ふこと其れ未だ遠からず〔陶淵明「帰去来兮辞」〕

・嗚呼《ああ》、其れ真に馬無きか、其れ真に馬を知らざるか〔韓愈「雑説」四〕

いずれも、よく知られた文の一節なのですが、これらをまっさきに引用したのは、けっして用例の解釈を施すためではなかったのです。この三章が、『大言海』に引かれるところのものだったにすぎません。『大言海』は、ついに「まことに」の項に、その和文を引くことができなかったのです。そのことは、「まことに」が漢文訓読語として定着したのであって、和語としては用いられなかったことを意味しましょう。ただ「まこと」の項目には多くの和文が引かれていますので、漢文受容のさいに、その副詞的用法を特定するために、「に」を添えたのだと考えられます。たしかに、その「に」を加えずに、「まこと」のみで副詞として用いた例が、『万葉集』に見えるのですが、本来は、名詞として用いられたものにちがいありません。おそらく「まことに」と同義の和語は「げに」「まさしく」あたりではなかったでしょうか。その「まことに」と訓じて副詞語法として用いられる漢字、併せて七字についていささか説明を加えます。

ここでも、『助字鵠』に即して論じたいのですが、まず、その四巻の記述を抽出します。

「真」は、「偽ノ反ト注ス、……又真仮トモ対ス」と二義を示して、ときに「軽用」される場合のあることを述べます。

「誠」は、「真ト同用、真ノコトバ字ナリ」としたのち、ここでも「軽重」の方法を採って、「真ハ実用、誠ハ虚用、真ハ体ニ属シ、誠ハ用ニ属ス」と微妙な差を説きます。

「信」は、「約束ノタガハヌヲ信ト云、ソレヨリ転ジテ、言語ノミナラズ事ノ上ニ就テノ、マコトヲモ信ト云」、そうして「誠ハ心ヲ主トシ、信ハ事ヲ主トシイフ」、それならば、後出の「実」の「虚用」ということになると、また微妙な関係を述べます。

「実」は、したがって「信」の「実用」であり、「虚之対也ト注ス」として、「ウツホナラヌシツカリト手ニ取ルベキモノアルヲ云」と具体的な印象を述べます。

「諒」は、「律儀ナル思入ノ字ナリ」。

「良」は、「精熟精細ナルヲ良ト云」とし、さらに「諒ハヤ、軽ク、良ハヤ、重シ」と、あくまで語の対比のうちに、その本義を求めようとします。

「充」は、「実」の字の「虚用」であった「信」の字のさらに「虚用」であるとします。

・真に力を積むこと久しければ入る〔『荀子』勧学〕

「真」は、もと「真実」「生粋」「ありのまま」の意をもつのでしょうが、ここでは副詞的に用いられて、軽く「ほんとうに」程度の訳でよろしいかと存じます。『助字鵠』にいわゆる「軽用」です。

・沛公、誠に項羽に倍《そむ》かんと欲するか〔『史記』留項世家〕

「誠」は、「じっさいに」ほど。『助字鵠』の口語を借りれば、「真」ほどの実体性をもたない語。

・此れ必ず苦李ならん、と、之れを取れば信《まこと》に然《しか》り〔『世説新語』雅量〕

案の定、苦いすももだった、というのですから、「信」は、「推察どおり」、『助字鵠』ふうにいえば、「タガハヌ」ということになります。

・実に蕃《しげ》く徒有り　其の従ふこと雲のごとし〔張衡《ちょうこう》「西京賦」〕

「実」は、根拠のないことでなく、「事実上」ということです。

・爾《なんぢ》と貫（相連なる）のごときも　諒《まこと》に我を知らず〔『詩』小雅・何人斯《かじんし》〕

「諒」は、「げに」、私を理解してくれないということが「身にしみて」分かった、というほど。

・良《まこと》に盤石の固《かた》き無し　虚名復た何をか益さん〔「古詩十九首」其七〕

『文選』所収、「古詩十九首」の李善の注には「良は信なり」とあります。しかし、ここでは『助字鵠』のいうごとく、熟思して、不朽のものなどないと知った、というのでしょう。

・天の暦数は爾の躬《み》に在り、充《まこと》に其の中を執《と》る〔『論語』堯曰《ぎょうえつ》〕

「充」は、ここでは「虚用」されることなく、「心こめて」。むしろ「諒」の用法に近かろうと思われます。

大雑把には、『助字鵠』の「実用／虚用」の分類法によって、「まことに」は識別されてよいものと考えられます。もっとも、より微細な相違については、やはり文脈に徹して考慮すべきこととせざるをえないでしょう。

Q43 ∴「以」の用法

「以」は、なにか余計な、なくてもよい語に思われますが、その用法を詳しく説明してください。

A43

「以」字は動詞に用いて、「もちゐる」「ひきゐる」「おもふ」「およぶ」「なす」「やむ」と訓む場合がありますし、副詞に用いて「はなはだ」、名詞に用いて「ゆゑ」の訓がそれぞれありましょう。助字としては一様に「もつて」と訓じます。ただ、そのさい、「もつテ」「もツテ」の表記が見え、それはそれで、ここでは論外としておきます。

「以」の初形は、耜《すき》を象ったものです。おそらく農耕の神事に用いたものでしょう。しかし、その初義を残す用例は見えず、むしろ「ひきゐる」の意に用いる例、また「もつて」と「用」字のごとく用いる例が見られるばかりです。「以」「用」、その声の通じることから仮借したものでしょう。さらにその「耜」形で示される「台」「已」なども、本来、声義同じであるため、互用されてきました。「台」に「以《もっ》て」、「已」に「以《や》む」の意があるのは、たぶん、そのことに理由がありましょう。お尋ねの件は、もとより助字としての用法にかんすることでありましょうから、ここでは、そのことについてのみ述べます。

さきに、劉淇《りゅうき》『助字辨略』巻三の分類に応じて、その助字的な用法を紹介いたします。大別すると、「猶ほ因のごとし」「爰の辞なり」「語助なり」「猶ほ而のごとし」「古、与と通ず」にまとめられましょうか。日本の参考書の口調に当てはめますと、「猶ほ因のごとし」が、「原因・理由」と「手段・方法」を兼ねるもの、「猶ほ而のごとし」が「接続」に相当しましょう。「爰の辞なり」は「ここに」の意、「語助なり」は意味をもたぬもの、「古、与と通ず」は「ともに」の意、と言い換えることができましょう。もっとも、参考書は一般的に、「手段・方法」「対象」「原因・理由」「接続」の用法を採用します。王引之《おういんし》『経伝釈詞』巻一ともなると、その助字的な用法、わずかに「接続」と「〜と（及・又）」の用法が挙げられるばかりです。江戸・皆川淇園『助字詳解』もまた、「イズレニシテモ以字ノ上ハ、物ノソレニシテ用テユク処ニシテ指スコトニナリ、下ハ、物ニテモ事ニテモ並ビニ皆名称ヲ付ケテ言フモノ、若ハ事トナルト心得ベシ」と要約し、その用法の本質が、「承接」性にある旨を強調するだけなのです。漢文の学習においても、そのような度量の広さをもっておきたいこと、もちろんなのですが、あえてご質問の趣旨に応じていきたいと思います。

・善く兵を用ゐる者、短きを以て長きを撃ち、長きを以て短きを撃たざるなり〈『史記』淮陰侯《わいいんこう》列伝〉

「手段」の用法

・軍を覇上《はじゃう》に還し、以て大王の来たるを待つ〈『史記』項羽本紀〉

「方法」の用法とでもなりましょうか。

・請ふらくは、王、士を勵《はげ》まし、以て其の朋を奮はさんことを〈『国語』斉語〉

は、「対象」の用法。

・遂に晋軍を斥《しりぞ》け、楚は以て強きを得たり〈『税苑《ぜいえん》』復恩〉

は、「原因」。

・乃ち一笑の故を以て、吾が美人を殺さんと欲す〈『史記』平原君列伝〉

は、「以〜故」の呼応をもって、「理由」。

もし右記の用法に、ある共通性を求めるならば、その主題となる述語句の前に、かならず「以」字の司る名詞句が置かれる、とだけはいいうるものと思われます。このとき、述語句とは、それぞれ、「撃つ」「待つ」「奮はす」「得たり」「殺さんと欲す」であり、名詞句とは、それぞれ「短い（武器）」「軍を覇上《はじょう》に還（すこと）」「士を勵ま（すこと）」「晉軍を斥（けること）」「一笑の故」を指します。

「接続」のもっとも分かりやすい一例として、

・瓊筵《けいえん》を開きて以て華に坐し、羽觴《うしゃう》を飛ばして（＝而）月に酔ふ〔李白「春夜宴桃李園序」〕

を挙げましょう。じっさい対句のなかにあって、「以」「而」それぞれ対応していますので、自明のことかと存じます。このときは、主題は前後いずれかの句に絞られ置かれているというわけではありません。「以」「而」を挟んで、前句、後句ともに並列の関係をなすばかりです。

・城高くして以て厚く、地広くして以て深し〔『史記』仲尼弟子列伝〕

などは、並列関係を示して、「接続」の用法をとる恰好の例ではないかと思われます。これほど、すっきりしてくれれば、その用法の判別も易いことになりましょうが、なかには、このような対句的な構成をとらない場合も多く、そのさいは、やはり、その判別が要求されている以上、文脈の対応関係を丹念に見極める必要がありましょう。

ほかに、「古、与と通ず」の用例。

・江に汜《し》（支流）有り　之の子帰《とつ》ぐ　我れを以てせず（＝我れと以《とも》にせず）〔『詩』召南・江有汜〕

・滔滔《たうたう》たる者は、天下皆、是れなり、而して誰か以て之れを易《か》へん（＝誰と以にか之れを易へん）〔『論語』微子〕

この例は、『詩』『論語』『儀礼』など旧典に集中するもので、古い時代の用法と思われます。

「語助」として、
・礼以て之れを行ひ、孫（謙遜）以て之れを出し、信以て之れを為す〔『論語』衛霊公〕
音を整調して、語の安定をはかる用法でしょう。
「爰の辞なり」の用法、
・夫れ易は広くして大なり、以て遠きを言ふときは則《すなは》ち禦《まも》らず〔『易』繋辞《けいじ》上〕
「そこで」というほどの意。
さらに、「以～為～」をもって、「～を～とする（思う）」の用法を加えます。
・財利を分かつに、多く自ら与ふ、鮑叔《はうしゅく》、我れを以て貪《たん》と為さず〔『史記』管晏《かんあん》列伝〕
「於」と同格にして、「～に」と訳される例、
・文（孟嘗君《もうしょうくん》の名）、五月五日を以て生まる〔『史記』孟嘗君列伝〕
要するに、「以」は、語、句、文いずれをも承けて、「ことば」と「ことば」とを結ぶ通路をなす文字といえましょう。さながら「助詞」的な働きをそこに見る思いがします。

Q44 「所以」「是以」などは、なぜ「以所」「以是」とならないのでしょうか、説明してください。

A44 ：「以」を含む熟語について

「以」を「もつて」と訓む「返読文字」とする習慣に馴染んできました。そして、たえず「助字」の用法のうちにそれを収めてきました。そのことを前提とした疑問ではないかと思われます。そもそも「返読文字」とは、「返読すべき文字」の謂ではなく、「返読される場合がある文字」の謂であるとぐらいに理解されておくのがよろしいでしょう。

・我れの共にせざるは魯の故《ゆゑ》を以てなり（＝魯故之以）〔『春秋左伝』昭公十三年〕
・宋人、之れを執《と》りて、其の以《ゆゑ》を問ふ（＝問其以）〔『列子』周穆王《ぼくおう》〕

などは、いずれも「返読文字」でないばかりか、「実字」的な用法をとるものです。たしかに『春秋左伝』の例は「もつて」と訓んでいますが、その「実字」的な意味を先取りする「故」の字がありますので、やむなく「もつて」とするにすぎません。よほど「魯の故の以なり」とでも訓みたいほどなのです。これを「魯の故之れ以《よ》る」と強いて訓むものもありますが、強引にすぎます。

　この「以」は、あたかも王引之『経伝釈詞』巻一いうところの、「猶ほ由のごとし」の用法に当たりましょう。「所以」は「所由」のことです。だとすれば、「以（よ）る所」とも訓みえましょうが、いまのところ「以」を「もつて」訓むのが通例となっているところから、「以てする所」の訓は成立しましょう。あるいは「以（ゆゑ）とする所」と考えられもしましょう。もとより「以」が仮借して、「よる」「ゆゑ」の義をもつのは、「由」と音通することによります。そうならば、「以」は、このときすでに「助字」ではなく、「実字」

として、名詞化されているのです。または「ゆゑとする」の義として動詞化されていると見てよいかと思います。「所以」は、「以」が意味の主体であって、「所」は補助的に後字を名詞化する字にすぎません。したがって、「所以」は「ゆゑん」と訓み、主格になりうるのです。「所以」それ自体は、すでに「名詞」の働きをとります。「所作」「所為」「所見」など、「所」の用法と一様でしょう。もっとも現代中国語で「所以」は、「それで」ほどの意。順接の働きをとる語となりました。おそらく「以」に「接続」の用法があることから、その要素が濃厚にあらわれた結果でしょう。

「是以」の「以」も、その「ゆゑ」の義を伴いつつ、実質は、「接続」の義をもつ用法であろうかと思われます。

・瓊筵《けいえん》を開きて以て華に坐し、羽觴《うしやう》を飛ばして（＝而）月に酔ふ〔李白「春夜宴桃李園序」〕

は、もし、その字数、音韻の制約をとりさるならば、さしずめ、

・瓊筵《けいえん》を開きて是《こ》こを以て華に坐し、羽觴《うしやう》を飛ばして（＝而）月に酔ふ

とすることも可能となりましょう。「接続」の場合は、もちろん「返読文字」としては扱われません。「返読文字」とするならば、「以是」と表記され、「是れを以て」と訓まれ、「このことを手段・方法として」の意味をもつのでしょうが、そのような用例は乏しいかとも思われます。

ちなみに『漢文入門』は、この「是以」「以是」の相違を、「是以は、ここをもって、と訓読し、是は上に述べられた観念的な内容をさす。以是は、これをもって、と訓読し、是は上の述べられた具体的な事物をさす」と比較しますが、じつは「是」の問題というより、「以」字の、どちらが濃厚に「接続」性をもっているかが、訓読、意味上の相違をなす鍵になろうかと思われるのです。したがって、「接続」を示す「以」を後に置く「是以」は、「こうして」「そこで」「だから」など、順接の用法をいう語となります。ちょうど『古事記』『日本書紀』『風土記』が、「故」を「かれ」と訓んで、「接続」の意にとるのと符節をあわせてい

ます。これらの「故」「以」は、ともども前述の条件を承けて、「そこで」と後句へとつなぐ働きをいう字となるわけです。

「是以」の例、

・子曰く、敏にして学を好み、下問に恥ぢず（目下への質問）、是こを以て之れを文と謂ふ、と〔『論語』公冶長《こうやちょう》〕

「是故」の例、

・子路曰く、民人有り、社稷《しゃしょく》有り、何ぞ必ずしも書を読みて然《しか》る後に学と為さん、と、子曰く、是の故に夫の佞者《ねいしゃ》（口の達者な者）を悪《にく》む、と〔『論語』先進〕

右の二章は、「だから」と解されるもので、「ゆゑ」の意を負担しつつも、結局は下文を起こす「接続」の用法をとっていることが知られます。

他に、「ゆゑ」の義を強調する例としては、「疑問」句法の「何以」が挙げられましょう。

・今、天下に義を為すもの莫《な》ければ、則ち、子、宜《よろ》しく我れに勧むべき者なり、何を以て（何以）、我れを止《とど》むる〔『墨子』貴義〕

もし、「以何」とすると、『漢文入門』の口調を借りれば、「何」は具体的な事物をさすことになり、「なんという事物で止めさせようとするのか」というほどの訳が可能でしょう。しかし、これは、「あなたこそ、勧めるべきなのに、どういう理由で、かえって私を止めるのか」の意味なのですから、「以何」は成立不可能です。むしろ「何の以（ゆゑ）に」とでも訓むほうが、理解しやすいのではないでしょうか。おのずから「何以《なんす》れぞ」の訓も成立しましょう。「何以」は「反語」にも用いられ、

・天子より庶人に至るまで、利を好むの弊は、何を以て異ならんや〔『史記』孟子荀卿列伝〕

となると、「以何」では、まったく文意に沿いません。意味は「どうして」となるのですから、同じく「ゆ

ゑ」「接続」の両義を備えた用法と見られます。

ご質問、ほんとうは、もう一つ疑問をもたれてのことではないのでしょうか。つまり、なぜ「是以」の場合、「是」を「ここ」と読んで、「これ」と訓まないのか、そういう疑問であろうかと察せられます。もちろん断言しえません。ただ推測するところのみを述べてみます。訓読においては、まず「コ」「ソ」「カ」が、厳密に「近称」「中称」「遠称」に対応するように用いられているかと言いますと、かならずしもそうとは言い切れない不明瞭さを残しているのです。「其」「彼」が、「ソ」「コ」、いずれにも訓まれるように、訓読はすくなくとも、そのことに厳密さを求めなかった、といえましょう。したがって「是」を「コ」と訓んだからといって、「近称」の用法とは限らないものと、考えるべきと思われるのです。しかし、「是コ」とした以上、その「コ」が「ク」と通じ、「所」の意味をとることは明白のことですから、それなら、「是コ」は、「場所」をいう指示代名詞ということになりましょう。ただ「於是」「於此」「於斯」「于茲」など、どれも「ココニ」、また「ココニオイテ」と訓まれるものです。そうかといって、格別に「場所」を指定して用いられているわけではなく、むしろ副詞的、あるいは接続詞的に用いられている場合があります。築島裕『平安時代の漢文訓読語につきての研究』にも、

・是《ここ》を以て、夫子、毎《つね》に間居して歎《なが(ママ)》て、古の孝道を述ふ〔三千院蔵『古文孝経』・建治点〕

のように、「ココヲモテ」と訓む例を、保安点の一例と併せて、挙げています。平安期の保安年間（A.D.1120～1124）、建治年間（A.D.1275～1278）の訓点にして、すでに、その訓の慣行されていたことが分かります。そして、その用法もまた「接続」のそれであること、いうまでもありません。

Q45 :「むしろ」について

丁寧の「寧」が、どうして「むしろ」などと訓まれるのか不審です。どういうことなのでしょうか、説明してください。

A45

おおよそ、ご質問は、どうして「寧」の字が「むしろ」と訓まれたのか、「むしろ」ということばの語源がどんなところにあるのか、和文には、さほど見うけられないのに、どうして、いまでは通常の文章、会話に定着しているのか、「寧」は、どんな用法をもつのか、また、たとえば「すでに」「まことに」「もとより」など副詞には同訓の字が多いのに、他に「むしろ」と訓む字がないのか、などの不審に発しているらしく思われます。そう任意に受けとめさせていただき、説明していきたいと思います。あらかじめご諒解ください。

なにか、「むしろ」ということばの語感は突出して、どこにも語源の系列を求められそうでないもどかしさを感じておられるのではなかろうかと察せされ、それなら、まったく同感のことです。

『日本語大辞典』には、ひとまずつぎのような語源説が紹介されていますので、要約してみます。①「もし(若)」が転じて、「むし」となり、それに助辞の「ろ」が加わったとする説、②「寧」は「やすし」と訓み、「真白」も「やすし」と訓まれるのだから、その「ましろ」が転じて、「むしろ」となったとする説、③「まうしろ」が転じて、「むしろ」となったとの説、④「寧」は「仮に用いて落ち着く」の意だから、その「落ち着く」べき「席(＝むしろ)」を採ったとする説、併せて四例を見ます。

言っておかなければならないことは、なにより訓読語としてはじめて用いられた語なのですから、まず、その「寧」字の義から講じなければならないということです。しかし、じつは「無乃」もまた、これで「むしろ」と訓まれる以上、「寧」「無乃」に通ずる義を求めることが前提となりましょう。とすれば②④説は、「寧」のもつ「安寧」の義にのみ着目しての語源説といえましょうから、さていかがなものかと思います。①説は、『大言海』の所説なのですが、「寧」に「もし（若）」の義があるとするのは「寧」「若」双方が、「いっそ～のほうがよい」といった願望の意味をもっているという認識に従うものです。「無乃」もまた、その「願詞」的な用法を備える語ですから、一応の条件を満たした説ということになります。③説の合意が、なかなか見当しがたいのですが、「まうしろ」は、いわば反対の位置をいう語ですから、あるいは、その「反語」的な用法を暗に指摘する説かもしれません。たしかに「寧」「無乃」は、「反語」の用法をもつものです。ただ、もし「反語」として用いられる場合は、一般に「寧」は「いづくんぞ」、「無乃」は「すなはチ～なカランヤ」と訓まれましょう。「反語」用法に視点を置くことは道理に叶うことです。しかしその視点は、かえって「比較」の用法を見失うことにつながってしまいます。四説中、いま述べてきましたことだけを考慮に入れるなら、①説がもっとも穏当の説となりましょう。

ここまできて、やはり、この語「寧」と、その訓「むしろ」の結びつきには意外の感が否めません。いきおい「すでに」「まことに」「もとより」など同訓にして多く異字をもつ副詞とくらべてもきわめて特異なものに映ってまいります。しかし、たとえば、「もっぱら（専）」「おのずから（自）」「おのおの（各）」「ややもすれば（動）」「はたして（果）」など、一訓の副詞も見あたるからには、一字一訓という現象自体には不自然さはないように思われます。

そこで漢文に話題を戻して、その「寧」の義ならびに用法を検討してまいりましょう。

・臣聞く、鄙諺《ひげん》に曰く、寧《むし》ろ雞口《けいこう》と為るも、牛後と為る無かれ、と〔『史記』蘇秦列伝〕

すこし、余談を挟みます。どうも、「雞口」と「牛後」なる語の対比が腑に落ちない、そのような印象が残ります。おそらく、その実感からか、北斉の顔之推《がんしすい》『顔氏家訓』書證《しょしょう》に、「大史公記に曰く、寧ろ雞口と為るも、牛後と為る無かれ、と。此れ是れ戦国策を刪《けづ》るのみ。案ずるに、延篤《えんあつ》の戦国策音義に曰く、尸《し》は雞中の主なり、従は牛の子なり、と。然《しか》らば則ち、口は当《まさ》に尸と為すべく、後は当に従と為すべし、俗に写し誤れるなり」とします。その当否はともかく、こうしてはじめて疑いのほどける思いすらするのですが、ともあれ、この文例から明確に導かれるように、「寧」は本質的には「比較」「選択」しつつ、その願望を述べる語のようです。許慎『説文解字』巻五上、その段玉裁の「注」、ならびに王引之『経伝釈詞』巻六がいうところの「願詞」の用法でしょう。

・寧《むし》ろ度（ものさし）を信ずるも、足を信ずるなきなり〔『韓非子』外儲説左上〕
・寧《むし》ろ我が身を以て友人の命に代はらん〔『世説新語』徳行〕

も、同じく「願詞」の用法。なお「むしろ」と訓む例としては、

・君、無乃《むしろ》、士を好まざるを為すか〔『列子』説符〕

などがあり、やはり「寧」「無乃」に共通の訓義があり、その事実に基づいた語源説を立てる必要があろうかと思われてくるのです。

また「寧」は「反語」としても用いられること、ご承知のとおりですが、この場合は、「いづくんぞ」「なんぞ」と訓むのが慣習でしょう。

・陸生曰く、馬上に居りて、之れを得るも、寧《いづく》んぞ馬上を以て之れを治《をさ》むべけんや〔『史記』酈生陸賈《れきせいりくか》列伝〕

ところで、ここで、『大漢和辞典』を引いてみますと、「反語」の用例として、『国語』の一節「寧其得此国乎」を引くのですが、なんとも不審なことです。そもそも、『大漢和辞典』の示す典拠は、一概に例文の短かすぎるのが遺憾な点なのですが、ここでも、そのゆえをもってか、用法の取り扱いに失敗しています。

右記の例、『大漢和辞典』は、さしずめ、

・寧《いづく》んぞ其れ此の国を得んや〔『国語』越語上〕

と訓んでいるようです。しかし、その箇所、前文と後文を補足しますと、

・乃即《すなは》ち君王の愛する所を傷つくる無からんや、其れ是の人を殺さんよりは、寧《むし》ろ其れ此の国を得ん、其れ孰《いづ》れか利ならん〔『国語』越語上〕

と訓まれるのが正当とすべきです。つまり、この「寧」は、「反語」ではなく、「其れ孰れか利ならん」の句と前後呼応しているのですから、「願詞」として用いられているはずです。むしろ、その前に置かれる、「乃即《すなは》ち君王の愛する所を傷つくる無からんや（＝無乃即傷君王所愛乎）」の「無乃」こそ、「反語」として用いられているはずです。

目的は、『大漢和辞典』の誤りを論じることではありません。もっぱら「寧」「無乃」が、その訓義において融通することが納得されるなら、それで十分のことだったのです。この前提に立つ語源解釈がぜひとも待たれましょう。

『説文解字』巻五上に、「寧」の字形は、「乞」に従うものであるから、その「乞う」の意をもち、「願詞」になった、とされるのですが、そのような理由からではなく、犠牲の心臓を盤中に置いて、祖霊に「安寧」を祈る儀礼を示す字であったから、「願詞」となったとする説のほうが妥当のように思われます。ところで、「寧」は「無寧」と連文しても、「寧」一字と、その訓義は異なりません。「寧」はもと「乃」と同声、したがって「無乃」は「無寧」であり、また「寧」でもあるのです。

築島裕『平安時代の漢文訓読語につきての研究』は、その「寧」を「むしろ」と訓じた例、

・是の人の所獲の功徳をは、寧ろ多しとや為する〔西大寺本『金光明最勝王経』巻三・平安初期点〕

と、「もしろ」と訓んじたと考えられる一例を示します。あるいは、「もし（若）」に語源を求める理由の一

になるかもしれませんが、『大言海』が、けっしてその音の類似だけをもって語源の判定を下しているわけでないこと、いうまでもありません。築島裕は、もう一例、
・無乃《むしろ》、太《はなは》た恠《あや》しからむや〔『三教』治道篇・保安点〕
を挙げるのですが、これだけでも、平安の初めより、まず仏典訓読語として定着したことが知られます。それにたいして、和文においては、『大言海』の引くところは、一例、「タタミノ中ヨリ、キリギリスノ、五月バカリニ出デ来タレバ、キリギリス、むしろイカニカ、思フラン、タタミノ中ニ、秋ハ来ニケリ」(『子馬命婦集』)。大槻文彦は、「むしろ」、「席(=むしろ)」が懸詞となっていることを心得ながら、いざ語源を説くに当たっては、その関連を度外視します。慎重な見識であろうかと思います。ただ言えることは、こうして、和文の文脈には吸収されることなく、「むしろ」は、その訓読語のうちに成立し、その領域で定着していった語であろう、ということだけです。その日本における語源もなお確証しうるものではありません。なお検討されるべきことと思われます。

Q46 :「如何」と「何如」について

「如何」と「何如」とはどちらも「いかん」と訓むのに、どうして用法が異なるのでしょうか、説明してください。

A46

おおよそ、どの参考書にも、どちらも「いかん」と訓み、うち「如何」は「手段・方法」を、「何如」は「理由・状態」を尋ねる語であることを説明しています。とすると、手紙のご機嫌伺いの手紙には、「何如」

とするのが正しいことになりましょうが、一般には「如何」で済ませています。では、どこまでその区別が要求されるのかを見ていきます。

・何如《いか》ならば斯《すなは》ち之れを士と謂ふべきか〔『論語』子路〕

とする一方、

・如何ならば斯ち之れを養と謂ふべきか〔『孟子』万章下〕

とあり、同じ構文であるところから、「何如」「如何」まったく同じ用法ではなかろうかとの錯覚すら起こすのですが、じつは『論語』は「どういうような人物ならば」、『孟子』は「どういうようにするならば」の意味に相当しています。『論語』は「状態」を、『孟子』は「方法」をそれぞれ尋ねていることが納得されましょう。

・此れに対して如何《いかん》ぞ涙垂れざらん〔白居易「長恨歌」〕

の「如何」は、「反語」の用法であって、ここでは、「手段・方法」、「理由・状態」の区別そのものが不要ということになります。

それでは、「疑問」の用例を、まず「何如」について求めますと、

・子貢《しこう》曰く、貧しくして諂《へつら》ふ無く、富みて驕《おご》る無きは何如、と〔『論語』学而〕

その是非を質問しているのであって、「手段・方法」を尋ねているのではありません。

・比日、起居すること、何如《いかん》〔蘇軾《そしょく》「与李方叔」〕

これは、近頃のくらしが、どんな状態かを尋ねているのです。

・吾れ、北方の昭奚恤《しょうけいじゅつ》を畏《おそ》るるを聞けり、果して誠に何如〔『戦国策』楚策〕

ほんとうにそのような状態か、と尋ねています。

ところで「如」「若」は音通、「何」は「奚」と通用ですので、つぎの例は、いずれも「何如」の例として

考えてよいと思います。

・其の賢なること何若〔『説苑《ぜいえん》』善説《ぜんぜい》〕

どれほどじゃ、の意。

ついで、「如何」、

・妻を娶《めと》るには、之れを如何せん〔『孟子』万章上〕

どうしたものか、の意。ことに「手段・方法」の意をとる恰好の用例は、

・子曰く、之れを如何せん、之れを如何せんと曰はざる者は、吾れ、之れを如何ともする未《な》きのみ、と〔『論語』衛霊公〕

でしょう。もとより教育とは方法をいうもののようです。また「奈《だい》」「如」、古く音の通じたことから、つぎの例も「如何」の用法に相当します。

・我れ年老いて丁壮（若者）を累《わづら》はす、奈若せん〔『説苑』貴徳〕

さらに有名な「杞憂」なる故事成語の出典から、その「奈若」の用法を検討しましょう。もっとも、「奈」の本字である「柰」で記されているのではありますが、

・終日、天中に在りて行止するに、柰若《いかん》ぞ、崩墜《ほうつゐ》するを憂《うれ》へんや〔『列子』天瑞〕

の「柰若」は、けっして「手段・方法」をいってはいません。しかし、これは「反語」の用法とるべきです。「反語」として用いられるときは、その「手段・方法」、「理由・状態」の区別が不要になること、さきに、『長恨歌』の例で、説明したところです。もっとも、その『列子』の文のすぐ後に、

・其の人、曰く、地の壊るるを柰若せん、と〔『列子』天瑞《てんずい》〕

とあるのです。これも、「反語」ととれないこともないのですが、むしろどうすればそれを防ぐことができようか、という切実な「疑問」であるはずです。それは、拠るべき「手段・方法」を求める祈りでもありま

しょう。

ところで、『名義抄』に「云何、如之何、何如　イカム」と見えます。つまり、「如～何」の句は成立しても、「何～如」の句は成立しないことを語っているようです。じじつそのような句は見られません。「如」字は、もと巫女が祝告の器（ㅂ）をもって歌舞し、神人融合する象形です。それで、あたかも同一であることの意味をもちます。比況の「ごとし」は、それに由来しましょう。「如」と通用する「若」もまた、それに近い字源をとる語です。いわば「そのこと自体」ということき語であるようです。「何」字は、あるいは「歌」の字につながる要素をもち、神に質疑する意をもつ語であったと思われます。祝告の器（ㅂ）を木に架け、神の意思を尋ねる意が、初義ではなかろうかと推測されるのです。あるいは「疑問」の字、「胡」「奚」など、どれもk音を頭にもち、それからの仮借によって、「誰何」など、「疑問」の語となったのか判然としませんが、いずれにせよ「何如」「如何」の「何」こそが、「疑問」の意を受けもつこと明らかです。「如」は、たとえば「突如」などの用法より察せられるように、強い「指示」性をもつ語のように考えられるのです。もし「如之何」ならば、「このことをどうするのか」、「何如」ならは、「どういうことなのだ」が、初義に近い意味となりましょう。要約しますと、「如何」が、その目的語を強示するのにたいして、「何如」は、目的語を伴うことなく成立するものだということです。うち「どうしようもない」という「反語」の用法は、むろん「手段・方法」の否定として生まれてくるのですから、その「如之何」の延長と見てさしつかえなかろうかと思うのです。「如何」のみが「反語」として用いられる所以を、そこに求めてもいきたい所存です。

Q47 ：「あへて」について

「あへて」と訓む「敢」と「肯」には、用法の違いでもあるのでしょうか、説明してください。

A47

『大言海』の「あへて」の項には、「敢」の字を当て、「押シキッテ」「進ミテ」「一向ニ」の三義を挙げられます。うち「進ミテ」「一向ニ」を、いずれも「打消」の語を伴うものとするのは、その呼応の副詞であることを示そうとするのでしょう。そこに引かれる出典として、『日本書紀』の「汝は是れかしこき神なり、敢て饗せざらんや」（神代紀上）、『万葉集』の「由良の崎汐干にけらし白神《しらかみ》の磯の浦廻《うらみ》を敢て（＝敢而）漕ぐなり」（一六七一）が見えますが、どちらも、「あへて」には畏れ慎しみて、というほどの意を覗かせています。他に『大言海』は、『宇治拾遺物語』中から、その用例を引くのですが、漢文体の文脈において、「敢て」は収められています。もっとも『栄花物語』「あへてよせつけたてまつらず」（月の宴）、「ゆゆしうてあへて見せたてまつり給はずなりにたり」（月の宴）などは、和文脈のうちに用いられていますので、あらかじめ訓読語として生まれたかどうかは判定しえません。ただ「あへて」が多く、「打消」の語を伴った用法をとるところからすると、どうやら、きわめて訓読語に近い語でなかったかと推察されるのです。

漢文訓読語としても、とうぜん「打消」の語を伴う例は豊富で、

・羞むることを知らざれば、敢てせず（＝不敢）〔『文鏡秘府論』天巻・保延点〕
・終に肯て買はず〔東大寺図書館蔵『大般涅槃』巻五・平安後期点〕

などを見いだすことができます。

『大言海』が「此用法、漢籍読ノ口調ナルガ如シ」と注を加えるのは、おそらく、そのような経緯を伝えるかのようにも思われます。また、『大言海』によれば、その語は、下二段活用「敢《あ》ふ」によるものとし、「遂ぐ」の意をもつものと考えているのですが、おそらく『説文解字』巻四下「敢は進取するなり」とする説に牽かれてのことでしょう。その語源はなお不明というべきです。

その漢字「敢」の字形から見ますと、もと杓をもって神霊に酒を灌《そそ》ぐ形、それで「つつしむ」の意を得たはずです。古く金文には「敢へて某の休《たまもの》に揚《こた》へ」といった定型句が多見しますが、これが、その初義の用法でしょう。

日本では、どのように受けとめられたかと考えますと、『名義抄』に「敢　アヘテ、ベケムヤ、エ、マカス、ススム、ヲカス、カシコマル」と記され、うち「カシコマル」がその義に相当します。しかし、中国において、すでに同じ金文に「敢へて内国を伐《う》つ」などといった用法がとられ、慎しむべき行為をあえておこなう意を得ているのです。『説文解字』巻四下「敢は進取するなり」とするのは、そのように転義されたのちの用法をいうものでしょう。『大言海』の示す『日本書紀』『万葉集』の例は、この意味における用法です。

・曰く、我れ善《よ》く浩然《こうぜん》の気を養ふ、と、曰く、敢へて問ふ、何かを浩然の気と謂ふ、と、曰く、言ひ難《がた》し、と（『孟子』公孫丑上）

かるがるしくも尋ねた、というのでしょう。

「肯」は「肯綮《こうけい》に中《あ》たる」の句のごとく、骨肉結合するところを象形したもの、その肉の緊密に付くところから、適合するの意が定着していったのだと思われます。その意の用例としては、

・厥の子、乃ち肯《あ》へて堂せ（土台を作る）ざれば、矧《いは》んや肯へて構《こう》せ（家屋を構築する）んや（『書』大《だい》誥《こう》）

親の業績を承認した上で、といった意味で用いられている箇所です。日本でも、古くして、その訓義がみえます。『名義抄』に「肯」の訓として、「アヘテ、アフ、ウケガヘ、ムベナフ、タヘナリ、キク、カヌ」などが見え、そこに、「ウケガヘ」「ムベナフ」「キク」などとあるのは、どれも「肯定」の意です。

そこではじめて、その「敢」と「肯」の相違をいくらか検討しましょう。「敢」「肯」両字は、もっぱら「虚詞」を扱う王引之『経伝釈詞』には見えません。そのことは、両字ともに、かなり「実字」的な要素をもつ語であることを暗示しましょう。それに対して、副詞的な語を多数、「助字」のうちに含める劉淇『助字辨略』に至って、その義、用例が紹介されます。その巻三には、『爾雅』の「可なり」とするのを承けて、

「愚案ずるに、肯は、願辞ならん、心誠に之れを願ふ、故に可と為す」とし、「敢」については、「昧《まい》を冒すの辞」とします。その『助字辨略』に引かれた用例をも参照して、「敢」の用例を挙げれば、

・主人曰く、枉矢哨壺《わうしせうこ》（曲がった矢と、口のすぼまった壺）辞するに足らず、敢《あ》へて固《かた》く以て請ふ、と、
　賓曰く、某、既に賜《たま》へり、又た重ぬるに楽しみを以てす、敢へて固辞す、と〔『礼記』投壺〕

・敢へて鰥寡《くわんくわ》（男やもめと未亡人）を侮らず（＝不敢〜）〔『書』康誥〕

二例とも、してはならぬことをする、の意。『助字辨略』にいわゆる「昧《まい》を冒《をか》すの辞」に当たります。川北影楨《かげえだ》『助字鵠《じょじこく》』は、「昧を冒すの辞」ゆえに、「謙辞トモナリ、恐懼《きょうく》ノ辞トモナル」としますが、じつは、「敢」の字源からすれば、本来「恐懼ノ辞」から、「昧を冒すの辞」へと移っていったと見るべきでしょう。ただ、

・百獣の我れを見て、敢へて走らざらんや（＝敢不〜）〔『戦国策』楚策〕

となれば、どうして逃げないのだろうか、の意。このように「反語」の法に用いるのは、「豈敢」の「豈」が省かれたためにほかなりません。

・鄭《てい》、将《まさ》に覆亡（亡びるのを救う）に之れ暇《いとま》あらざらんとす、豈《あ》に敢へて懼《おそ》れざらんや〔『春秋左伝』僖《き》

公《こう》七年〉

と、「豈」「敢」を連ねる用字があり、ほぼ「敢」の義を失って、「豈」に同化してしまっているのです。したがって「敢」「肯」の義を考えるさいには、一応は除外してよいでしょう。

「肯」の用例、

・公子両人に見《まみ》えんと欲す、両人自ら匿《かく》し、肯へて公子に見えず〈『史記』魏公子（信陵君）列伝〉

もとより、この一節「公子に見ゆるを肯《がへん》ぜず」とも訓みえましょうから、「肯」の意は、「承知する」、『名義抄』ふうにいえば「ウケガへ」「ムベナフ」「キク」に相当しましょうか。

あえて言うならば「敢」「肯」は、「あへて」と訓を同じくしながら、その義は大きく異なり、結局、「敢」は、違背することをいい、かえって「肯」は、承認することをいう語だということになります。それは相対字的な関係ですらあるといってさしつかえないでしょう。そのために、日本語の「あへて」の語源を一律に求めるのは、はなはだ困難なことに属します。

Q48 「豈」の用法

「豈」は、かならず「反語」用法と考えて、「あニ～ンヤ」と訓んでよいのでしょうか、説明してください。

A48

山田孝雄『漢文の訓読によりて伝へられたる語法』に、奈良時代にあった語で、訓読語に用いられて後世に残った例の一として見える語です。もと、「あに」は、日本の「まさに」に対応する語であったらしく、上代にはかならずしも反語用法に用いられたわけではなかったようです。もっとも『万葉集』に「価なき宝といふも一杯《ひとつき》の濁れる酒に豈（あに）益《ま》さめやも」（三四五）、「夜光る玉といふとも酒飲みて情を遣《や》るに豈（あに）しかめやも」（三四六）と見えます。大伴旅人の歌です。旅人が、漢文に習熟していたことは、『遊仙窟』に通じていたことなどからも察せられるのですが、これら「酒を讃むる歌」もまた、竹林の七賢にかんする漢文を下地にして詠われたであろうことは明らかです。「あに」は、訓読語のうちに受容され、そこで「反語」句法の語として定着していったのではなかろうかと思われるのです。

『大言海』は「あに」を「なに（nani）」の略とし、「あぞ」をも、それと同列の語として、「なんぞ（nanzo）」の略とします。これは、肥後・阿蘇《あそ》の地名が、「何ぞ人無からんや」《あ》の句に由来するとする『日本書紀』の記述を承けてのことです。ただ「あに」が「なに」に出る根拠をとくに提示しているわけではありません。とにかく、「あに」「あぞ」を、もっぱら「反語」句法の語と理解するところから得た語源解釈にほかならないということです。それが当たっているかどうかは、なんともいいようがありません。ただ日本語でもそうであったように、漢文においても、「豈」がけっして「反語」句法のみ用いられたのではないという前提は忘れてならないでしょう。『経伝釈詞』巻五に、「豈は猶ほ其のごとし」とし、その用例、

・君、豈《あ》に斗升の水（少しの水）有り、我れを活《い》かさんや（『荘子』外物）

を挙げます。のちに説明しますが、「其」は、「畿」「冀」に通い、いわば「願望」の用法とすべきところでしょう。

したがって、皆川淇園『助字詳解』巻三には、一概に「反語」の意として包括することなく、その両義を兼ねて、「向カフノ聞人ノ心ニ、其処ノヤフスヲ見クラベテ、所在ヲ付ケテ言フニ、動カヌ処ヲ立テテ言フニ用ユ」と定義します。無難の説というべきでしょう。

ほかに「反語」として片づけられない用例を捜すなら、

・子曰く、其れ然《しか》り、豈に其れ然《しか》らんや〔『論語』憲問〕

のような例があります。「抑揚」していう場合に用いられています。俗にいう「めりはり」をつけて念を押す表現法ではなかったかと推測されるのです。そうですか、そうではありますまいか、ほどの意味です。このとき、「豈」は、「疑問」の用法を手に入れたということになります。その「疑問」の用法で用いられる例を示すならば、

・恵帝、相国の事を治めざるを恠《あや》しみて、以為《おもへ》らく、豈に朕を少なしとする（軽んじる）か、と〔『史記』
　曹相国世家〕

「抑揚」をはかって、その判断を求める語法であると認められます。いきおい、この「豈」を「判断要求」の語と括ってもみたいほどです。

その「抑揚」して、「疑問」を示し、「判断要求」している恰好の例として、

・豈に天の才を生ずる、必ずしも人の用と為らざるか、抑《そもそ》も之れを用ゐること自《おの》づから時あるか〔魏禧《ぎき》
　「大鐵椎伝《だいてつついでん》」〕

を挙げれば十分でしょう。

・阮宣子《げんせんし》（阮脩）、令聞有り、太尉王夷甫《わういほ》（王衍《おうえん》）見て、問ひて曰く、老荘と聖教とは同じきや、異なるや、と。対《こた》へて曰く、将《は》た同じき無《な》からんや〔『世説新語』文学〕

の「将」について、「豈」と同意とする注釈があります。いちどは抑えて、かえって同じではないでしょうかと言っているのです。それは、もう「反語」と「抑揚」の用法を包んだ口調というべきです。

それなら、じつは「反語」の用法も一種の「抑揚」の用法と考えられなくもありません。その「反語」としての「豈」は、一般に限定の字「唯」「惟」「徒」「独」などと、またはそれ自体、「反語」であることを示す「遽」「渠」などと連文、さらに句末に「哉」「也」を伴って用いられる例が多いようです。

・豈に士を得と言ふに足らんや〔王安石「読孟嘗君伝」〕

これは、「豈」単独で「反語」を形成する例。

・夫《そ》れ禍患は常に忽微《こっぴ》（ほんの小さなもの）に積もりて、知勇は多く溺るる（耽溺する）所に困《くる》しむ、豈に独《ひと》り、伶人《れいじん》（楽人）のみならんや〔欧陽脩《おうようしゅう》「五代史伶官《れいかん》伝序」〕

これは、限定の語「独」を伴い、「のみ」を添えて訓む例です。

・其の父、善く游《およ》ぐと雖《いへど》も、其の子、豈に遽《なん》ぞ善く游がんや〔『呂氏春秋』察今《さっきん》〕

これは、反語法をもつ語を付けての例。

・豈に他有らんや、水火を避くるなり〔『孟子』梁恵王下〕

これ、句末に助字を添える句。

もと「豈」の字は軍鼓に羽飾りを著けた形、したがって、「凱旋《がいせん》」の「凱」にも通じて、そのよろこびをいう「凱楽《がいらく》」の意を得ることにもなります。それがどうして副詞的な用法をもつことになったかについては、なお不明です。しかし『名義抄』に「者、其、詎、豈、アニ」とされ、「豈」が、「なんぞ」と訓まれる「詎」と、その頭音が近いため、仮借して、ついに「反語」の意を得たのかもしれません。あるいは、「覬」「冀」「其」など「ねがふ」の訓をもつ字に、その声近く、ゆえに、「ねがふ」心意を副詞に移して、「反語」の意をとったのかもしれません。しかし、「反語」の概念に収斂されるまでには、用法の曲折があり、あるいは「疑問」、あるいは「抑揚」の用法として用いられた過程のあったことを無視するわけにはいきません。

Q49 ：「ただ（に）」について

「ただ（に）」と訓まれる「唯」「独」「但」「徒」「特」「第」「只」「止」「直」などはすべて「限定」の語と決めつけてよいのでしょうか、またそれぞれに違いがあるのなら、そのことについても説明してください。

A49

「啻」「祇」「顧」「端」「翅」「維」「惟」など、いずれも「ただ〜のみ」と呼応して訓むものですが、ここでは、ご質問に挙げられた字例のみを一瞥します。「維」「惟」「唯」にかんしては、別項（Q35）でいささかその別を論じていますので、参照ください。ご質問の字、どうやらこれを大きく三項に分類することができるようです。便宜上、「唯（wei）」を一類、「独（du）」「但（dan）」「徒（tu）」「第（di）」「特（te）」を二類、「只（zhi）」「止（zhi）」「直（zhi）」を三類に、それぞれ収めておきます。もとより音の類似、用法の類似からして、この分類は可能かと思われるのです。ところで、『大言海』は、その「ただ」の項に「唯・惟・只」の漢字を当てて、「是レノミ、外ニハ無ク、モハラ、イッソノコトニ、ヒタスラ、ワヅカニ」の意に、「直」を当てて、「ヂキニ、マルデ」の意を挙げます。『名義抄』は、「直、只、唯、祇、第　タタ」、「啻、特　タダ」、「但　タダシ、タタニ」とします。「ただ」が、「限定」の語として一括しえないことを裏書きしていましょう。そこには微妙な語意の差、用法の差があるように見えます。まず一類にかんして検討したく思います。

唯：もちろん「唯一」の「唯」

・唯だ緯《ゐ》の好鬚《かうしゅ》（立派なひげ）を称して、他語無きのみ〔『旧唐書《くとうじょ》』房玄齢《ぼうげんれい》伝〕

「～だけ」と解しうる「限定」の用法に当たりましょう。あえて「限定」としたのは、「ただ」と訓みながら、単純に「限定」として律しきれない用法が他に多く見えるからです。じっさい、

・将《まさ》に唯だ命に是れ従はんとす、豈《あ》に其れ鼎を愛せんや〔『春秋左伝』昭公十二年〕

ともなれば、「専らの詞」にほかなりません。「ひたすら」というほどの意となりましょう。また「唯だ是れ」「唯《た》だ然《しか》り」などの定型句があり、それらは、ほぼ語助的な働きをして、「やはり」といった程度の意味をとるもののように考えられます。

　ついで、その古音において近似していたであろうと推量される「独」「但」「徒」「第」「特」の類に言及しましょう。その用法には、かなりの流通があるようです。

　独：「独」字、もちろん「ただ」「ひとり」の訓があり、そのうちどれを用いてよいかは、単独には判定しうるものではありません。ただ重用して「ひとり」、軽用して「ただ」と訓むといった、その文脈から受ける印象の別によって、使い分けされてきた習慣があるとのみいいえましょう。たとえば、

・世に遇はざる者、衆《おほ》し、豈《あ》に独り丘のみならんや〔『荀子』宥坐《ゆうざ》〕

は、その訓「ただ」「ひとり」と併用されてきた例です。「豈独」と連文したため、「反語」用法に吸収されて、おのずと「限定」の傾向をやや失っている例です。しかし、

・世を挙げて皆濁り、我れ独り清めり〔『楚辞』魚父〕

は、その孤高なる精神を誇りかに宣言したことばです。強い「限定」です。

・縦《たと》ひ彼れ言はずとも、籍《せき》、独り心に愧《は》ぢざらんや〔『史記』項羽本紀〕

の場合は、先行の字「籍」が強調され、項羽自身の感慨を強く訴えている場面です。両例とも重用されており、「ひとり」と訓むのが適切と思われます。そしてまた「ひとり」と訓みならわされてきたものです。「ただ」と「ひとり」との訓み分けは、そこに強い主観的な感慨がこめられているかどうかに、基準が置かれて

いるようです。別に、

・独《た》だ其の志を楽しみ、其の道に厭かざるのみ〔『礼記』楽記〕

の例が見え、このときは「ひたすら」「いちずに」などの意を得ているように思います。『徒然草』一五三段「首の廻り欠けて血垂り、ただはれにはれ満ち」の「ただ」義に近いものでしょう。また、「反語」用法を得た例に、

・今、聞く、荊の兵、日《ひび》、進みて西す、と。将軍、病むと雖《いへど》も、独《た》だ寡人《くわじん》（わたし）を棄つるに忍びんや

〔『史記』白起王翦《おうせん》列伝〕

を挙げましょう。さらに「唯独」「独唯」と連文される場合もあり、このさいは、「独」は反語用法のうちに吸収され、ほぼその本義を失ってしまった例といえましょう。

但…「但」は、河北影楨《かげえだ》『助字鵠』に「従なり」「凡なり」「空なり」と記されるものです。その著はまた、『説文解字』巻八上に「偏に衣袖を脱するなり」の説を引き、ゆえに「一片ヲ指置キテ」いう字とします。もっとも、それは、「袒」の解釈であって、かならずしも「但」の語源を説くものではなく、その原義はなお不明とすべきでしょう。ただ同じ『説文解字』巻八上に、「一に曰く、徒なり」とあって、おそらく古くより多義併用されていた字であろうと思われます。

・通子九齢に垂《なんな》んとするも　但だ梨と栗とを覓《もと》むるのみ〔陶淵明「責子」〕

勉強はそっちのけだが、おねだりにかぎっては、ほどの意。

・四目両口有るに非《あら》ず、但だ智多きのみ〔『三国志（魏書）』武帝紀・注〕

他のことはともかく、知恵にかぎっては、ほどの意。ものごとの「一片」をいうときの用法でしょう。

・我が室に入る者は、但だ清風有るのみ、我が飲に対する者は、唯だ当《まさ》に明月なるべし〔『南史』謝南伝〕

は、その「但」と、「唯」の「ただ」を分明に使い分けている恰好の例です。「但」は、清風という一面にお

いては、ということ、「唯」は、明月のみが、ということ。「唯」のほうが重い用法と見てさしつかえないでしょう。「たんに」「わずかに」ほどの意味では、

・但だ湯を服すること二旬のみにして、故《もと》に復す〔『史記』扁鵲《へんじゃく》倉公列伝〕

「ひたすら」の意味では、

・人君為《た》る者、但だ当に小人の偽朋《ぎほう》を退けて、君子の真朋を用ゐるべきのみ〔欧陽脩「明党論」〕

また、その音の類似するところから、「独」にも通じて、

・但だ悲風蕭條《せうでう》の声聞くのみ〔李陵《りりょう》「答蘇武書」〕

と用いられます。蕭々と吹く悲風の声を耳にして、いよいよ痛切に孤独を感じている内容です。

以上は、副詞として用いられる例ですが、こと「但」にかぎっては接続詞的な用法をもっており、いわゆる「転語」です。「とはいうものの」と逆接の働きをなす例です。

・公幹《こうかん》、逸気有り、但だ未だ遒《つよ》からざるのみ〔『三国志（魏書）』呉質伝〕

「但」のみが有する用法と考えてよかろうと思います。日本語の「但し書き」などというときの義です。

この用法と「徒」の意とを兼ねたような例が、

・都下、春色已《すで》に盛んなり、但だ塊然《くわいぜん》として（寂しく）独処し、与《とも》に楽しみを為す無きのみ〔韓愈「答楊済甫」〕

でしょう。かくして、「但」の用法の広さが知られます。

徒：音の関係から「但」「独」にも通じます。

・排に安んず（自然の秩序に任せる）とは徒だ空言なるのみ　幽独鳴琴に頼《よ》る〔謝霊運《しゃれいうん》「晩出西射堂」〕

は、「いたずらに」の意。「徒」の本義に当たりましょう。

・天下匈匈《きょうきょう》たる（乱れるさま）こと、数歳なる者は、徒だ吾が両人を以てするのみ〔『史記』項羽本紀〕

は、「〜だけ」の義。「但」と通用の例です。
・子貢出でて、子路に謂ひて曰く、女《なんぢ》、夫子は知らざる所有りと為す、と謂はんか、夫子は徒だ知らざる所無きのみ〔『荀子』子道〕
は、「ひたすら」の義。「専らの詞」です。
・徒だ文墨を持ちて議論するのみ〔『史記』蕭相国世家〕
にいたっては、「〜だけ」「いたずらに」の両義兼ねるものでしょう。
・聖人の道、今、徒だ然《しか》らざるのみ〔『荘子』天地〕
は、「独」に通じて、深い感概をこめる用法と考えられます。
特：もっとも重い語法で、「とくに」の義。
・真宰《しんさい》（絶対者）有るがごとくにして、特だ其の朕《あと》（かたち）を得ざるのみ〔『荘子』斉物論〕
第：「発語の辞」とされますが、
・汝、第だ去れ、吾れ今に、人をして若を召せしめん〔『史記』項羽本紀〕
「まま」と軽い語法。『助字鵠』ふうにいえば、「浮イタ」用法といえましょう。

つぎに「只」「止」の類です。いずれも、古詩や歌謡のうちにあって、その句末に置かれて語調を整えるために用いられる字です。

只：たとえば『詩』鄘《よう》風・柏舟「母や天なれども　人を諒《ゆる》さず（不諒人只）」のように、句の終止を示す用法といえましょう。そもそもが、実質的な重さをもたぬ語であったと考えられます。しかし、「専らの詞」とも注されるのですが、
・相ひ看て両《ふたつ》ながら厭《あ》かず　只だ敬亭山有るのみ〔李白「独坐敬亭山」〕
についても、「限定」というよりは、「軽意」の働きをとるものです。意義の重さをもたず、いたって軽く用

いられます。そして、副詞としての用例は古書に見えず、俗語的に用いられるばかりです。

・只だ墜ちしむるも亦た中傷（そこなう）する所有る能はず〔『列子』天瑞《てんずい》〕

たしかに、古い字列のように見えるのですが、おそらく『列子』は魏・晋期の作らしく、しかも会話中にある俗語表現と見るべきでしょう。

・人、只だ一箇の天理を有するのみ〔『近思録』存養〕

王陽明に及んで、哲理を平易に説く文脈のうちに、「但」の義を得た例です。

止：「止」もまた、『詩』周頌・良耜《しゅうしょうりょうし》「百室盈《み》ちて　婦子寧《やす》んず（伯室盈止　婦子寧止）」などと句末に置かれる語助詞として用いられてきました。したがって、その意も軽く、

・今夕、止だ風月を談ずべく、宜《よろ》しく公事に及ぶべからざるのみ〔『南史』徐勉《じょべん》伝〕

文意を決定するほどの語感をもたぬもののようです。

直：むしろ「直」が、強く「限定」を示す字のようです。

・不可なり、直だ、百歩ならざるのみ、是れも亦た走るなり〔『孟子』梁恵王上〕

・寡人《かじん》、能く先王の楽しみを好む非ざるなり、直だ世俗の楽しみを好むのみ〔『孟子』梁恵王下〕

こうしてみますと、ちょうど和語においても、「ただ」が、多義備えるように、「ただ」と訓ずる字を一筋縄で「限定」の詞と括りうるものではないということが改めて感ぜられます。なお「顧」「端」など、「ただ」と訓む字は、おのずから、その用法に、通用、出入するものがあり、およそ画然とその相違を説得しうるものではありません。しかし、和語の「ただ」の意のように、その物事の直接性をいう語であることにかわりはありません。それゆえに、状況や、数量を「限定」する用法を得たものでしょう。ただその字に従って、その「限定」の強弱があるとだけは、いわなければなりません。

Q50 「殺」の用法

「悩殺」などというときの「殺」字の意味は、「殺人」の「殺」とは異なっているようです。この語法の由来はどんなところにあるのですか、説明してください。

A50

『新字源』は、「いのししを打ちころす」象としますが、「殺」字の左部は、どうも「いのしし」ではなく、霊獣の異形を象るかに見えます。右部は「戈（ほこ）」を持つ形でしょうから、もとは一種の呪術をいうもののようです。それで、対象の呪力を「殺《そ》ぐ」のでしょう。いわば「減殺《げんさい》」です。

・人を殺すを嗜《この》まざる者、能《よ》く之れを一にせん〔『孟子』梁恵王上〕

などは、すでに「死殺」の意で用いられています。

・其《そ》れ、南は生育の郷、北は殺伐の域なり〔『孔子家語』弁楽解〕

「殺伐」は荒れ果てた様相を意味しましょう。

このあたりからことの状態が強度であることを示す語としても用いられることになったのではないかと考えられます。

・白楊《はくやう》悲風多く　蕭蕭として人を愁殺す〔「古詩十九首」其一四〕

あるいは、「殺《いた》く人を愁へしむ」の訓も可能でしょう。

異例の語と、その出典を収める書『通俗編』は、

・言及、悲殺す、奈何《いかん》せん、奈何せん〔『通俗編』語辞「殺」・引『晋書』礼志〕

・囲を攻め、勝を取るを論ずる莫《な》かれ、自から相ひ拍手して、笑殺すべし〔『通俗編』語辞「殺」・引『南

史』垣栄祖《えんえいそ》伝〕の用例を、「按《あん》ずるに、殺は乃《すなは》ち已甚（はなはだしい）の辞にして、真《まこと》に死を謂ふに非《あら》ず」と説きます。その用例はむしろ詩中においていっそう多く、数首の詩を引いて、それで「此くの如きの類、殺字を用いること甚だ多し」とも加えています。『通俗編』が引く例も併せて見てゆくなら、「殺」字が一般にどんな語に接続するのか、またどのような働きをしているのかが、おのずと看取されそうに思われます。

・一面の紅妝《こうそう》（お化粧）人を悩殺す〔李白「贈段七娘」〕

「悩ましつくす」。

・酔殺す洞庭の秋〔李白「陪侍郎叔遊洞庭酔後」三首・其三〕

「酔いつぶれる」。

・紅裙《こうくん》（スカート）妬殺す石榴花《せきりうか》〔萬楚「五日観妓」〕

「ぐいっと妬む」。

・夕陽吟殺《ぎんさつ》す楼に倚《よ》るの人〔韋荘《いそう》「左司郎中春物暗度奉和感成章」〕

「つよく詠う」。

これら置字的な「殺」は動詞の下に付くことが原則のようです。さらに『通俗編』中の語例を拾いますと、「啼殺《ていさつ》」「閑殺」「嚇殺《かくさつ》」「憶殺」「誑殺《きょうさつ》」「酸殺」「香殺」など、どれを採っても、濃厚な感情が移入された語であることも分かってきます。しかも多く悲痛を伴う語であることからも、「殺」字、本来の語義につながっている事実が確認しえましょう。そのことはまた感情の高調を旨とする詩作において頻用されることと深い関連があるようにも思われます。

ちなみに、「殺す」の意の場合は「サツ」、「殺《そ》ぐ」の意の場合は、たとえば「相殺《そうさい》」のように「サイ」の音を与えるのが、慣習です。なお、置字の「殺」においては、「サツ」「サイ」の両音ともに許容されています。

Q51：「また」について

「又」「亦」「復」など、口語訳のさい、そのまま「また」として済ませることが多いのですが、微妙な相違もあるようで、どう対処すればよいのでしょうか、説明してください。

A51

『大言海』は、接続詞、副詞的な「また」の語源に触れて、一は、「叉ノ義ニテ、二ツニ渉ル意カ」として、それに当たる字「亦」を挙げ、一は「間ノ義、二ツニワタル、たヲ添ヘテ、改マル意」として、「又」の字を挙げます。ただ「俣」「股」「岐」いずれも「また」と訓み、ものの分岐する意をもっていますので、どうやら接続詞、副詞的な「また」も、それと同じ語源をもつように思われるのです。要するに、並起、並行をいう語としてよいでしょう。

『大言海』は、その字例、併せて「又」「亦」「復」「還」を記します。字源からすれば、「又」は手を添える形、ものを加える動作を示します。「亦」は両腋《わき》、並列することをいいます。「復」は器を返す形、それで「往復」をいうのが初義に当たります。「還」は、死者の胸部に円形の玉を置いて、生還を祈る儀式を示しています。つまり「招魂」の義です。もとに還る意を得ます。助字が一般に、音の通仮によってその字とされるのとは異なって、これらはなお、その本義を残すもののようです。

河北影楨『助字鵠』巻四に至っては、「また」と訓む字、「又」「亦」「復」「還」「加」「且」「却」を挙げます。うち「加」は「くはへて」、「且」は「かつ」と訓まれるのが一般でしょうし、「却」も「還」と同義である関係上、ここに収めたものでしょうから、いまは「又」「亦」「復」「還」に限って、その語法を検討したく存じます。しばしば「また」と訓まれる「也」もそこに含めることにいたしましょう。

・孟武伯、問ふ、子路は仁なるか、子曰く、知らざるなり、と、又た問ふ〔『論語』公冶長《こうやちょう》〕

の用例において、『助字鵠』は「又問ハ再ビ更ニ問ナリ」とします。同じことを反復して問うのではない、もしそうなら、「復」を用いるべきであって、また新たな質問をいうのであることを力説します。「又」には「新たに」の意をもつ「更」の語法が備わっていることを認めたいのでしょう。それで、「子（孔子）」は、つぎに「仁」のことではなく、「才」にかんする話題に切り替えているではないかと、その根拠を述べます。たしかに「由（子路）や、千乗の国、其の賦を治めしむべし」と、子路の政治的な才能に言い及ぶのです。『助字鵠』に従うなら、「又」は「別に」とでも訳すれば相応のことかと思います。

・項王、秦の宮室、皆以て焼け、残破せるを見て、又た心に懐思《くわいし》し、東帰せんと欲す〔『史記』項羽本紀〕

項羽の新たな懐郷の念を、「又」で示します。

「亦」は、『助字鵠』によれば「惣体ノ上ヨリ云」う語となります。総体からして、「此レモソレナリ、彼モ亦ソレナリ」という場合の語法だとします。『助字鵠』の引く例ではありませんが、

・巧言（おべんちゃら）、令色（つくり笑い）、足恭《すうきょう》（諂《へつら》い）、左丘明《さきうめい》之れを恥づ、丘（孔子）も亦た之れを恥づ〔『論語』公冶長〕

もし、『助字鵠』の口吻を借りれば、「巧言」「令色」「足恭」は、人たるもの総じて恥じるべきであるが、左丘明が恥じ、この孔丘もまたそれを恥とするのだ、とでもなりましょうか。訓じて「もまた」とします。じつは『助字鵠』が、あくまで「惣体《そうたい》」のことと主張するのは、そのように、「亦」が「まったく」「総じて」の意味をもたないとすれば、たとえば、

・学んで時に之れを習ふ、亦た説《よろこ》ばしからずや〔『論語』学而〕

の「反語」用法が巧く解釈できないからにほかならないようです。このとき、「亦」は「まったくもって、うれしいことではないか」と解され、「また」の意をほぼ失っているからです。

・江東は、小なりと雖《いへど》も、地、方千里、衆、数十万、亦た王たるに足る〔『史記』項羽本紀〕

「総体からすれば」の意と見れば、『助字鵠』の見解が理解されましょう。

「復」については、『助字鵠』は、「重複」の義と「反復」の義があることを提示し、このときの「反復」とは、『説文解字』巻二下にいうところの「往来するなり」の意、それより引伸して、同じことを再びする意をとるものとします。

・大明は、文王、明徳有り、故に天復た武王に命ずるなり〔『詩』大雅・大明・小序〕

「大明」は『詩』の篇名。周・文王と同じ命を、その子・武王にも再び下したというのでしょう。

・舜《しゅん》・禹《う》、復た生まると雖も改《あらた》むる能は弗《ざ》るのみ〔『史記』范雎蔡沢《はんしょさいたく》列伝〕

「舜」「禹」が、かりに反復再生したとしても、というのです。

・他日、又た復政を孔子に問ふ〔『史記』孔子世家〕

「又」「復」連言する形、こうしてはじめて、「復」字によって、質問が「反復」されたことが分明し、かつ「又」字によって、その内容には、たびごとの変更があったことが理解されましょう。

「還」は、もとにめぐり帰る意、本来あるべき場所、位置への帰還をいいましょう。

・禹《う》・舜《しゅん》、還《ま》た至り、王業、還た起く〔『荀子《じゅんし》』王覇〕

いわば「復古」というべきです。

・江陵県の獄囚、事の軽重無く、悉《ことごと》く放ちて家に帰す、正三日を過ぎて、還た至らしむ〔『南史』謝方明伝〕

囚人を保釈したが、期限の三日を過ぎれば、またもとの獄舎に戻させた、というものです。

「也」は、どうも他の四語とは質を異にする語のようで、その初形から得られる字義とは関係なく、副詞のうちに吸収されたものと思われます。その「也」にかんして、劉淇『助字辨略』巻三は、「也字、猶《な》ほ亦のごとし」としますから、なるほど「また」と訓みえましょうが、「也」の初形は、水入れの容器を象り、その初義は、「また」の語法とまったく関連するところがありません。おそらく「也（ya, yi）」「亦（eki）」、その音の近きをもって、仮借したものと考えられます。『名義抄』にもすでに「マタカ」の訓がみえ、その語調からしても、この副詞的な用法が、「亦」の口語として用いられるようになったことを暗示するかのようです。『通俗編』は、

・衰（?）公、従容《しょうよう》として謂ひて曰く、奴、官人の馬より下りざるを見れば、打つとも也《ま》た得、打たざるも也た得（『通俗編』語辞「也得」・引『唐国史補』）

の用例を示します。「打ってもかまわないし、打たなくともかまわない」、はなはだ俗語的な口調です。その「也」は、現代中国語に近い「也」の語法であり、「亦」の類にして、それよりも軽い意でとくに多く会話や詩に用いられるようです。

・萬里烟波（けむるような波）にも也た君を夢む（岑参《しんじん》「送李明府」）

以上、述べてきたことを、大胆に要約するなら、「又」は「あらたに」、「亦」は「いずれも」、「復」は「かさねて」、「還」は「またもとに」と訳してさしつかえなきかと思われます。「也」は口語的に「〜も」といった程度でしょうか。もちろん、その用法には、時代とともに、混入があり、識別不能の場合もありましょう。「大胆」にと条件を付けていうのは、じつはそのためでした。

Q52 ：「べし」について

日本語の「べし」では「可能」「適当」「推量」「当然」「勧誘」などの多種の意味が考えられ

ます。漢文の「可」も同様に繁雑なのでしょうか、その識別方法を説明してください。

A52

お尋ねは、「可」を助字として用いるときの識別を指していましょう。しかし、さきに、それが自立語として用いられる場合を考えてみたいと思います。

・子貢曰く、貧にして諂《へつら》ふ無く、富みて驕《おご》る無きは、何如《いかん》、と、子曰く、可なり、未だ貧にして楽しみ、富みて礼を好む者に若かざるなり〔『論語』学而〕

ここに「可」が見えます。子貢が、「貧しくても卑屈にへつらうこともなく、富んでいてもいばらない、という態度を、どう思われるか」と質問すると、孔子が「可」と答えた、というのです。そこで、「すばらしい」などと訳してしまうと、どうも文脈に沿わないことに思われてくるのです。ついで孔子が「貧しくても道を楽しみ、富んでいても礼を好むものには及ばない」と条件を付けているのですから、むしろ「わるくない」程度の訳が適切と思われます。日本でいえば、「よろし」に相当する語のようです。それで、朱熹の「集注《しっちゅう》」は「凡《おほよ》そ、可と曰ふ者は、僅《わづ》かに可にして、未だ尽くさざる所有るの辞なり」とします。「完全」にとどかぬ旨をいうものとするのです。「可」が「称美」の語ではなく、せいぜい「許可」程度を示す語となる所以でしょう。したがって、それを助字に移しても、やはり「〜してもよい」ほどに訳されることになります。

「可」の字源に触れるなら、祈禱を収める器を枝に掛け、叩きつけて、神の承認を求める行為を象っています。「許可」の意が、そこに生まれます。ちなみに「歌」は、その「許可」を求める「うったえ」を意味しました。「許可」を得ることは、事実上、そのつぎになすべき行為がはじめて「可能」となることを意味します。

参考書が、助字「可」は、「許可」「可能」いずれかに用いられると説くのは、その原義的な用法を指していっているものだと思われます。しかしかならずしも、その二種の用法に限られているわけではありません。確率からして、その可能性が高いといっているにすぎません。たとえば『名義抄』には、その訓「キク、ヨシ、ユルス、セム……」併せて一七例を設けています。むろん、その識別は、文脈を精査することに拠らざるをえません。その「可」の識別にかんする用例として、つねに挙げられるのが、

・不死の薬を荊王《けいわう》に献ずる者有り、謁者《えつしゃ》(取り次ぎ役)、之れを操《と》りて以て入る、中射の士(宮中の随臣)、問ひて曰く、食《くら》ふ可きか、と、曰く、可なり、と、因りて、奪ひて之れを食ふ、王大いに怒り、人をして中射の士を殺さしむ、中射の士、人をして王に説かしめて曰く、臣、謁者に問ふ、謁者、曰く、食ふ可し、と、臣、故に之れを食ふ、……と、王乃ち殺さず〔『韓非子』説林上〕

でしょう。ここでは、助字の「可」も、あえてひらがなに改めませんでした。「中射の士」の論理では、「謁者」のいう「可なり」を「許可」の意と受けとめて、服用したまでのことだ、ということになります。しかし、「謁者」の側からすれば、「許可」なんてとんでもない、せいぜい「可能」の意として、服用することはできるのだが、ほどの意味で答えたということになりましょう。「可」が、「許可」「可能」いずれの意で用いられたか、という些細なことばのあやの問題が、じつは生死を分ける事態を出来《しゅったい》させたのです。

ここから読みとりうるのは、やはり、「可」には「許可」「可能」の両義のみがあると認識されていたであろう、ということです。その認識がなければ、この逸話は成立しないように思われます。しかも、その両義の差がきわめて微妙なものであるということでしょう。

じっさい、「可」の用法は多様であり、劉淇『助字辨略』巻三は、総じて一四例を設けるのですが、うち日本の助動詞に相当する用法は、九例、たとえば、

・班氏、最も高名有り、既《すで》に情に任ずること例無し、唯だ志は、推すべきのみ(可推耳)〔『後漢書』自序〕

の「可」を「当辞(当にすべきの辞)」とします。「当然」の用法です。この用法を除けば、ほかは、「可能」

または「許可」の類に包みうる月例といってよいでしょう。

・子曰く、苟《いやし》くも我れを用ゐる者有らば、期月（一年間）のみにても可なり、三年にして成す有らん〔『論語』子路〕

これを、『助字辨略』は、「僅可之辞（僅かに可とするの辞）」、これだけでもかまわない、いうほどの用法とするのですが、それなら、「許可」の類に属してさしつかえなかろうとも思います。

こうして、集約していくと、結局、「可能」「許可」「当然」の三類に分かつことができます。しかし、『助字辨略』がそうであったように、その用法を截然と区画することは、よほど困難なことかと思われます。当の中国においてからがそうなのですから、とくに日本の読者が困惑したであろうことが、予想されます。しかし皆川淇園『助字詳解』は、格段に困惑したようすがありません。

・使者、十輩来たりて、皆、言ふ、匈奴《きょうど》は撃つべし（可撃）、と〔『史記』劉敬叔孫通《しゅくそんとう》列伝〕

瀧川亀太郎『史記会注考證』は、この「可」は、『漢書』には「易」に作る旨を指摘しています。それなら、「匈奴は撃つべし」は、「匈奴なんぞは、易く撃つことができよう」というほどの意味になります。おのずと、「可能」の意につながります。しかし、淇園は「可能」や「許可」などの分類概念を用いず、「サレバ、可ノ字ハ、トカク物ノ恰好ノヤフスノ、此方ノソレヲ以テユクニ、ホドヨク行キ合フコトニナラフト云コトヲ語ルニ用ユル字ナリ」と説くのです。淇園が述べたいのは、ことさらに「可能」や「許可」の区別を付けようとする必要などなく、端的に「物ノツリ合ヒガ持チ合フテ立ツ」意が、「可」の本義だ、ということなのでしょう。おそらく「可能」の意も「許可」の意も、その趣旨のうちにつつまれてしまうのではないでしょうか。熟語で示すなら、「適当」の概念のうちに、「可能」も、「許可」も収まってしまうということです。文法的な術語に固執して、その識別に汲々とするよりは、むしろ『助字詳解』のような本質的な語義の理解のほうが先決だとも思われるのです。

Q53：「且」について

「且」字を、どう訓じてよいのやらいつも迷ってしまいます。その訓と用法について説明してください。

A53

『名義抄』には、その「且」の訓、「シバラク、カツハ、カツカツ、マタ、マツ、ミナ、シバシバ、タ丶ス、ヤスム、アタハカリ、カクバカリ、ナムナムトス」を連ねます。

郭沫若《かくまつじゃく》は、「且」を男根の象と説きますが、「且」を字形に含む「宜」「俎」「租」「粗」などが、その字源説で適用しうるものか、了解に苦しむところです。「且」の初形は、文字通り、俎《まないた》に物ある形。また『説文解字』巻一四上に「薦なり」としますから、供薦の義もあったのでしょう。神に備える穀物を「租」、そうして祭られる祖神を「祖」、かくしてはじめて神は、それを「宜」とし、その神意に叶うことを「誼」といいます。その供薦の具が陳設、並列されるものであるゆえに、助字として、「かつ」「また」など、ものの重層する義を得たのだと推測されます。

劉淇『助字辨略』巻一に、「且」を収めるものの、『詩』中にみえる語助の用法を語るのみです。王引之『経伝釈詞』巻八も、「且」の語助的な用法を示すのですが、ほかに、その副詞的な用法をも詳細に説いています。うち「常語（常用の語）」としては、「将なり」「猶ほ尚のごとし」「猶ほ又のごとし」「猶ほ抑のごとし」「姑且なり」の五例に限って挙げます。そもそも『経伝釈詞』は、その用例を主として経書に求めるものですから、ここでは用例の範囲をいささか広げてみたいと思います。

「将なり」、すなわち「まさに～んとす」と再読文字として扱われる例、

・不者《しからず》んは、若《なんぢ》が属、且《まさ》に虜《とりこ》とする所と為らんとす〔『史記』項羽本紀〕

「猶ほ尚のごとし」とは、「かつ」あるいは「なほ」と訓じて、「〜でさえも〜」の意、いわゆる抑揚の用法です。

・臣、死すら且《か》つ避けず、卮酒《ししゅ》（杯酒）、安《いづく》んぞ辞するに足らん〔『史記』項羽本紀〕

「猶ほ又のごとし」も、「かつ」と訓じて、ものの重層する意、あるいは、ことの平行する意を示します。

・邦に道無きに、富み且つ貴きは恥ぢなり〔『論語』泰伯〕

「その上に」とでも訳しえましょう。

・且つ引き且つ戦ふ〔『史記』李将軍列伝〕

「一方で〜し、他方で〜する」あたかも『方丈記』の「かつ消え、かつ結びて、とどまりたるためしなし」の用法と一様です。

「猶ほ抑のごとし」では、ふつう「抑」の訓「そもそも」を当てますが、「かつは」とするのもさしつかえないでしょう。「それとも」「いったい」の意。この用例は『経伝釈詞』の引用に沿います。

・富貴なる者、人に驕《おご》るか、且つは貧賤なる者、人に驕るか〔『史記』魏世家〕

「姑且なり」は「しばらく」の意、

・将軍・孫武曰く、民労《つか》れ、未だ可ならず、且《しばら》く之れを待て、と〔『史記』伍子胥《ごししょ》列伝〕

じつは、しばしば目にする用法として、

・昭略（南斉の人）曰く、許事（それくらいのこと）を知らざれば、且つ蛤蜊《かふり》（はまぐり）を食《くら》へ、と

〔『南史』王融伝〕

を挙げておきます。「まま、はまぐりでも食っとけ」というところでしょう。

・天運苟《いやしく》も此くのごとくんば、且つ杯中の物を進ぜん〔陶淵明「責子」〕

これも、「とりあえずは、酒でもやるとするか」のこころ、これらは「苟且」の義と心得ておけばよいでしょう。『荘子』庚桑楚《こうそうそ》の「与物且者（物と且《しょ》なる者）」の条に加えた郭璞《かくはく》注に「且は雷同を為すも、志は在らず」とあります。かりそめに付和することをいうものです。

こうして見ると、どうやら、以上の用法すべてに通じて、そこに、付加、並置、追及の意を認めることができるようです。

おそらく、最も初義に近い用法をとる例は、

・堂より基に徂《ゆ》き　羊より牛に徂く〔『詩』周頌《しゅうしょう》・絲衣《しい》〕

あたりではないでしょうか。「且」字は見えないのですが、「徂」「且」通用の字ですから、同様のものとして扱ってよろしいかと存じます。宗廟の祭儀を詠う詩ですが、その設営のために、「堂」から「基」を往来し、牲物の「羊」、さらに「牛」を検分するというものです。ここで「徂」はたしかに歩行をいう動詞で用いられています。しかし、要は、その品詞の別にかかわらず、どれも『経伝釈詞』風にいうならば、「此れより彼に及ぶ」の意を含んでいるということです。それより、これを時間のことに移して、「将なり」の義を得、心意のことに移して、「苟且」すなわち、「かりそめに」の義を得たことが推量されます。「抑揚」の用法もまた、その付加の義を前提とするものとすべきです。

句　法

Q54 ：「受身」の問題

「受身」の句法を示すのに、どうして「見」「為」などの、およそ不似合いな語が用いられるのですか、またそれぞれの用法についてもさらに詳しく説明してください。

A54

漢文の歴史において、古ければ古いほど、形式的な「受身」用法は乏しくなります。ただ動詞のみで示されますから、読み手の文脈理解いかんに任されます。たとえば、

・窟源《くつげん》、既に放たれて、江潭《かうたん》に遊び、行《ゆく》ゆく沢畔《たくはん》に吟ず〔『楚辞』魚父〕

は、助字を伴いません、その歴史的な事実、また後述の内容から推し量って、「受身」として把握しうるのみです。もっとも先秦には、語助を用いて、「受身」用法を整える形式も現れてはいたのですが、以上の二文は、のちに成立したはずのものでありながら、その定式を用いているわけではありません。おそらく古い様式を遺存したものか、でなければ、あえてその定式的な「受身」用法をとらずとも、おのずから、そう理解される必然性が、文脈のうちに含まれていたからなのでしょう。

さて、「受身」用法が定式化されるのは、漢代以降のことです。その定式化された「受身」用法の例を、

まず紹介しておきましょう。

①動詞の後に「於（乎）」字を用いる例

・孟嘗君、斉に逐《お》はれて（＝逐於斉）、復た返反《かへ》る〔『戦国策』斉策〕

②動詞の前に「為」字を用いる例

・手足処《ところ》を異にして、卒《つひ》に天下の笑ひと為《な》る（＝為天下笑）〔『史記』淮陰侯《わいいんこう》列伝〕

・父母宗族、皆戮没《りくぼつ》さる（＝為戮没）〔『戦国策』燕策〕

・申徒狄《しんとてき》、諫《いさ》めて聴かれず、石を負ひて、自ら、河に投じ、魚鼈《ぎょべつ》の食《くら》ふ所と為る（＝為魚鼈所食）〔『荘子』盗跖《とうせき》〕

・暴王、桀《けつ》、紂《ちう》、幽、厲《れい》……身死して天下に戮《りく》せらる（＝為戮於天下）〔『墨子』法儀〕

③動詞の前に「見」字を用いる例

・衆人皆な酔ひ我れ独り醒めたり、是《こ》こを以て放たる（＝是以見）〔『楚辞』魚父〕

・蔡沢《さいたく》、趙に逐はる（＝見逐於趙）〔『戦国策』趙策〕

④動詞の前に「被」字が用いられる例

・私闘を為す者は、各《おのおの》軽重を以て刑せらる（＝被刑）〔『史記』商君列伝〕

・因りて匈奴《きょうど》に破らる（＝被匈奴所破）〔『隋書《ずいしょ》』西域列伝〕

・万乗の国、趙《てう》に囲まる（＝被囲於趙）〔『戦国策』斉策〕

⑤動詞の前に「受」字が用いられる例

・晁錯《てうさく》、戮《りく》を受く（＝受戮）〔李陵「答蘇武書」〕

・十万の衆、制を人に受く（＝受制於人）〔『後漢書』呂布伝〕

以上は、王世賢の主編になる『新型・古代漢語』の分類に拠ったものですが、ここから抽象されることが、一つあります。「受身」が、ほとんど被虐的な内容を述べるのに用いられているということです。言い換えれば、「受身」用法は、願われる事態、望まれる事態を示す場合に用いることが稀であるということです。とくに古くは稀です。しかし、唐代に至れば、

・山瓶乳酒青雲を下し　気味濃香なるを幸《さいは》ひに分かたる（見分）〔杜甫「謝厳中丞送青城道士乳酒一瓶」〕
・昔、彌子瑕《びしか》、衛君に愛せらる（＝見愛於衛君）〔韓愈《かんゆ》「原道」〕
・少《わか》くして才穎《さいえい》を以て称せらる（＝見称）〔『蒙求《もうぎゅう》』巻上・「岳湛連壁」注〕

と、「見」を用いて、願われる事態の「受身」を示す例が、突如、多くなります。とどうじに「為～所」を用いて同義の内容でありながら、

・倶《とも》に太尉王衍《わうえん》の昵《した》しむ所と為る（＝為太尉王衍所昵）〔『蒙求』巻中・「彦国吐屑」注〕

と記述されます。そうして、

・是れに由《よ》りて諸王の聘請《へいせい》する（招く）所と為る（＝為諸王所聘請）〔『孟求』巻上・「馮衍《ふうえん》帰里」注〕

とあり、さらに魯迅の編述にかかる『唐宋伝奇集』の「梅妃伝」にも「明皇に侍し、大いに寵幸さる（＝見寵幸）」と見えます。もっとも杜甫の詩の「見」の用法はかなり「可能」の用法に近いといいましょうが、いずれにしろ「見」「為～所」に限られています。うち、その傾向の強さからいえば、

・衆の疾《にく》む所と為り（＝為衆所疾）、棲遅《せいち》すること十年なり〔『蒙求』巻上・「岳湛連壁」注〕

のように、先掲の「少くして才穎を以て称せらる」の記された、その同じ段で使い分けがされていることからすると、やはり「見」の用法だといえましょう。ともかく、「見」より他の「受身」をいう用字はあいかわらず被虐的な用法を濃厚にとどめているのです。そのことを『蒙求』の文章は顕著に示すものといえましょう。

いきおい、日本においても、その被虐的な用法は顕著です。『古事記』上巻の稲羽素兎の段の「見欺而列

伏之時」には「見」の用法が、また同巻、手間山の段の「其石所焼著而死」には、「所」の用法などが見え、本居宣長『古事記伝』は、前者を「アザムカエテナミフセリシトキ」と訓じ、後者を「ソノトシニアキツカエテミウセタマヒキ」と訓じています。「受身」部分を上代助動詞「ゆ」の連用形を用いて訓じていることになります。ちなみに「ゆ」「らゆ」形の訓読から「る」「らる」形の訓読に変わっていったのは平安中期よりのちのことだと思われます。もっとも「いわゆる」「あらゆる」などの語のうちにその迹を刻んでいるといってよいでしょう。

顧みれば、前者は、わにざめが兎に、後者は大国主命が八十神《やそがみ》にどちらも虐を被る場面です。なぜ、そういうことになるのか、「受身」用法に用いられる漢字「於」「為」「所」「見」「被」「受」の字源に即して考えてみたいと思います。

於：鳥の解かれてしまった羽を縄に架けた象形。それで鳥害を避けようとする、威嚇呪術の一種なのでしょう。それは過酷のことゆえ、「於乎」と連呼して、「ああ」と悲哀の「感嘆詞」として用いることになったのだと推測されます。その語源のうちにすでに、被虐的な印象にとどめている字です。

為：象と手に従う形です。造営のときに利用されたのでしょう。利用する側からすれば、「使役」、利用される側からすれば、まことに過酷な被虐といえましょう。なお『説文解字』巻三下は、その初形、「母猴《ぼこう》(母ざる)」を象るものとしますが、そうならきっと「為」字に「まねをする」の義が、当時すでに定着していたことに理由があろうかと思われます。どのみち望まぬ事態の印象がここにもうかがわれます。

所：祝告の器を収める所、「霊所」です。それを、斤で開く形。そのような場所に人々は、拝跪します。「受身」に用いる所以であろうかと思います。

見：いわば呪眼です。望見、日本の国見にあたる姿態を象っています。その領域全体を支配下に治める儀礼でしょう。それは支配される側からすれば、降服の儀礼ともなりますし、支配者側からすれば、まさに望まれる事態を指すことになります。ここに、「見」が、他の「受身」用語といくらか質を異にする理由が求められようかと思われます。
被：形声の文字。もち上から被覆するものを指しました。のち告発、訴訟を受けることを意味として持つようになります。ここに被謗、被告などという語がうまれます。
受：盤中にものを入れて、授受することをいいます。「さずく」「うく」の相反する意を兼備するものです。
以上、紹介しました語は、すべて表裏性、相反性を、その字源に含む語でした。そして、おおむね負の要素をあらかじめ備えてうまれたことばでした。そのことが、「受身」の用法のうちに、易く吸収された主因ではないかと考えます。

Q55 ：「疑問詞」の用法

「疑問詞」の「何」「胡」「安」がなぜ同じ用法をもつようになったのか、またそれらに相違があるならば、それについても説明してください。

A55

漢文の「疑問詞」は、おおよそ［人を指す語］［事物を指す語］［場所を指す語］併せて三類あろうかと思います。ただ、その区別にはいくらか曖昧なところもあり、交叉し、あるいは重なりあうこともありましょう。まず［人を指す語］に限って説明していきましょう。

常用される語は「誰」「孰」、うち「誰」はとうぜん［人を指す語］ですが、「孰」は［人を指す語］でも、［事物を指す語］でもあります。しかし、両語とも主語として持ちいられるのが一般のようです。「誰」はまた、修飾語にも目的語にもなりえますが、「孰」となると、どうやら主語として用いられるばかりのようです。

＊［人を指す語］

・孟嘗君之れを怪《あや》しみて曰く、此れ、誰《た》れぞや、と〔『戦国策』斉策〕

・天下の害、孰《た》れか大と為さん〔『墨子』兼愛下〕

ただ「誰」「孰」のみならず、「何」もまた、［人を指す語］として用いられ、その例は、主として『春秋』の注釈書に見られ、いずれも述語として現れていることに気づかされます。

・文姜《ぶんきゃう》なる者は何ぞや、荘公の母なり〔『春秋公羊伝』荘公二十二年〕

・孟子なる者は何ぞや、昭公の夫人なり〔『春秋穀梁《こくりょう》伝』哀公十二年〕

＊［事物を指す語］

常用の語として「何」「胡」「曷」「奚」が数えられましょう。うち「何」が最も頻見される語です。その「何」が、文の構成としては、主語、述語、目的語、連体修飾語と多様に用いられるのにたいして、「胡」「曷」「奚」の使用範囲は狭く、すくなくとも述語として用いられる例が見えません。

・孟嘗君曰く、客は何をか好む〔『戦国策』斉策〕

・日や月や　胡《なん》ぞ迭《たがひ》にして微《か》くる〔『詩』邶《はい》風・柏舟〕

その出所からみて、「胡」はきわめて古くからあった表現ではないかと察せられます。

・曷《なん》ぞ久居を此の囲城中に為りて去らざる〔『史記』魯仲連列伝〕

・侏儒、公に見《まみ》ゆる者有りて曰く、臣の夢に践あり、と、公曰く、奚《なん》の夢ぞ〔『韓非子』難四〕

この他、「安」「悪」「焉」などもあり、一般的には、原因、理由を尋ねるおりに用いられます。

・荘子曰く、子は我に非ず、安《いづく》んぞ我の魚の楽しみを知らざるを知らんや、と〔『荘子』秋水〕

・子は子の身を治むる能はざるに、悪《いづく》んぞ能く国政を治めんや〔『墨子』公孟〕

・公曰く、姜氏《きやう》之《ゆ》かんと欲す、焉《いづく》んぞ害を辟《さ》けんや〔『春秋左伝』隠公元年〕

＊〔場所を指す語〕

「安」「悪」「焉」、これらはつねに連体修飾語または目的語として用いられます。

・沛公《はいこう》安くにか在る〔『史記』項羽本紀〕

・居は悪くにか在る〔『孟子』尽心上〕

・且《まさ》に焉くにか土石を置かんとす〔『列子』湯問〕

別に「何」「奚」が用いられます。

・是の三者有り、何《いづ》れの郷にて済《すく》はざらん〔『春秋左伝』昭公四年〕

・子路、石門に宿る、晨門曰く、奚《いづ》れよりする、と〔『論語』憲問〕

本来、「何」は、その字形のうちに含まれる「可」字の義に由来し、「呵責《かしやく》」「誰何《すいか》」などの義から、「疑問詞」として扱われることとなったようです。「胡」は音の仮借、「曷」もまた、屍骨に祈る呪儀に由来し、そこに「疑問詞」として成立する理由があるようでもありますが、「胡」「曷」「奚」いずれも「何」の音に近く、ともども仮借によって、「疑問詞」として用いられることとなったのかもしれません。「焉」もまた呪儀にかんする語であり、「安」「悪」は、その「焉」に音の似るところより、「疑問詞」として慣用されることになったのではないかと考えられます。

Q56 ：「否定詞」について

「否定詞」にはどんなものがありますか、そしてそれぞれの相違点、共通点についても説明してください。

A56

『経伝釈詞』は、「否」「未」「末」「蔑」「不」「非」「匪」「無」「毋」「亡」「罔」「微」の十例を挙げます。他に「弗」「莫」「靡」「勿」をも加えて、早速に意味上の分類をしますと、おおむね、つぎのようになりましょうか。

A群＝『経伝釈詞』によれば「不なり」（～しない）とされる語群：「不」「弗」「否」

B群＝『経伝釈詞』によれば「非なり」（～ではない）とされる語群：「非」「匪」

C群＝『経伝釈詞』によれば「未なり」（まだ～しない）とされる語群：「未」

D群＝『経伝釈詞』によれば「無なり」（～がない）とされる語群：「無」「微」「莫」「靡」「亡」「勿」「蔑」「末」「罔」「毋」

うち、A群に属するものは、行為・動作の状態をじかに否定する語ということになりましょう。B群「非」は判断的に否定する、所定の範囲に入らぬことをいう語。D群「無」は存在を否定し、また事実を否定、さらに事実の存在や物の存在を否定する語だと、要約しておきましょう。ただし、同じD群に属する「莫」には、存在を否定する用法は、ほとんどないのではないかと思います。つまり、「無～者」という言い方はあっても、「莫～者」という言い方は、わずかに「已れに若《し》く者莫《な》きと為す」（『荘子』秋水）と見えるぐらいで、他見しません。一般に「莫有～者」と記されるはずです。右記の分類はあくまで大別であって、そこには、かなり複雑な出入のあること、もちろんです。
確実な点のみ、箇条書きにしてみます。
①「不」と「非」には、分類のとおりの厳密な相違がある。
もっとも、
・陳王は必ずしも六国の後に立たず（＝非必立六国後）〔『漢書』陳余《ちんよ》伝〕
において、顔師古の「注」が、「非は不なり」とするように通用する場合もなきにしもあらずですが、一般的には、たとえば、
・惻隠《そくいん》の心無きは人に非ず、羞悪の心無きは人に非ず〔『孟子』公孫丑上〕
のときに、「不」を用いることは不可能です。「非」を「実用」の字、「不」を「虚用」の字と分類しうる所以でもあります。
②禁止を示す字として常用されるのは、「無」「莫」「勿」「毋」である。
③「不」が禁止を示す字として用いられることはきわめて乏しい。
言いうることは、ここまでぐらいだと思われます。
②の例としては
・己れの欲せざる所を、人に施すこと勿《な》かれ〔『論語』衛霊公〕
・酔ふて沙場に臥すも君笑ふこと莫《な》かれ　古来征戦幾人か回る〔王翰《おうかん》「涼州詞」〕
などでしょう。「勿」「莫」にそれぞれ、「な〜そ」の和語形式を用いた訓点もあったほどです。もっとも、「勿」は漢文では、婉曲的な用法ではなく、おおむね強い禁止をいうもののようです。

ところが、これらの「否定詞」について、逐一、意味の相違を説こうとしたのが、皆川淇園『助字詳解』です。

「弗」：向フニテ其ガ行キザマガトマルヤフスヲ其内ニモツコトニシテユクコトニナルト云フ意
「不」：左様ニ往クコトニ名付ルコトガ其処ニ付カヌト云ココロニテ不ノ字ヲ用タルモノナリ
「未」：其ノ事ノマダ左様ニナラヌヲ語ル字ナリ
「非」：其執アツカヒ為ストコロノ物事トハ筋ガ違ヒテアルコトヲ語ルニ此非ノ字ヲ用ユルコトナリ
「無」：物ノ其処ニツクコトナクシテ其処ノアルヲ無ト云
「毋」：無キコトニシテサテソレニシテユクコトナリ

縷々、述べるのですが、理に泥《なず》みすぎたきらいがあります。そこほどまで厳密を要求することもないでしょうが、要は、字を異にする以上、そこには、かならず微細ではあれ、意義の差異がなければならぬという観点に立つことだったのです。こうして、盲目的に「不」は「弗」に同じく、「無」は「毋」に同じと高をくくってしまう読者の怠慢が一蹴されます。

語源的にいえば、「亡」は死骨、「勿」はお払い用の吹き流し、「末」は木梢、「没」は水没、「莫」は暮の初形、いずれも「消滅」の義を含んでいます。そのことによって一系列を成してもいるのでしょうが、じつは「否」「未」「蔑」「不」「非」「匪」「無」「毋」「亡」「罔」「微」「弗」「末」「莫」「靡」「勿」に通じている点こそ、すべてが唇音（f・d・m音）にはじまる語であるという事実です。そのことが一系列の「否定詞」群を形成した理由だと考えられます。

Q57 :「使役」について

「使役」の語、「使」「教」「令」「遣」それぞれに微妙なニュアンスの違いを覚えるのですが、

A57 それをことばで表現できないじれったさが残ります。解消してください。

『世説新語』賢媛に、「使」「令」の二語の使い分けられている箇所がありますので、それから具体的に述べるつもりです。

・王渾《わうこん》の妻、鍾《しょう》氏、女を生みて、令淑（しとやか）、武子（晋・王済のこと）、妹の為に美対（よき配偶者）を求簡する（選ぶ）も、未だ得ず、兵家の子有りて、儁才《しゅんさい》有り、妹を以て之に妻《めあ》はさんと欲し、乃ち母に白す、曰く、誠に是れ才ある者ならば、其の地（家柄）遺《わす》るべし、然《しか》れども要《かなら》ず我れをして見せしめ（＝令）よ、と。武子、乃《すなは》ち兵児と群小とをして雑処せしめ（＝令）、母をして帷中《ゐちゅう》より之れを察せしむ（＝使）

ところで、皆川淇園の『助字詳解』巻三では、「使」「令」を含む「使役」の助字、併せて五字の語法の相違が「詳解」されています。たとえば「使」は「其向カフニ旁ヒ行カスベキスヂヲ目ガケテ物ヲソレヘハタラカスコトニシテユカスココロニテ、精神ヲ専ハラ其ユカスベキスヂニ属シテ居ルココロアリト知ルベシ」と冗長ともいえるほどに説明されます。「令」についても、「ソレガ内ヨリナシクルコトヲ、此内ノモノニシテ、ソレガ方カラスルコトニスハラスト云フココロニ用ユ」として、さすがに不明瞭を覚えたのか、「略シテ言ヘバ、ソレニナラセ、其事ヲサセルト云キミナリ」といつにない要約を試みます。おそらく『助字詳解』は、「使」には「道理（性）」が、「令」には「作為（性）」のイメージが、それぞれ濃厚である旨を語っているかに見えます。淇園の言を借りれば、「令ハ向フ内ニテ、ソレガソレニナリユクヤフニナラセルコト」であり、「使ハソレガスヂニユクヤフニソレヲカケテサセルコト」であると区別されます。これもまた厄介な口調ですが、大体、「令」が、こちら側からむこう側に作為する意をもつのにたいして、「使」は、道理に合う立場に自然にもってゆく、といった程度の相違ということになりましょうか。じっさい、『世説新語』

において、母は「我をして見せしめ（＝令）よ」と、武子の「作為」を望み、「兵児と群小とをして雑処せしめ（＝令）」と、あえて、「作為」を謀っていることが分かりましょう。それに較べて、「母をして帷中より之れを察せしむ（＝使）」は、母の要求する「道理」に従って、自然に、その行為に移らせた、ほどの解釈が成り立ちましょう。淇園の言いぐさには、隔靴掻痒の感が否めないのですが、趣旨はまず、こういうことであろうし、その識別の法には、的確なものがあろうかと思います。

「遣」の説明は、「向フノ内ニトマルヤフニシテ、其ノ内ノ方ヘハナレヤルノコトニシ、ハリ合スト云ココロ」となります。要するに、手放して、向こう側に帰着させる意、「移動（性）」を示すものでしょう。「教」は、もとより教育の義ですから、「其物ヲバ、コレヲスルコトニナラセルトイフコト」となります。「使役」の対象みずからに、なにがしかの行為、動作を起こさせることをいいましょう。まことに教育の本質たる「自主（性）」を促す語ということになります。

以上の視点にもとづいて、それぞれの語法を検証することにしましょう。

・季子、閔子騫《びんしけん》をして費の宰と為《な》らしむ（＝使）、閔子騫曰く、善く我が為に辞せよ〔『論語』雍也〕

閔子騫の望む身分ではないのですが、季子からすれば、徳行の人・閔子騫には恰好の職であるという確信があればこそ、「道理」として勧誘しているのです。淇園いうところの語法に、「使」は充当しています。このとき、「費の宰と為らしむ」というのは、そのことが確定したということを、かならずしも意味するものではありません。もとより「使」には「もし」と訓じる「仮定」の要素が含まれており、そのことからすれば、将来形に属する語ともいえます。よって閔子騫が「善く我が為に辞せよ」と訓謝する余地が残されているのです。

・楚の荘王、陳を伐《う》たんと欲して、人をして之れを視しむ（＝使）〔『説苑《ぜいえん》』権謀〕

これも、征伐の前提の「道理」として、「使」が用いられている例です。

「令」の場合、

・臣請ふ、君の為に之れを数《せ》め、その罪を知らしめ（＝令）て、之れを殺さん〔『説苑』正諌《せいかん》〕

と、ほぼ懲罰的な「作為」としかいいようがありません。

「遣」については、

・乃ち張良をして往きて信を立て、斉王と為さしむ（＝遣）〔『史記』淮陰候《わいいんこう》列伝〕

まさに、張良を向こう側へ「移動」させて、そこで斉の王に即くことを画策するのです。淇園の説く「遣」の語法に叶うものといえましょう。

「教」を用いる例としては、

・今、魚、方《まさ》に別れて孕めるに、魚をして長ぜしめず〔『国語』魯語上〕

などがありましょう。これを淇園ふうに述べれば、あたかも、「其ノ魚ヲバ、生長スルコトニナラセルトイフコト」をさせない、となりましょう。魚の「自主（性）」を塞いでしまおう、という趣旨です。

これらことごとく『助字詳解』の見解で適用されてよいものと考えられます。また、その説は字源のうえからも、穏当のことかと思います。「令」は、冠をつけ、跪いて神意を聴く姿、それを政治のことに移して為政者の側に視点を置けば、政令を下す意を得ます。それは、もはや「作為」の様式といえましょう。「使」は「事」の初めの形、祝禱の器を奉じて、それぞれの地で祭りを行う意、それは、神の司る「道理」として、なすべき事を課すことにほかなりません。「遣」は、祭肉を携えて、軍隊を派遣する義が、もともとの意味でした。それは、他所へ向かう行為ゆえに、此から彼への「移動」を、本来はいうもののはずです。「教」の字の左上部は、もと校倉造り形式の学校を象ったものです。右上部は、棒状あるいは鞭状のものでしょうか、ともかく、それをもって少子を鞭撻する形を表しています。教権を行使し、その学生に、「自主（性）」を奮起させることを初義とするものでしょう。これら、いずれも、淇園の説くところの語法と抵触するものではありません。

やがて、これらの差異は消え、「使」「令」「遣」「教」は一律に「使役」の語として用いられることとなります。なかでは「教」が、とくに詩や俗語のうちに、もっとも頻用されます。そうしてついには、現代中国語において、「使役」の語は、もっぱら「叫」「譲」などの語に吸収されるに至るのです。

Q58 ：「再読文字」の用法

教科書や参考書は、一応、再読文字として「将」「且」「当」「応」「須」「宜」「盍」「猶」などを挙げ、それぞれの用例を示しているのですが、他にもあるらしく聞いています。ただ用例については見たことがありません。それらの語について述べてください。

A58

おっしゃるところの再読文字とは、すなわち、「容」「合」、そして「由」ということなのでしょうが、さきに言わせていただくと、すくなくとも受験には出題されている、ということです。そのことの理由のみで、学習の必要性を説こうとするのではありません。ただ「容」「合」ならびに「由」が、それぞれ「まさニ～ベシ」、「なホ～ゴトシ」と訓みうる事由、経緯ほどを教示されるなら、あとは生徒の応用力を待つことでよろしいのではなかろうかと思います。なお、それで不安が残ればとの前提で、「容」「合」「由」について述べたいと思います。

「容」については、

・五降の後、容《まさ》に弾ずべからず〔『春秋左伝』昭公元年〕

音調の五声が、尻窄みになったあとは、もはや演奏できない、というほどでしょう。

・宮省の内に、容に陰謀有るべし〔『後漢書』李固伝〕

ともに本来、受け容れがたいことをいう場合に用いられているようです。もと、「容」は「欲」と、その字形、その音において近似するものがあったらしく、神容に接する状を象っていましょう。それはまた神容に接する期待をいうことから、「願望」の意をもち、ゆえに「当為」の義を示す「応」「当」に通うこととなったと考えられます。それで「打消」の語を伴うときは、強い「否認」を示すことになったのでしょう。

『新字源』は、「助字解説」に、

・受命の符、合《まさ》に此こに在るべし〔『史記』司馬《しば》相如《しょうじょ》列伝〕

の一文を引いて、「当にほぼ同じ」とするのですが、なぜ「同じ」になるのかを説きません。おそらく「当」「合」に共有する条件は見いだしがたく思われます。臆測を述べます。「合」は、「合意」の意味をもち、ゆえに、その義をもつ「答」字に通じます。もとより、その字形にも近似するものがあるからです。「答」は、また「応答」と熟字される字ですから、それより、「合」も、「応」と同様に、「まさニ～ベシ」と訓む再読文字として用いられることになったのではなかろうかと察せられるのです。「合」は、むしろ「応」「当」いずれにも通用することをいうものでなければならないでしょう。「応」と「合」、連言されることがあるのは、あるいは、その関係の深さにおいてのことであるかもしれません。同訓の「当」と同格になりえたのは、そののちのことと考えるのが穏当のようです。それで、「推量」「当然」の意を兼ねうるのです。

・居る者は出でず、行く者は止まる　午市合に人衢《ちまた》を空しうすべからず〔王令《おうれい》「餓者行」〕

王安石にその才を見いだされたという北宋の詩人・王令の律詩です。きっと大雪だからといって、昼日中、人影すらもない、というわけではないはずだ、として、「推量」の意をとってもよいでしょうし、あるいは、そうあるべきではない、として「当然」の意をとることも可能でしょう。

・桑穀（桑と楮の木）は野木にして、合に朝（朝廷）に生ずべからず、意《おも》ふに国亡《ほろ》びんか〔『孔子家語』五儀解〕

もっともこれを「朝に生ずべからず」として、再読しない説もないではありません。それでも「当然」の義であることは明瞭です。

・人を畏れて小築を成す　褊性《へんせい》（へんくつ）合に幽棲《いうせい》すべし〔杜甫「畏人」〕

・賢父を以て孝子を御せば、合に天性に終るを得べし〔『顔氏家訓』後娶〕

いずれも、ほぼ「当然」の意を汲んでいるようです。

ただし、申しましたように、「容」「合」は、ともに「べし」とのみ訓むことも可能であり、その「副詞」的な重さでは、「応」「当」に較べて、あるいは軽いものがあるかもしれません。

ついで、「由」の用例を挙げましょう。

・誠に是《か》くの如くんば、民、之れに帰するは、由《な》ほ水の下きに就きて沛然《はいぜん》たるがごとし〔『孟子』梁恵王上〕

他に、より「比況」の用法として明らかな例として。

・智は譬《たと》へば、則ち功なり、聖は譬へば、則ち力なり、由ほ百歩の外に射るがごとし〔『孟子』万章下〕

「由」は、「you」、音通じて、「猶」の意を得ます。「由」は、もと実の熟して油状になったものをいうらしく、「猶」の意をとるのは、もちろん「仮借」によってのことです。ただ、訓読においては、すでに『名義抄』に「ナホシ、ゴトク」などの訓のあるところから、再読文字の用法は古くに遡りうるのではなかろうかと推測されます。

以上、「容」「合」「由」などの再読文字について触れてきましたが、その初義においてそうなりうる可能性を伴いながら、いずれも、「仮借」によって、その用法を得たものと要約してよいと思われます。そうなら、「容」「合」を「当」「応」と同一、「由」を「猶」と同一の語として把握して問題はないはずです。

Q59 ：「而」について

なぜ「而」が、「接続」の用法をとるのに至ったか、またはじめから、「順接」「逆接」の別があったのか、説明してください。

A59

『(馬氏)文通』が「連字」すなわち「接続詞」とする「而」について述べたく存じます。

・良医は病人の死生を知り、而して聖主は成敗の事に明らかなり〔『史記』范雎蔡沢《はんしょさいたく》伝〕

訓は、「しかシテ」、また「しかウシテ」。

・学んで(而)時に之れを習ふ、亦た説《よろこ》ばしからずや〔『論語』学而〕

訓をもたず、前の語の送りがなとして、「テ」「デ」を施す例。

・故に或いは合して(而)復た分かれ、或いは遂に以て国を滅ぼす〔『孟子』梁恵王上〕

訓をもたず、前の語の送りがなとして、「シテ」を施す例。同様の例に、

・祝鮀《しゅくた》(春秋期、衛の人)の佞《ねい》(弁才)有らずして(而)宋朝(春秋期、宋の人)の美有るは、難きかな、今の世に免れんこと〔『論語』雍也《ようや》〕

とみえます。もっとも朱熹《しゅき》の新注に従うなら、

・祝鮀の佞有り、而《およ》び宋朝の美有らずんば、難《かた》きかな、今の世に免れんこと〔『論語』雍也〕

と訓ずべきところです。王引之『経伝釈詞』巻七の「而は猶ほ与なり、及なりのごとし」に当たりましょ

う。これなら、「順接」法というより、むしろ「並列」の用法に見立てられてもよいものです。

訓をもたず、前の語の送りがなとして、「ニシテ」を施す例。

・人毎にして（而）之れを悦ばさんと欲せば、日も亦た足らず〔『孟子』離婁下〕

ついで、「逆接」法の例では、

・梁王曰く、先生、一妻一妾有り、而して治むる能はず、と〔『列子』楊朱〕
・仲尼（孔子）の智を以てして、而も実を失ふの声有り〔『韓非子』顕学〕
・上を犯すを好まず、而るに乱を作《な》すを好む者、未だ之れ有らず〔『論語』学而〕
・其の生為《た》るは異なりと雖も、而れども死賜るは則ち同じ〔欧陽脩「送徐無党帰南序」〕

いいうることは、こう訓むのが習慣であって、けっして定訓というわけではないということです。しかも日本のように、「接続」詞と「接続」助詞との別も厳密でない以上、その訓にかんしては、より柔軟な態度で望んでよいかと存じます。ただ「而」が、名詞と名詞とを「接続」することはほとんどなく、一般に後文の「述語」格に「接続」するものであることは、理解されておくのがよろしいでしょう。

「而」の字形は、結髪しない人の立身形を象るらしく、「需」「儒」ともに、その字形を含むことから、雨乞いの儀をいう字であることが分かります。もっとも、それを「接続」の助字に用いるのは、その巫祝のこととはまったく関係なく、のち仮借して「乃」、あるいは「然」の義をもったのでしょう。古く「乃」「然」「而」は、その音に類似するところがあったからだと考えられます。「乃」を借りて「接続」法、「然」を借りて「逆接」法を得たのではないかとも推察されます。その用例の数からいえば、「順接」法をとる場合が多いように思われます。

劉淇《りゅうき》『助字辨略』巻一は「而」を釈して、おおよそ二十種の用例を挙げますが、うち「接続」の用法としては、四種、「上を承け、下に転ずる語助の辞」「語辞」「転語」「猶ほ乃のごとし」の用法と文例を収めています。日本の訓に当てはめてみれば、「ニシテ」「シテ」などと「順接」法を指すのが、「上を承け、下に転ずる語助の辞」。「テ」と前句に送りがなを添えるものが、「語辞」。「逆接」法、ないし話題の転換を示すのが、「転語」。「しかうシテ」と強く前句を確認し、接続する「順接」法が、「猶ほ乃のごとし」に、それぞれ対応しましょうか。しかし、『助字辨略』は、その用例を挙げるにとどまっており、けっして「而」の本義に言及しているわけではありません。それについては、むしろ皆川淇園『助字詳解』が能弁に語るところです。「此幽明ノカスガヒニテ、幽明ヲ併セテモタスルタメニ、用ユル文字ナリト思フベシ」と、端的に定義したうえ、「本邦ノ助辞ニ用ユルシテト云フ語ノ次々ヲ立テユクタメニ用ユルトハ、全体ノ趣相異セル字ナリト心得ベシ」と述べます。たんに機能的に「接続」する語などではない、というのです。かりに、

・学んで（而）時に之れを習ふ、亦た説《よろこ》ばしからずや（『論語』学而）

を例に挙げて、皆川淇園流に説くなら、「学」は、すでに学んだという既往の体験を指すのだから、眼前のことではない、したがって、その部分は、「幽」にあたる、ところが、「時習之」は、まさに、当面のことであるから、「明」に当たる、その「幽」と「明」を「而」がつないでいるのだということになりましょう。言い換えれば、前句を確認し、それを内に溜め、その前提のもとで後句を読み手の眼前に提示する用法であると要約されます。奇抜にして、しかし要を得た解釈というべきです。この発想に従って、

・北冥に魚有り、其の名、鯤《こん》と為す、鯤の大いなること、其の幾千里なるやを知らず、化して（而）鳥と為る、其の名、鵬《ほう》と為す（『荘子』逍遥遊《しょうようゆう》）

の句を考慮するなら、まことに「鯤」の巨大なることの確認が、「而」によって促され、その前提において、にわかに「鵬」なる鳥が、眼前に出現するかのようです。つまり、ひとたび、眼底に、「幽《かく》」れ収められた「鯤」の像のうえに、いま「而」の発動によって、眼前に、「鵬」の像が「明」らかとなるのです。いきおい、「而」は話題を重層する語となります。ここに、「順接」法の契機を見いだすことができましょう。しか

し、また「而」は話題を転換する語であるともいえます。それなら、「逆接」法の契機をそこに見てよいと考えられます。

たしかに『助字辨略』の論述は用例も少なく、しかも多く直感に負うところのものでありながら、きわめて示唆的な見識を呈示しているといえるのではないでしょうか、このとき、おそらく「而」字の訓などは、その本義からすれば、不問に付してよいほどのものと理解されているようにも思われます。

Q60：「反語」、「疑問」

「反語」と「疑問」を識別する簡便な方法はないものでしょうか、紹介してください。

A60

「反語」「疑問」なるほど形式的には区別がつきません。ただし、すでに訓読されている場合なら、そこにかなり明確な識別が可能でしょう。和文でいえば、おおむね、「か」がくれば「疑問」、「や」がくれば「反語」、しかも、「は」を添えて「かは」「やは」となれば、それで、ほぼ「反語」と確定しうるように、訓読文においても一応同様に考えてよろしいかと存じます。もう少し具体的にまとめるなら、おおよそつぎのようになりましょうか。

1 「疑問」の場合は、体言、連体形に接続して、終尾詞を「か」と訓むか、あるいは終止形に接続して「や」と訓む。終尾詞がなければ、送りがなとして、その例に従う。ただし、疑問詞に「か」を付けて訓むなら、その結びは終止形とする。

2 「反語」の場合は、一般的に用言の語尾を「未然形」にして、「ん」を加えて結ぶか、または、そのうえに終尾詞の訓として、あるいは送りがなとして「や」を添える。

しかし、どうやら、ご質問は、訓読された文における識別ではなく、訓読されていない文における識別にかんすることだと思われます。極言すれば決め手はない、といわざるをえません。

楊樹達『高等国文法』は、中国文法学の先駆、馬建忠『文通』の影響を受けながら、その不備を補正して成った書ですが、そこでは、「何」「安」「悪」「焉」は、「疑問代名詞」「疑問形容詞」「詢問副詞」として挙げられます。このとき、「詢問」とは「反語」と「疑問」を兼ねるものであり、そこに明確な区別をほどこしているわけではありません。しかし、「伝疑副詞」を扱う項目があり、そのうちに、「反詰的疑」なる分類名が見えます。日本の「反語」は、それに相当するかのようです。もっとも、そこには、「豈」「寧」「庸」などの語は見えても、「何」「安」「悪」「焉」は収められていません。もともと『高等国文法』の期するところは、「語」の職能における分析、分類であって、「意味」自体を詳細に検証しているわけではありませんから、やむをえないことと観念せざるをえません。しかし、「豈」「寧」「庸」などは、本来、ほぼ「疑問」の語法をもたないことから、「反語」すなわち「反詰的疑」のうちに収めることができたのでしょう。ところが、「反語」「疑問」いずれにも通ずる「何」「安」「悪」「焉」などの語にかんしては、あえて、その厳密な識別を避けているかのごとくです。すくなくとも疑問詞だけから、その「反語」「疑問」の別を判定する根拠は見いだしえません。もっとも終尾詞については、「乎」「與（与）」「哉」「邪」「歟」「耶」の語を、「反詰的疑」として収め、かつ、その用例を挙げてはいるのですが。

ほんとうは、「疑問」と「反語」には、本来、決定的な差異はない、と考えるべきかもしれません。「反語」は、おそらく「疑問」の否定用法と見なされてよいものです。「疑問」を発するとどうじに、その効果が強化されるとき、それが、反転し、そこで「反語」が生まれる、そう考えてもさしつかえないと思われます。「反語」は「疑問」のうちに包まれている、というわけです。それですから、おのずから一のものであって、けっして二のものではありません。その発生の原理からして、別格の語法ではなかったのです。しかし、強いてその識別を試みるならば、やはり、その用例から帰納的につかみうる、いくつかの照準を指し示すことは可能ではないか、そのような思いで、以下、論じてみましょう。

Ⅰ「疑問」

＊疑問詞のみを用いる例

・哀公、問ひて曰く、何を為さば則ち民服せん、と（何）〔『論語』為政〕

「哀公」の質疑です。

・主曰く、婦人、何をか能くす、と、曰く、能く織《しょく》す、と（何）〔『捜神記《そうしんき》』〕

これも「婦人」の回答を期待しての発言というべきです。

・衛の君、子を待ちて政を為さば、子、将《まさ》に奚《いづ》れをか先にせんとす（奚）〔『論語』子路〕

「子」は、呼びかけの語です。

＊他字と複合して、疑問詞を用いる例

・君、海に遊びて之れを楽しむ、臣の国を図《はか》る者有るを奈何《いかん》せん（奈～何）〔『論語』子路〕

もちろん、呼びかけは「君」にたいしてのもの。

・夫子、何為《なんす》れぞ弓を執《と》らざる（何為）〔『孟子』離婁下〕

客観的に理由を「先生」に尋ねているところです。

＊終尾詞のみを用いる例

・汝、夫の螳螂《たうらう》（蟷螂《かまきり》）を知らざるか（乎）〔『荘子』人間世〕

呼びかけは「汝」に。

・君子は多ならんや（多能であるべきだろうか）、多ならざるなり（乎哉）〔『荘子』人間世〕

呼びかけの語こそ見えませんが、一種の自問自答というべきです。内なる対話が成立しています。もとより「君子は多ならんや」は、「多ならざるなり」と回答として誘う「疑問」と考えるべきです。

・子禽、子貢に問ひて曰く、夫子の是の邦に至るや、必ず其の政を聞く、之れを求めたるか、抑《そもそ》も之れを与えたるか（歟）〔『論語』学而〕

質問の文であること無論です。しかし、うち「与～抑～与」の構文、すなわち「比較」「選択」を迫る文ですので、「疑問」としなければなりません。

・子は三閭《さんりょ》大夫に非ずや（歟）〔『楚辞』魚父〕

「魚父」が、落魄した屈原に問いかける段です。

＊疑問詞と終尾詞を合わせて用いる例

・子、奚《なん》ぞ哭することの悲しきや（奚～也）〔『韓非子』和氏《かし》〕

たしかに感情の発露をいう場合には「反語」法をとる事例が多いのですが、呼びかけの「子」がありますから、「疑問」としてさしつかえないでしょう。

・先生、何為《なんす》れぞ此の言を出だすや（何為～也）〔『孟子』離婁上〕

いずれも呼びかけの語のあること、自明です。

Ⅱ　「反語」

＊疑問詞のみを用いる例

・子曰く、未だ生を知らず、焉《いづく》んぞ死を知らん（焉）〔『論語』先進〕

子路の質問にたいする回答であり、「未だ生を知らず」という根拠をもって、「焉くんぞ死を知らん」は判断されているのです。「反語」であるはずです。

・夫子、焉くにか学ばざらん（焉）〔『論語』子張〕

この場面をいささか詳しく述べてみます。衛の公孫朝が、子貢に「仲尼、焉くにか学べる」と尋ねたとき、その応答として、この一節は見えます。「孔子はどこで学問されたのか」（「疑問」）と尋ねられて、孔子の弟子・子貢が「先生はどこででも学ばれました」（「反語」）と答えたという情景です。公孫朝の発言が、その回答を要求してのものであることから、その用法は「疑問」となります。同じく「焉」を用いながらも、子貢の発言は、回答であって、つぎの回答を待つ気配がありません、そこで「反語」として扱うことになります。

・聞道《きくなら》く梅花早しと　何ぞ此の地の春に如《し》かん（何）〔孟浩燃「洛陽訪遠拾遺不遇」〕

「どうして洛陽の地の春の趣に及ぼうか」と、詩人・孟浩然が価値判断しているのです。

・蛇、固《もと》より足無し、子、安《いづく》んぞ能く之れが足を為《つく》らん（安）〔『戦国策』斉策〕

たしかに「子」への呼びかけにはなっています。しかし、発言は、かえって結論をいうものであることが分かります。「蛇、固より足無し」が、その根拠となっているからです。したがって、「反語」として、「足を描けるはずがない」と訳すべきところです。

＊他字と複合して、疑問詞を用いる例

・此れに対して如何《いかん》ぞ涙垂れざらん（如何）〔白居易「長恨歌」〕

悲痛を述べるものです。

・臣、何為《なんす》れぞ憂へん（何為）〔『戦国策』秦策下〕

自己の悲哀を確認しています。

＊終尾詞のみを用いる例

・悲しいかな、勢ひの人に於けるや、慎《つつし》まざるべけんや（與）〔『史記』楚世家〕

感慨が、否定に反転した例でしょう。このように強い感情を表現する文は、多く「反語」の形式をとるようです。むしろ、そのような表現は、たとえば「何ぞ憂へざらんや」「何ぞ哀しまざらんや（おいたわしや）」「何ぞ淑からんや（ご愁傷さま）」などのように、失意や悲哀をいう定型的な辞例となったものと思われます。いいかえれば、定型句として昇華したものに、「反語」は多いともいえましょう。

・斧斤《ふきん》もて之れを伐《き》る、以て美と為すべけんや（乎）〔『孟子』告子上〕

いわば美観を主張しているのです。

・我れ其《そ》れ、老耄《ろうぼう》して、子孫を念《おも》はざらんや（哉）〔『漢書』疏広《そこう》伝〕

これまた、感情の表白です。

＊疑問詞と終尾詞を合わせて用いる例

・燕雀、安んぞ鴻鵠《こうこく》の志を知らんや（安～哉）〔『史記』陳渉《ちんしょう》世家〕

「燕雀」など小動物に、その博大な精神は、理解しうるはずもありません。そのまま「否定」的な言説ということになります。よって「反語」。

・之れを如何《いかん》ぞ、其れ斯《こ》の民をして飢ゑて死せしめんや（如～何～也）〔『孟子』梁恵王上〕

決意を語る場面です。

・吾れ、何為れぞ不豫《ふよ》なら（不愉快な）んや（何為～哉）〔『孟子』公孫丑下〕

自己の心情を述べています。

・伯楽《はくらく》、善く馬を知ると雖も、安《いづく》んぞ能く其の群を空《むな》しうせんや（安～耶）〔韓愈「送温処士赴河陽軍序」〕

往昔の人・伯楽に「疑問」を放つわけにはいきません。これも「反語」。

以上をもって、抽出しうる照準を示させていただければ、

1　他者に対してのもの、自己に対してのものにかかわらず、そこに対話、会話が成立しているなら、「疑問」の傾向が強い。

2　応答の文が後続すれば、むろん「疑問」と考えてよい。
3　「比較」「選択」の文脈においては、「疑問」となる。
4　「何淑」などの定型句ならば、「反語」の傾向があるとしてよい。
5　強い感情、強い決意が述べられている文脈においてなら、「反語」とみてよい。
6　指示対象、指示主体が、現実的に回答しえないものなら、「反語」となる。
7　前後に、理論的な根拠が明示されているなら、「反語」となる。
もちろん粗雑な要約でしかなく、これを確定的な照準であるとは、もうとう思っていません。ただ「疑問」「反語」を識別するさいの、一参考資料に供したまでです。

Q61：「全部否定」、「一部否定」

「全部否定」と「一部否定」とは、なぜ、またどうして区別されるのですか、説明してください。

A61

そのことは、もっぱら副詞と否定詞との位置関係によって規定されるといってよいでしょう。まず一般の参考書が例として挙げる、「必」「常」「倶」「復」「再」「尽」「甚」「両」「並」「重」などの副詞にかんして具体的に検討することにいたしましょう。

・欲をして必ず物に窮せず、物にして必ず欲に屈せざらしむ（必不〜）〔『荀子』礼論〕

「全部否定」で、「きっと〜しない」。

・師は、必ずしも弟子よりも賢ならず（不必～）（韓愈「師説」）
「一部（部分）否定」で、「かならずしも～とはかぎらない」。このとき、「必」は「必ずしも」と訓ぜられます。否定詞が「不」であろうと、「未」「無」「莫」「非」であろうと、同様に処理されます。また否定詞が伴わず、反語形式として、「何」などが置かれても、それを否定法の一種と考えますから、これも同じ扱いにします。もとより「必」に限らず、ほかの副詞においても、そのことは通用しましょう。

しばらく引例をつづけます。
・之れを種《う》うること、常に時に及ばず（常不～）（蘇軾《そしょく》「稼説」）
「全部否定」にして、「いつも～しない」。
・車胤《しゃいん》、幼くして恭勤博覧、貧にして常には油を得ず（不常～）（『晋書』車胤伝）
「常」は、「一部否定」では、「常には」と訓じ、「いつも～とはかぎらない」。
・籠鳥檻猿倶《とも》に未だ死せず（倶未～）（白居易「山中与元九書因題書後」）
「全部否定」で、「どちらも～しない」。
・力は以て二主に適《かな》ふに足らず、其の勢、倶には適はず（不倶～）（『韓非子』姦劫弑臣《かんきょうしいしん》）
「倶には」とし、「一部否定」。「どちらともを～するわけにいかない」、つまり、力は、いちどきに二人の主人に適応しえないのだから、なりゆき、どちらか一方だけにしか適応できない、といっているのです。あと、「両」の用例のみを挙げておきます。
・相ひ看て両《ふたつ》ながら厭《いと》はず　只だ敬亭山有るのみ（両不～）（李白「独坐敬亭山」）
「どちらも～ない」。お互いに飽きないのは、敬亭山だけだ、の意。
・燕、秦、両ながらは立たず（不両～）（『史記』刺客列伝）
「一部否定」で、「どちらも～することはできない」。

ちなみに「一部否定」の訓をいえば、「復」は「全部否定」のときと同じで「復た」、「再」は「再びは」、「尽」は「尽くは」、「甚」は「甚しくは」、「両」は「両ながらは」、「並」は「並びには」、「重」は「重ねては」とします。

まとめますと、「全部否定」は、語順が、副詞＋否定詞、「一部否定」は、否定詞＋副詞であることが分かります。しかし、以上のことは先刻に周知のところと存じます。なぜ語順の交替のみで、「一部否定」、「全部否定」、それぞれ意味が異なってくるのか、伊藤東涯『用字格』に従って説明を加えます。その書は、その大半を「不」の用法にかんする記述で占めるのものですが、そこに、鮮やかに「一部否定」、「全部否定」の区別をなす部分が見えます。たとえば「不必、必不ノ二法、甚ダ差別アリ、必不ト云フハ一概ナル詞、決定シカラズト云フコトナリ、不必ト云フハ、二半ナル詞」とし、具体的には、

・言有る者は必ずしも徳有らず（不必～）〔『論語』憲問〕

は、「言アル人ニ徳アルコトモアレドモ、必ズ一概ニ徳アルトイワレズ」と解します。東涯の口吻に倣えば、もっとも前に置かれる字に「力アリ」ということになるのです。この場合は、「不」に力点が置かれ、かならず徳のあるということが、結局は「不」によって否定される用法と考えるのです。もし、「言有る者は、必ず徳有らず（必不～）」であれば、「必」が「力アリ」ですから、さしずめ、徳のないことが、「必」によって必定のことだとされる用法となりましょう。これに拠りますと、こなれの悪い解釈になることを懼れずにいえば、「常不～」ならば、「～しないことがいつもである」、「不常～」ならば、「いつも～するということはない」、「倶不～」ならば、「～しないことが、どちらもだ」、「不倶～」ならば、「どちらも～するということはない」とでもなりましょうか。

この見識は、ほかのいずれの「一部否定」、「全部否定」の用法に応用されていいかと思うのです。じつは、東涯のこの発想は、否定用法の問題にのみ即して得られたのではなく、副詞（助動詞）＋否定詞、ある

いは、否定詞＋副詞（助動詞）の語順をとる用法全般を対象として得た知識であったのです。その語順の差によって意味の差が生じるもの、生じないものを、逐一、用例を求め、検証していきます。そうして、意味の差が生じる例の一部が、いまいう「一部否定」、「全部否定」に当たっているといえるだけです。

「一部否定」、「全部否定」を識別するさいには、ちょうど東涯が基準に置いたように、それが否定用法であれ、ないにしろ、ともかく先行する漢字が、それにつづく漢字をつぎつぎに包んでいくという漢文の構造を前提として、つまり「入れ子」式の構造として読みとっていくことが有効な方法での一つではないかと思われます。それはまた伊藤東涯自身の提案趣旨でもあったはずです。

Q62 ：「曽未～（曽不～）」、「未曽～（不曽～）」

「曽未～（曽不～）」と、「未曽～（不曽～）」とは、どうも「全部否定」と「一部否定」との識別法に当てはめて解決することができない複雑さがあるようです。説明してください。

A62

「未曽有」なる熟語があります。これを、「全部否定」と「一部否定」の識別法で処理すれば、否定詞が先行しますので、「一部否定」の用法と判断されるはずです。しかし、その語は、どうしても「かつて全くなかったというわけではない」などという「一部否定」的な意味に解することは不可能です。

ちなみに「未曽～」は、「いまだ、かつて（すなはち）～ず」、「曽未～」は「かつて（すなはち）いまだ～ず」、「曽不～」「不曽～」の訓はともに、「かつて（すなはち）～ず」。なお、「かつて」は、「かって」と促音にして訓むことはありません。

それでは、用例に従って、その句法の相違を整理してまいります。
・賢を緩《ゆる》め、士を忘れて、能く其の国を存す者、未だ曽《かつ》て有らず（未曽～）〔『墨子』親士〕
「一度とてなかった」の意となります。すると、
・身、修まれるときは、官、未だ曽て乱れず（未曽～）〔『史記』循吏《じゅんり》列伝〕
もまた、「一度とて乱れることがなかった」と解されましょう。

もっと仔細に解釈するなら、双方ともに「ある条件のもとでは、そのような事態、そのような体験は、過去において一度もなかった」とされてよろしいかと存じます。「未曽～」においては、「未」が先行しているのですから、むろん、そこに意味の比重がかかります。もとより「未」は、時制を規定する語です。「未曽～」の「～」に相当する事態はすべて「未《いま》だなかった」といっているのです。したがって、この語序は、まず「過去」に属することがらとして空無であることを明示する句法と考えられます。ただ「過去」とするだけでは、あまりにもその範囲が広すぎます。あるいは一度や二度はあったかもしれない、その可能性を一切排除するために、ここでは具体的に「賢を緩め、士を忘れて」、「身、修まれるときは」と条件を設定せざるをえません。「未曽～」の句法において、しばしば限定の句が見えるのはおそらくそのためです。
・魂魄《こんぱく》曽て来たつて夢に入らず（不曽～）〔白居易「長恨歌」〕
同じく、否定詞が先行ですから、「過去」において、楊貴妃の「魂魄」が夢のうちに現れるという体験が、一度もなかった、という事実を述べる一節ということになります。「過去」における事態の空無をいうものです。そうして、その語序を転倒した「曽不～」の例を挙げてみます。
・既に酔ひて退き、曽て情を去留に吝《やぶさ》かにせず（曽不～）〔陶淵明「五柳先生伝」〕
「去るべきか、留まるべきかなど、決してぐずぐずしない」ということです。陶淵明のこと、その出処進退、毅然たるもののあったことが予想されます。それですから、「過去」において、そのような未練がまし

い振舞いを一切しなかった、のかもしれません。しかし、主旨は、「過去」の体験の有無などを述べるところにはなく、いってみれば、自ら託した「五柳先生」に、その比類ない恬淡への志向、あるいは、その決意を語らせているのです。「曽不〜」は、「過去」という時制を強調するのではなく、むしろ否定詞「不」を強く確認している句法といってよいようです。それで、訳を求めるならば、「いっこうに〜ない」「けっして〜ない」ほどが適当でしょうか。

・快然《くわいぜん》として自ら足り、曽て老いの将に至らんとするを知らず（曽不〜）〔王羲之《おうぎし》「蘭亭記」序〕

これまた「過去」にその自覚がなかったことを後悔してしているのではありません。かえって、この現在における心境を述べているのです。「いっこうに老いがそこに迫っていることに気づかない」、言い換えれば、「老年の到来を、まるで自覚できない」となりましょう。こうなれば、「過去」を示す「かつて」の訓は効用をもたず、よほど「すなはち」とさえ訓みたい衝動を覚えます。

さて、このような相違を、伊藤東涯『用字格』は、「不曽ト云フハ曽テヨリセザルコトナリ、曽不ハセザルコトガ曽テヨリナリ、同キヤウナル中ニテ差別アリ」と、まことに淡泊に言い切っています。この見識が、「全部否定」と「一部否定」の識別にさいして、有効であること、疑いを容れませんが、こと「曽不〜」「不曽〜」の相違を考える場合には、さほど機微を衝く比較とは思われないのです。

文法

Q63 目的語、補語の位置

『荘子』山木の「先生将《まさ》に何《いづ》くにか処《を》らんとす」の白文が「先生将何処」であるのは、語順の上で矛盾ではないでしょうか。「先生将処何」となるべきだと思いますが、説明してください。

A63

ご質問の文は、

・先生将《まさ》に何《いづ》くにか処《を》らんとす、と、荘子笑ひて曰く、周（荘子）将に夫の材と不材の間に処らんとす、

と〔『荘子』山木〕

荘子が「有用（材）」と「無用（不材）」との間に身の処すべきスタンスを語る一節です。なるほど、「何」と「夫の材と不材の間」が対応の句ですから、その位置はあたかも転倒しているかに見えます。たしかに、漢文の基本的な語順からいっても、動詞のあとに目的語、補語が来るというのが大前提ですから、お尋ねの件もよく理解できます。

しかし、漢文においては、ある一定の条件下の句中には、むしろ、その語順が転倒してしまうというのが

通例なのです。その一端は、Q26における「吾」の語法ですでに述べたところでもあります。
・若《も》し我れを救はずんば（＝不我救）事《つか》へざるを得ず〔『戦国策』燕策〕
・爾《なんぢ》、我れに叛《そむ》くこと無かれ（＝無我叛）〔『春秋左伝』昭公十六年〕
・隣国、未だ吾れに親しまざるなり（＝未吾親）〔『国語』斉語〕
「目的語」が「吾」であれ「我」であれ、すくなくとも否定句中に置かれています。この場合、「目的語」が人称代名詞なのですが、他の代名詞であっても、否定句中にあれば、それが「動詞」の前に置かれてさしつかえないのです。というよりも、その形式が、むしろ正統のようです。
・天下大国の君、之れを能く禦《ふせ》ぐ莫《な》し（＝莫之能禦）〔『国語』斉語〕
また、疑問句にあっても「目的語」としての疑問代名詞は、やはり「動詞」の前に置かれます。
・内に省みて疚《やま》しかざれば、夫《そ》れ何をか憂へ、何をか倶《おそ》れん（＝何憂何倶）〔『論語』顔淵〕
反語句においても、このような現象が見えます。
・其れ何の福か之れ有らん（＝何福之有）〔『春秋左伝』桓公六年〕
このとき、「何～之～」の形式で用いられます。こうした例は、疑問を示す語や、反語を示す語が強調されるために、「動詞」の前に置かれるのか、それとも、疑問句も反語句もどれも一種の否定句と考えられるために、そうなるのかよく分かりません。ともかく強調のゆえにこそ、先述の代名詞に限らず、「動詞」の前に置く例が、じっさいに見えるのです。
・天地の大、万物の多と雖も、而《しか》も唯だ蜩翼《ちょうよく》のみ之れを知る（＝唯蜩翼之知）〔『論語』顔淵〕
ここで「蜩翼」が、強調されるべき「目的語」なのです。ただ、このようなときには、一般に「唯～之～」あるいは「唯～是～」の形式をとります。もっとも、その「之」「是」を省略して用いることも可能です。
・上は会稽に栖《す》み、下は海賓を守る、唯だ魚鱉《ぎょべつ》（すっぽん）を見るのみ（＝唯魚鱉見矣）〔『呉越春秋』巻

一〕

ところで、同じ意をもちながら、その語順の異なる句も見えます。

・臣実に不才なり、又た誰《たれ》をか敢《あ》へて怨みんや（＝誰敢怨）〔『春秋左伝』成公三年〕

に対して、

・吾れ敢へて誰をか怨みんや（＝敢誰怨）〔『史記』呉太伯世家〕

とあります。なるほど「副詞」としての「敢」の位置に異なりはありますが、しかし、いずれも「動詞」の前に置かれていることに相違はありません。こうした用法の起源が、古く甲骨文まで遡ることは、すでにQ26において述べたとおりです。そして、この「目的語」を先とし、「動詞」を後とする古例が正統であったことは、現在の「自衛」「自慰」などの用法の残るところからも、認められてよいことです。

Q64 ：省略について

漢文では、省略が極めて多いと思いますが、どういうときに省略されるのでしょうか、また、その省略語を求める方法を、それぞれ主語、述語、目的語について、具体的に説明してください。

A64

おっしゃる通り、現代中国語に較べても格段に漢文には、省略が多いようです。そのことが漢文読解の大きな支障になっているのも紛れないことです。もちろん写本のさいの脱落、遺漏もありましょうが、じっさいの省略は、やはり恣意によるのではなく、一定の条件、一定の理由に基づいてのことです。たとえば、対話中に、しばしば省略が見られるのは、できるかぎり余剰な成分を除こうとする言語環境にあるからです。Aなる人物と、Bなる人物の照応関係があらかじめ把握されているならば、いちいち発言者の指定は、かえって不要というべきでしょう。また、Aなる人物の発言に対するBなる人物の返答にもし反復があるならば、それも不要というべきです。とくに文字の消費を節約する志向の強い漢文の性格からしても、この省略現象は頻繁となります。またそうすることによって、隠微のうちに、その思想的な核心を表現することが可能となるからです。それはもう一種の修辞法といってもよいでしょう。そうであればこそ、なかでも詩の分野において、省略はより顕著となります。音律の調和を求めることにおいて、いっそう省略は必然のこととなりましょう。

そして、この省略には、一定の規律があるのですから、どういう語句が省略されているかがおのずと判別されるようになっているはずです。あるいは、前文のうちに予告される場合もありましょうし、あるいは後文のうちに、その語句が布置されている場合もありましょう。ひとまず具体的な例を、示しておきます。

＊主語の省略

・孟子曰く、許子は必ず粟《ぞく》を種ゑ、而して後食するか、と①□曰く、然《しか》り、と、……②□曰く、許子は釜《ふ》甑《そう》を以て爨《かし》ぐか、鉄を以て耕すか、と、③□曰く、然り、と〔『孟子』滕文公上〕

発言者の名が省略されています。しかし、この対話文の構成が、孟子の発問、許子の応答を骨格とすることが理解されていれば、①に「許子」、②に「孟子」、③に「許子」の入ること、自明と思われます。

・孺悲《じゅひ》、孔子に見《まみ》えんと欲す、孔子辞するに疾《しつ》を以てす、命を将《おこな》ふ者、戸を出づるや、①□瑟《しつ》を取りて歌ひ、之れをして之を聞かしむ〔『論語』陽貨〕

聖人・孔子のいつにない諧謔ぶりが覗かれてたのしい場面なのですが、それはともかく、前文にその主語を求めることのできる例でしょう。省略された主語は「孔子」でした。

・永州の野、異蛇を産す、①□黒質にして白章、草木に触るれば②□尽く死す〔柳宗元「捕蛇者説」〕

前文では目的語であったものが、後文では主語として省略されている例です。①は「黒蛇」、②は「草木」。

・子路をして反りて之れを見《まみ》えしむ、至れば即ち①□行《さ》れり〔『論語』微子〕

これまた、前文では目的語であったものが、後文では主語として省略されている例、①には、「之」が相当します。具体的には、杖を肩にして、竹籠を荷う老人のことです。また、かえって後文のうちに、求められる例があります。

・七月、①□野に在り、八月、②□宇に在り、九月、③□戸に在り、十月、蟋蟀《しっしゅつ》、我が床下に入る〔『詩』豳《ひん》風・七月〕

①②③ともに後文中の「蟋蟀」です。「蟋蟀」は、いまのきりぎりす。

主語が個別的な人物ではなく、一般的な人を指すとき、それの省略される場合があります。

・上古、道徳を競ひ、中世、知謀を遂《お》ひ、当今、気力を争ふ〔『韓非子』五蠹《ごと》〕

人々の営為の迹を語る文です。

＊述語の省略

主語の省略に較べて数は少ないのですが、前文の語句によって決定的であるとき、省略されることがあります。

・不死の薬を荊王に献ずる者有り、謁者《えつしゃ》之れを操りて以て入る、中射《ちゅうや》の士問ひて曰く、食ふべきか、と、曰く、可①□なり、と〔『韓非子』説林上〕

もちろん①には前句の「食」が該当します。

・臣、徳を以て民に和すを聞くも、乱を以て①□するを聞かず〔『春秋左伝』隠公四年〕

①には「和」、前文と対応することによって、それと知れる例です。

しかし、前文にその語句を見いだせないものとして、

・楊子の鄰、羊を亡《うしな》ひ、既に其の党を率《ひき》ゐて①□、又た楊子の豎《じゅ》に請ひて、之れを追はしむ〔『列子』説符〕

を挙げましょう。後文に省略の語句が見えます。つまり①は「追」なる述語です。

さらにしばしば省略されるのが、「曰」です。

・孟子曰く、許子は必ず布を織りて、然《しか》る後に衣《き》るか、と、曰く、否、許子は褐《かつ》を衣る、と、①□、許子は冠するか、曰く、冠す、と、〔『孟子』滕文公上〕

①には、本来、「孟子曰く」が記されてしかるべきです。発問者と回答者とが歴然としていますから、充分に省略が可能ということです。

＊目的語の省略

この場合は、ほとのど前句に、その目的語が用意されていることが常です。

・司馬牛、憂ひて曰く、人皆兄弟有るも、我れ独り①□亡し〔『論語』顔淵〕

①には、「兄弟」が、

・王曰く、賢者も亦た此の楽しみ有るか、と、孟子、対《こた》へて曰く、①□有り、と〔『孟子』梁恵王下〕

①には、「楽」の入ること、いうまでもありません。

以上、省略は頻繁、どれだけ、漢文が簡潔を尊ぶかがお分かりのことと思われます。しかし、けっしてそれは無造作に行われているのではなく、そこには、一定の理由のあること、いうまでもありません。

Q65 ：品詞について

漢文にも、日本語と同じように品詞という概念はあるのでしょうか、参考書には、名詞、動詞、副詞などの語が出てきますが、日本語におけるそれらと混同しないようにするためにも、説明してください。

A65

まず日本語においても、いわゆる品詞名が一応の確定を得たのは、古いことではないこと、また、とくに形容動詞にかんして、なお動揺のあることなどを考慮に入れるなら、漢文においても、その類型化の混然としている実状は、格別に不思議のこととは思われません。ことに品詞なる概念は、欧文において実効性をもつのですから、それを漢文にそのまま応用すること自体に、はなはだ問題があったのです。しかし、欧文文法に基準を置いて、漢文にも、そのような体系を求めようとする努力はたしかにあることはあったのです。その先駆は、おそらく馬建忠『文通』でした。そこで、著者は、その「例言」に「此の書は泰西（ヨーロッパ）に在りては名づけて葛郎瑪（グラマー）と為さん」とし、「各国、皆、本国の葛郎瑪有りて大旨相ひ似る、異なる者は音韻と字形とのみ」であるから、その「葛郎瑪」に倣って、この書を著した旨を明記します。光緒三〇年（A.D.1904）、その書は刊行されました。

ところが、そこに用例として引かれたのは、四書、三伝、『史記』、『漢書』、諸子、『国語』、『戦国策』、そうして、韓愈の文などにほぼ限られていました。要するに『文通』の文法の対象は、いわゆる正統の漢文なのであって、中国語一般では、けっしてなかったのです。それでも、どれだけ馬建忠が自負をもって、この書を成したかは、その「例言」に、「此の書、古今来、特創の書と為す、凡そ、事、創見に属する者、未だ徒《いたづ》らに空言に託すべからず、必ず確かに憑證《ひょうしょう》有りて、後、能く人に信ぜられん」とすることばから、おのずと推測されましょう。その成果をたどってみます。

まず、語を「実字」と「虚字」とに二大別します。それまでの、漢字の文法の伝統なのですから、それを承けたものどしてよいでしょう。その「実字」を分類し、「名字」「代字」「動字」「静字」「状字」とし、「虚字」を分類し「介字」「連字」「助字」「嘆字」とします。つまり、九「品詞」となります。もっとも「品詞」なる語を使わず、『文通』は、「字類」と称しています。

さらに「字類」は、その文法的な機能にもとづいて細分化されます。

もとより『文通』が大前提としたところの、「実字」「虚字」の定義そのものに、すでに疑義を挟む学者もあるのですが、ここでは、どういう語を、その「字類」(「品詞」)に属していったのかを尋ねてみます。

「実字」中の「名字」については、有形無形を問わず、また事であれ物であれ、「語言」をもって称すべきものは、すべて「名字」とします。例語、「日」「月」「河」「海」「君」「臣」「怪」「力」「利」「仁」「文」「行」「政」「刑」「礼」「射」「書」「数」。

「代字」に挙げられるもの、「我」「彼」「其」「此」「之」「是」。馬氏は、「千儒、或いは代字を以て諸《こ》れを虚字に列し、或いは謂《い》ひて死字と為すも」、もとより「体用」の働きをもち、「不変の名」であるから、「実字」中の「字類」の一として認めようというのです。「代字」に相当する「代名詞」は、日本の文法でも、「名詞」のうちに分類されており、「品詞」名をいう語ではありません。それで、『文通』が、「代字」を一「字類」としたのにたいしては、とうぜん批判があり、「代字」は「格」の特徴において分類されるべきものであるから、これを「字類」に入れる必要はない、という論者さえいるのです。

「動字」はもちろん日本の「動詞」に当たりましょう。中国では、「謂字」ともいいます。また「動字」は「活字」としてもよく、行動や感興をいう語、「動」「飛」「鳴」「吠」「克」「伐」「怨」「知」「生」「信」「愛」

「学」「思」などを挙げます。ただし、この「動字」の呼称は、あくまで、つぎの「静字」との対象において得たものであって、日本の文法のように、その活用のありかたに準拠して分類されたものではなかったのです。活用そのものが漢語にはないからです。

「静字」は、「情境」をいう語であるとしますから、形容詞に相当しましょう。「多」「少」「大」「小」「軽」「重」「白」「黒」「美」「悪」「荘」「遙」「清」「濁」「寒」「暑」「疾」「養」などを挙げます。ただし、他に日本の品詞概念からすれば、「形容動詞」に属すべき、「荘」「遙」なども「静字」に含まれており、さらに「動詞」化して用いられる語も多く見え、それらを総合しうるような分類基準にはなりえていない憾みがありましょう。ことに「疾」「養」など「動詞」に映ってしまうものも、その語意が活動性の乏しいゆえに、「静字」に収められます。そのことは『文通』の分類基準が、多く語感に依存せざるをえなかった事実を語っているかに思われるのです。

「状字」、『文通』によれば、「動静の容」を表す字ということになります。用例は「明」「篤」「穆穆」「諤《がく》諤《がく》」「匍匐《ほふく》」など、「形容動詞」または「副詞」に該当するものをつつんでいましょう。ほんとうは、「穆穆」などは複音語ですから、「字」ではなく、もはや「詞」として扱う必要がありましょう。「字類」は「詞類」とするのがあるいは妥当かもしれません。また場所をいう字として、「東」「西」「南」「北」、時をいう字として「明日」「今日」「昔者」を挙げます。そして、その語の位置を説いて、「凡そ、状字、必ず其の状《かたど》る所に先んず」としますが、そうならば、用言を修飾する「副詞」的な機能をもつ語であると解されます。「形容動詞」と「副詞」を包摂する概念と、とれるのです。以上は「実字」にかんする要約でした。

ついで「虚字」に移ります。「介字」「連字」「助字」「嘆字」をいうものです。

「介字」とは、『文通』の行文から解説するならば、本来は、単独に用いる「実字」をつないでいく語となりましょう。たとえば「孟子嘗与我言乎宋（孟子嘗て我れと宋に言《かた》る）」とあるとき、「孟子」と「我」とは、「与」によって結ばれ、「言」と「宋」とは、「於」によって結ばれたということになる、ここに「介字」と名づける所以があるというのです。別に「之」「以」などが挙げられます。日本の格「助詞」、接続「助詞」に相当しましょう。

「連字」は「提承展転」の語とされます。いわば接続の用法です。むろん「接続詞」に該当すべきと思われるのですが、「若」「則」「抑」「如」「雖」「今」など、日本の「接続詞」に当てはまらない字例がむしろ多いといえましょう。上の句を承けるか承けないかを問わず、発語の字も含んで、もっぱら次句を喚起する語を、「連字」とみなしたようです。のち、『文通』が、「与」字を「連字」に収めていないことから、「与」が「with」の意なら、「介字」としてよいが、「and」の意なら、「連字」とすべきでないという指摘すら出たほどです。しかし、『文通』は、後句を起こす語に照準を合わせているのであって、語と語の関係を示すものは、考慮外に置いているのですから、この批判は有効とはいいがたかろうと思います。ここでも、語の文脈における位置などについては、さまで配慮を加えていないかのごとくです。あくまで、その語意の一様性を基準にしてのみ、「連字」という「字類」が設定されるのです。

「助字」は、要するに、実字を助けて、句中の「神情」を伝える働きをもつ字です。いわゆる「置字」に類するものと考えてもよいのですが、『文通』がここで挙げる字例は、「也」「哉」「乎」「矣」の四字です。日本の終「助詞」に相当しましょう。

さいごに「嘆字」。日本の「感動詞」です。もっとも『文通』は「人心中の不平の声」を、その「嘆字」の本質として据えているもののようです。そのことは、漢文において、発声の字がおおむね「悲哀」を表す語として用いられてきたことの慣習を示唆していましょう。

『文通』の試みは、欧文の文法体系を漢語に代入することを使命としています。しかし、そもそもが異質の言語であるため、それは至難のことでした。随所に破綻のあることもやむをえぬことでした。かつて漢語に品詞が存在するのか、それ自体が喧しく議論されたこともあったほどなのです。まず漢語の一字が、種々の「意味」をもち、それによって、その「功能」「形態」もおのずから異なってくる性格をもつ以上、その「意味」を基準として品詞を規定することは、『文通』の試みがそうであったように、ほとんど不可能であるように思われます。いきおい、統辞論的に、語の「功能」、つまり文脈における位置性、職務に、その共通の特徴を求め、そこに語類を収束する方法が要求されることになりましょう。

現今、漢語の品詞分類は、そのような「功能」をも考慮に入れて編成されるに至っています。もっとも、ここまでには、楊樹達、王力、高名凱などの真摯な探求があってのことですが、それらの長い曲折を経て、ついにある程度において、品詞分類は確定されたと見てよいでしょう。「名字」「動詞」「形容詞」「数詞」「数量詞」「代詞」「副詞」「介詞」「連詞」「助詞」「嘆詞」併せて十一の品詞が定着したのです。教科書用『漢語知識』も、その分類法にもとづきますし、また『新型・古代漢語』なども、古文にも有効のものとして、その法を踏襲しています。

『文通』が「字」の「意味」から「字類」を求めたのにたいして、現在の分類が、「詞」（語）の「意味」「形態」「功能」を兼ねて基準とすることは、進展と見るべきでしょう。しかし、もちろん日本の品詞分類においてなお決着を見ない問題が残るように、漢語においても実用的な言語には有効なものの、かならずしも古代漢語には通用しえない側面などもあり、今後も丹念な模索が要められるべきです。

Q66 ∴名詞と動詞

名詞であるべき語が、動詞として用いられる例には、どんな文があるのか、また、どのような時に、動詞として扱うべきなのか説明してください。

A66

・誤りて、石に漱《くちすす》ぎ、流れに枕にす〈枕流〉、と云ふ〔『晋書』孫楚《そんそ》伝〕

『世説新語』『蒙求』にも記される。「漱石枕流」の故事です。「漱石」、「枕流」対応の文です。あらかじめ「漱」が動詞であること自明ですから、それに対応する「枕」もまた動詞と考えられます。動詞化されたときの訓は、通常、形容動詞「ス」を加えて、サ行変格動詞として扱います。「枕」は「枕す」と訓むのが適当でしょう。名詞である「枕」が、ここでは、「枕にする」の意として理解されます。一方、名詞「石」や「流」が、目的語であることは明らかですので、その前が動詞であると判定することもできましょう。日本では、その語の活用によって、動詞化されたり、名詞化されたり、するのですが、漢文では、もっぱら文の構成のうちに、その品詞が規定されるといえましょう。

・呉子、鍾吾子《しょうごし》を執へ、遂に徐《じょ》〈国名〉を伐《う》ち、山を防ぎ以て之れを水す〈防山以水之〉〔『春秋左伝』昭公三〇年〕

「防山」「水之」、いずれも、動詞＋目的語の構成をとって対応していることが、推測されます。それなら、「水」も「防」と同様に動詞として考えるべきであり、ここでは「水を流しこむ」ほどの意となりましょう。

・宋人《そうひと》に学ぶ者有り、三年にして反り、其の母を名す〈名其母〉〔『戦国策』魏策〕

さすがに対応の句をもちませんが、「其母」が目的語であることが歴然としていますので、この「名」も、もちろん動詞と見なしてよいはずです。「名」は、このとき、「名をよぶ」意。

これらの場合は、まず、「之」「其母」が品詞として名詞（代名詞）であり、よって明確に目的語と推定される例です。

・后妃、九嬪《きゅうひん》（女官）を率《ひき》ゐて、郊に蠶《さん》し（養蚕する）、公田に桑《さう》す（桑を摘む）（蠶于郊、桑于公田）〔『呂氏春秋』上農〕

目的語を伴わない例です。ただ「于」がその後の句を補語とする働きをもつ置字ゆえに、「于」の前は動詞であろうと了解されるのです。その置字が「於」「乎」であろうと、事情は同じでしょう。また、置字が添えられてなくとも、

・沛公《はいこう》、覇上《はじゃう》に軍し（軍覇上）、未だ項羽と相ひ見《まみ》ゆるを得ず〔『史記』項羽本紀〕

のように、「覇上」が、場所を示す補語であることが確認されますから、「軍」は、動詞と考えられます。置字が省略された形と見立てるのです。

要するに、名詞が、目的語、補語の前に位置するなら、そのときは、動詞となる、と言えましょうか。ほんとうは、目的語、補語の前に位置する語を動詞と呼べばよい、とくに語自体から品詞の分類を定めることのできない漢語においては、こう述べたほうがよいと思われるのです。ともかく、その文の構成のうえから判断しうる例です。

ところが、

・夫《そ》れ鼠の昼伏し夜動き、寝廟に穴せざるは（不穴寝廟）、人を畏《おそ》るる故なり〔『春秋左伝』襄公二三年〕

「穴」は動詞化して「穴を穿つ」の意。たしかに「寝廟」が目的語であること明らかなのですが、それよりも、この場合は、「不」に接続していることが、動詞と区別される根拠といえそうです。

・死者は猶《な》ほ薬すべし（猶可薬）、而《しか》るに況《いは》んや生なるをや〔『韓氏外伝』巻十〕

死者でさえ、薬の治療をするのだから、まして生きている者は、というのです。目的語、補語なるものは見えません。しかし、これもまた「可」に付くことから、動詞化したものとして良いでしょう。名詞は「不」「可」など、助動詞的あるいは副詞的に働く語の直後に置かれるなら、動詞の働きをとる、ということです。

・是《こ》こに於いて語卒《そ》はり、髑髏《どくろう》を援《ひ》き、枕して臥す（枕而臥）〔『荘子』至楽〕

「而」は、通例、名詞と名詞を接続するのではなく、述語と述語を接続する助字です。よって、ここでは、「枕」と「臥」が動作を示す語として並列されているのですから、「枕」は動詞と見なされます。そのことは、

・若《なんぢ》に茅《とち》を与ふるに、朝に三にして、暮れに四にせん（朝三而暮四）、足るか〔『列子』黄帝〕

にしても然りです。同様に「而」を置いて、それぞれを述語としますから、数詞「三」「四」は、いずれも動詞として働きます。ただし『荘子』では、

・狙公《そこう》、茅を賦《あた》へて曰く、朝に三にして、暮れに四にせん（朝三暮四）〔『荘子』斉物論〕

となります。じつは、これも「而」が省略されたものと考え、述語の並列する句と理解します。

それなら、

・塡然《てんぜん》と（とんとん）して鼓し（鼓之）、兵刃既に接す〔『孟子』梁恵王上〕

の場合といえば、「鼓之」とありますから、代名詞「之」を目的語として、したがって、「鼓」を動詞と見ることもできましょう。「鼓之」を「之れを鼓し」と訓むのも可能だからです。しかし、なにぶん「之」に先行して、その指示内容を示す語が文中にありません。いきおい、「之」を代名詞とするのは困難となります。この「之」は、意味をもたない語助と考えるほうが無難のように思われます。句の終止を告げるばかりです。すると、「鼓」自体が述語となり、それで動詞と判断します。

以上は、その語の前後に、どの語が置かれているかという点から、動詞と想定される例でした。

・五年冬十月、雷《らい》す、桃李、華《はなさ》く〔『漢書』恵帝紀〕

一般に「雷」「華」は名詞です。しかし、そのいずれも述語の位置にあります。動詞として訓み、「雷」は「雷す」、また「雷あり」とし、「華《さ》く」「華《はな》ひらく」としてよかろうと思います。前後との関係をもたず、単独で用いられながら、しかし述語内容を示すことが明瞭ならば、動詞としてさしつかえないという事例ともいえましょう。

とくに、このような用例は、方位をいう「東」「西」「南」「北」、および数詞に多いようです。しかし、それを動詞と見るかどうかは、述べてきた観点で通用しうるものと思われます。たとえば、

・項梁、東阿に起《た》ち、西し、定陶に至るに比《およ》び、再び奏軍を破る〔『史記』項羽本紀〕

「起」「西」「至」「破」と、行動が漸層的に進行しているのですから、とうぜん「西」は「西に進む」の意と解されましょう。

・亮《りょう》、親族の懐（よしみ）を以て、大いに其の名価を為して云ふ、二京を三とし、三都を四とすべし〔可三二京四三都）〔『世説新語』文学〕

具体的には、「二京」は、張衡《ちょうこう》の「西京賦」「東京賦」、「三都」は、左思《さし》の「蜀都賦」「呉都賦」「魏都賦」を指しています。そのうえ、それぞれ一作を加えて、併称されるべきを語っています。まず、助動詞「可」の直接の「三」を動詞とすべく、また「二京」を目的語とするのですから、いっそう「三」の動詞であることが分かります。そのうえ「三都」を目的語とし、動詞「三」と「四」が並列、対応しますから、「四」の動詞であることが想定されましょう。

漢語は、それ自体で、品詞の別を定めることが不可能な言語であるといってよいでしょう。その分類の根拠も、もっぱら、その語の位置の問題に尽きると思われます。したがって、ご質問のことも、じつは、その前提に立つ把握がどうしても必要となりましょう。

Q67 ：「返読文字」について

「返読文字」であるはずの「多」「少」などが句末に置かれるのはおかしいと思うのですが、どういうことなのか、説明してください。

A67

まず、「返読文字」は、「返読すべき文字」ではなくて、「返読する場合がある文字」と考えるのが適切であろう、とあらかじめお断りしておきます。「返読文字」なる語は、『大言海』にも、『大漢和辞典』にも収められていません。おそらく漢文指導における用語として新しく作られた語でしょう。「返読文字」に固執して、それに相当する語すべてにわたって、つねに、その適用を命じることは、ほぼ強制というべきことのように思われます。

従来、「返読文字」とされている語がどう用いられているのか、それを具体的に、ここでは『論語』にのみ即して、「多」「少」「有」「無」、あるいは、それらに近い語義をもつ語に限ってという条件のもとで、調査することにいたしましょう。その結果から、いいうることだけを紹介できれば、と思うのです。

「有」は、もと「又」の形に記され、手にもつことが原義でした。よって「所有」「保有」の義をとります。「有」は「ある」ではなく、「もつ」の意と考えて、それで、「目的語」を伴い、いきおい「返読」されることになったのだと思われます。その対待語である「無」もまた、「もっていない」とすべく、「多」「少」も、それぞれ、「多くもつ」「少なくもつ」の意に解されてよいでしょう。よって、後に「目的語」が置かれる例は、「返読」されます。

いわゆる「返読文字」が、返読されている例、

・貧にして諂《へつら》ふ無く（無諂）、富みて驕《おご》る無（無驕）きは、何如《いかん》〔『論語』学而《がくじ》〕

「諂いをもたない」、「驕りをもたない」と考えます。

・義を見て為ざるは、勇無きなり（無勇）〔『論語』為政《いせい》〕

「勇気をもたない」。

・夷狄《いてき》の君有るは（有君）、諸夏（中国）の亡《な》きに如《し》かざるなり〔『論語』為政〕

これについては、少し説明を要しましょう。白文は「夷狄有君不如諸夏之亡也」です。もとより、「有」は、後に目的語「君」が見え、「返読」されます。ところが、「無」に同じ「亡」は、「返読」されていません。じつは「目的語」がないからでも、また「諸夏」がそれ自体「目的語」であるからでもありません。たんに「目的語」＝「君」が省略に付されているだけのことです。もし重複を避けなければ、「夷狄有君不如諸夏之亡君也」となっていたはずです。あるいは「亡」の前に「之」があり、これを「君」を受ける「代名詞」として「目的語」に見なせば、そこに、この種の語順にしばしば見える倒置が起こったものと考えることも可能です。

・罪を天に獲《う》れば、禱《いの》る所無し（無所祷）〔『論語』八佾《はちいつ》〕

「祈る手段をもたない」。

・利に放《よ》りて行へば、怨み多し（多怨）〔『論語』里仁〕

「心残りを多くもつ」。

・人、皆兄弟《けいてい》有り（有兄弟）、我れ独《ひと》り亡し〔『論語』顔淵〕

「兄弟をもっている」。この「兄弟」、日本の一家族における「兄弟」を指しません。「亡」が「返読」されないのは、これも「目的語」が省略されている理由によるものと考えておきます。

・人、遠慮無ければ（無遠慮）、必ず近憂有り（有近憂）〔『論語』衛霊公〕

これも「遠いさきまでの配慮をもたない」、よって「返読」されます。

引用の煩を避け、ここからは、「返読文字」が返読されず、後に置かれる例を挙げてみましょう。
・其の人と為《な》りや孝弟（孝悌《かうてい》）にして、而《しか》も上を犯すを好む者は、鮮《すくな》し〔『論語』学而〕
は、「目上にそむくもの自体が、少ない」といっているのであって、「上を犯すを好む者」が、なにか格別に所有している、いないをいっているのではありません。そのとき、「少」に通ずる「鮮」は「返読」されません。
・上を犯すを好まずして、而も乱を作《な》すを好む者は、未だ之れ有らず〔『論語』学而〕
これは倒置というよりは、やはり「乱を作すを好む者」自体がないということを述べているのです。
・言に尤寡《とがめすくな》く、行に悔い寡ければ、禄、其の中《うち》に有り〔『論語』為政〕
「寡」も「少」に同じ。「あやまち」自体が少なく、「後悔」自体が少ない、というのです。なお、
・怨み是《こ》こを用《もつ》て希《まれ》なり〔『論語』公冶長《こうやちょう》〕
「希」は、少ないの意に近く、それよりいっそうないの意に迫る語、「ほとんどない」の義。
・苗にして秀《ひい》でざる者は、有ること希なるかな〔『論語』子罕《しかん》〕
・君子にして不仁なる者は、有ること希なるかな〔『論語』憲問〕
と並べてみて、結局、つぎのようなことがいいうるのではないかと思われます。

1「返読文字」とされる語の後に「目的語」が来れば「返読」される。そのとき、「有」「無」「多」「少」は、所有の有無、多少を示す。

2「目的語」を伴わず、「返読文字」とされる語の前に「主語」が来れば「返読」されない。そのとき、「有」「無」「多」「少」などは、「主語」自体の存在の有無、多少を示す。

概略でしかありませんが、これをもって、その用法は説明しうるものと思われるのです。

訓読・音読

Q68：「音読」、「訓読」

最近、漢文の音読が推奨されています。それなら訓読することには利点がないのでしょうか、訓読の効用を説明してください。

A68

江戸期の荻生徂徠、また近時では倉石武四郎などによって、「漢文」を「中国音」で読むことの重要性は説かれてきました。もちろん他国の「ことば」は、その「音」に即して理解することが、最も本質的な作業であることにかわりありません。その作業なくして、他国の「ことば」、ひいては「文学」「思想」、すなわちその国の「文化」を深く理解することは不可能であるといっても過言ではないはずです。しかし、「漢文」は様相をいささか異にするもののようです。

白川静『字統』は、日本における漢字の受容について、「漢字漢語をそのままに、とり入れるのでなく、漢字をわが国のことばに適応するものとして、いわば、国語化の方法を加えて受容することに、格別の苦心を要した……漢字は、その音のみでなく、その訳語である訓をあわせ用いることによって、はじめて国語に奉仕しうるものとなった。……平安期以後には、その国語化した漢字の知識と反読法という文法的な克服によって、わが国の知識人たちは、漢籍を自由に読むことができた。漢籍はすべて、この方法によって、いわば国語領域化したわけである」として、さらに「漢字を、その文化の歴史的な展開のなかでみること、漢字は、その音訓を通して国語の表記に用いられる限りにおいて、それは国字に外ならぬものであること」(『字統』字統の編集について)の二点を強調します。

「中国音」で読むことは、いうまでもなく「語学」として、必須と思われます。しかし、そこにとどまるなら、結局、日本の「漢文」受容(じつは創造でもあったのですが)の蓄積をすべて放棄することにつながりかねません。いうところの「格別の苦心」の迹を無視することでもありましょう。「漢文」は日本の受容においてこそはじめて「漢文」なのであって、その「歴史的な展開」に沿うことがないならば、それはもう「漢文」ではなくて、「中国語」という他国語があるばかりです。

わたしたちは、この「漢文」に接しているのです。まさに「音訓を通して」、「漢文」という「国語」を理解していくことが、やはり基本的な学習の方法ではないでしょうか。

それでありながら、なお「音読」を求める指導法が提唱されてやみません。もっとも「音読」は、けっして「中国音」そのものではなく、日本で濾過された、いわば「和音」を指しています。「中国音」の習熟が難しいのなら、その「和音」で「音読」することを試みようとするのです。擬似「中国音」における「音読」ということになります。それでも「訓」を去り、「和音」に就くならば、すくなくとも原音の「韻律性」といったものにより近づきうると確信するものの立場です。

たとえば高校漢文指導にあたって、その「音読」の効果を主張する意見としては、「訓読漢詩を前提とした上に、そこに欠如した韻律性を朗読指導に取り入れてゆく」(『漢文教室』第183号「漢詩音読の可能性」中村佳文)などがありましょう。つまり「原詩リズムの再現」を「漢詩音読」によって獲得しようというのです。ただ、ここでいう「音読」は漢詩の領域に限定されること、さらに「訓読」も併用されなければならないことを条件とするきわめて慎重な意見として好感がもたれます。もっとも、しだいに高校教育における漢文の授業時間は有形無形のうちに狭められているのが現状です。まして「音読」はその反復の作業に欠かせない、多くの時間が要求されるのですから、より至難のことというべきでしょう。

それとともに怖れることは、「音読」のみが独占することになったとき、「国破れて山河在り　城春にして草木深し」と訓む、あの日本的に洗練されてきた音調が破綻しはしないかということです。「音読」となると、「こく・は・さん・が・ざい・じょう・しゅん・そう・もく・しん」と読まれましょうから、そこでは朗々たる「詩吟」的な響きが失われ、あたかも仏典を「音読」しているかのような空無感を生むことになりはすまいか、それが危惧されるところです。

「音読」とは、結局「読み添え」を全て消去していく方法であるともいえます。じつは韻文ではなく、散文のことではありますが、その「音読」傾向がもっとも顕著となったのは、江戸期のことでした。佐藤一斎の訓点が、その典型ともいえましょう。その『論語』学而の「子曰学而習之、不亦説乎、有朋自遠方来、不亦楽乎」は、一斎の訓点によれば、「返り点」の付け方には問題がないのですが、その「送りがな」、いわば「読み添え」は、簡略を極めたものになってしまいます。「読み添え」のある箇所は、「学」の右下に「テ」、「時」に「ニ」、「習」に「ハス」、「之」に「ヲ」、となります。「曰」には、どんな「読み添え」もありません。「曰ク」と訓むことが自明だから「ク」を省いているのか、それとも「曰」を「エツ」と「音読」したためなのか、それはよく分かりません。さらに、「有朋自遠方来、不亦楽乎」では、わずかに「来」に「ル」を、「楽」に「マ」を施すばかりです。限りなく「訓読」を排斥しようとする意向を窺わないわけにはいきません。

日《ひ》尾《お》荊山《けいざん》は、『論語』子路「其父攘羊、而子證之」の一節において、一斎式の方法に基づく「訓読」を批判し「其父羊ヲ攘シテ子トシ之ヲ證ス、ナド読デハ、一字ヲ知ラヌ人ニ聞キ分カルベシトモ思ハレズ」（『訓点復古』巻下）と述べます。「攘」を「ジョウ」と「音読」し、「證」を「ショウ」と「音読」するのなら、それを聞くものにとっては、全く不明でしかない、というのです。また「而」をたんに「テ」と訓ずるなら、それは、結局、句と句との関係性を無視することと異ならない、よって、それは「其父羊ヲ攘《ぬす》メリ、シカルヲ子トシ之ヲ證《あら》ハス」と訓まなければならない、とするのです。この批判は、「音ニテ読バ直ニ其字ヲ記憶」することができ、「多義ヲ含蓄シテ遺《のこ》」さず、「誦ヲナシ易」いという立場から、簡略化を旨とする「音読」主義者に向けられたものでした。「音読」主義とは、ここでは、当時、昌平黌《しょうへいこう》の儒官・佐藤一斎を首として形成されたアカデミックな訓み方、あるいは、「中華ノ人ノ心ニナリテ、心ト目トヲ用テ漢語ノ読ヲスルニアラザレバ、真ノ読書トイヒガタシ」（『倭読領域』）とまでいう太宰春台の直読法を指していましょう。日尾荊山は、そのような新奇を衒う「音読」主義にたいして、藤原惺窩《せいか》、林道春の訓点に復古しようと考えるのです。もとより、著名を『訓点復古』とした所以です。

そのなかで、さらに荊山は、「音読」の効果は、「児輩ニ拍子ニテ暗誦」するくらいであり「音読」は「多義ヲ含蓄」するというけれど、「和訓」とて同様のことだとします。「和訓」に読んではじめて文義は鮮明となり、日本の国語法に叶うものと見なしていたようです。そして、かりに「音読」を用いるなら、むしろ「音読」「訓読」を抱きあわせて読むのが、「雅馴」であると述べます。すなわち「文選《もんぜん》読み」です。『詩』周南・関雎《かんしょ》「関関雎鳩　在河之乎洲　窈窕淑女　君子好逑」を、「関関トヤハラギナケル雎鳩《しょきう》ノミサゴハ、河洲ノウキスニ在り、窈窕《えうてう》トユホビカナル淑女ノヨキムスメハ、君子ノマレ人ノ好逑《かうきう》ノヨキタグヒ也」と読む例です。かくして朗唱に堪えうるものとなる、として、荊山は「和訓」の不可欠を主張します。たしかに『訓点復古』は、欠陥の多い著ではありますが、「音読」を過重に評価する傾斜に歯止めをかけました。それは、また「漢文」を「国語」の領域から締め出そうとする現今の風潮への痛烈な批判としても生きていましょう。

Q69 ：「助動詞」の訓読

「訓読」のさいの「助動詞」の訓み方には、基準あるいは制約などあるのでしょうか、説明してください。

A69

最も基本的な書『論語』について、その「訓読」を試みながら、「助動詞」の用い方の特徴を見ていきましょう。

可能：「ル」「ラル」の訓は見えません。

・子張問ふ、十世知るべきか〔『論語』為政〕
・汝《なんぢ》、救ふこと能はざるか〔『論語』八佾《はちいつ》〕
・焉《いづく》んぞ佞なるを得ん〔『論語』八佾〕

一つには、古くは、「打消」や「反語」を伴うことが一般的であったことにもよりましょうが、「可（べし）」「能（あたふ）」「得（う）」がすでに助動詞的に「可能」を意味するからです。

・是を忍ぶべく（可）んば、何《いづ》れをか忍ぶべからざらん〔『論語』為政〕

「可」を「べくんば」と訓む方は漢文独特の口調というべきです。接続助詞「バ」の未然形接続のかたち「べからは」「べくは」は訓読上、成立しますが、已然形接続のかたち、「べければ」に至っては、ほとんど見いだしえません。なお「べけん」という訓も漢文訓読特有のものであり、かつては未然形「べケ」もあったのでしょう。ちなみに「べくんば」「べけん」は撥音に音転したもの。後にいう「ずんば」もまた同様です。

使役：もっぱら「シム」が慣用されます。
・民をして敬忠にして以て勧ましむるには、之れを如何《いかん》せん〔『論語』為政〕
・民をして戦栗《せんりつ》（＝慄）せしむ〔『論語』八佾〕
もとより「ス」「サス」の語は、「シム」よりも後起のものらしく、漢文の訓読が定着する平安後期には用いられることがなかったのでしょう。
受身：「ル」「ラル」が慣用。
・朋友に数《しば》しばせ（うるさくする）ば、斯《こ》こに疏《うと》んぜらる〔『論語』里仁〕
・人に禦《こた》ふるに口給（口達者）を以てせば、屢《しば》しば人に憎まる〔『論語』公冶長《こうやちょう》〕
ただし、上代の「ユ」にかんしては、たとえば「所謂」を「いはゆる」と訓むところあたりに、その痕跡を残しているのかもしれません。
過去：漢文の時制は英語などに較べれば、とくに曖昧ともいえ、またそれに親しんできた日本人もまた、時制の問題にたいして敏感に応じてきたわけではありません。ただ自立語「嘗（かつて）」「既（すでに）」「已（すでに）」「昔（むかし）」「先是（これよりさき）」を用いて「過去」を示し、「将（まさに～んとす）」「且（まさに～んとす）」「行（ゆくゆく）」「垂（なんなんとす）」を用いて「未来」を示し、訓読のさいに、あえて「過去」の助動詞を用いることは乏しかったといえましょう。そして、それが「過去」に属するかどうかは、ひとえに読み手の文脈理解に委ねられていたかのごとくです。どうしても、その趣旨を伝えたいときには、かえって「完了」の「リ」を用いるのが慣習であったようです。
・不幸短命にして死せり〔『論語』雍也《ようや》〕
・俎豆《そとう》の事（祭儀）は、則ち嘗《かつ》て之れを聞けり〔『論語』衛霊公〕
普通「死にけり」「聞きけり」としないで、「死せ」＋「リ」、「聞け」＋「リ」として「過去」を示します。もちろん、この段は孔子の自己体験をいう部分ですから、本来なら、「聞きき」とでもすべきなのでしょうが、訓読において、そこまで「回想」と「伝聞」の差に注意を払ったかどうかは知られません。

・曰く、図《はか》らざりき、楽を為すことの斯《こ》に至らんとは〈『論語』述而〉

ここでは、さすがに「過去」の助動詞「キ」を用いて、自己体験として「図らざりき」としています。しかし、これまた、「おもいがけず」ほどの副詞的な用法とみれば、特別に「過去」を示そうとする意図を窺うこともないだろうと思います。こうして、まま「キ」は用いられても、「ケリ」に至っては、「詠嘆」のさいに、稀に見るのみではなかろうかと思えるのです。

完了…「ツ」と「ヌ」は、一般的に「ツ」が人為的な動作の「完了」、「ヌ」が自然的な動作の「完了」と識別されます。「タリ」は「ツ」と「アリ」を結んだ語だとされますから、一応、「タリ」も「ツ」系統に属するものと考えれば、訓読では、その「ツ」「リ」の用例が「ヌ」に圧倒しています。

・吾れは必ず之れを学びたりと謂《い》はん〈『論語』学而〉

・夫子は温・良・恭・倹・譲　以て之れを得たり〈『論語』学而〉

したがって、

・花落つること知りぬ多少なるを〈孟浩然「春暁」〉

の訓は実際は慣習からすれば「知れり」となるはずで、その意味で異例の訓だと思われますが、その「自発」的なニュアンスをよくわきまえた訓読に値するといえましょう。古く「ヌ」の用例は乏しくはなかったのですが、現在の訓読は、その「ヌ」をほぼ排除してしまった観さえあります。「ヌ」が強い和臭をもつ語であったためかもしれません。

断定…「断定」の一例、

・子曰く、故《ふる》きを温めて新しきを知らば、以て師たるべし〈為師〉〈『論語』為政〉

ここでは、「温」を「たずぬ」と訓まず、鄭玄の注に従って「あたたむ」と訓んでおきます。「為」は「タリ」と訓むのが妥当のようです。一般的に「タリ」は形容詞語幹に付くのみでしょうが、漢文訓読では、この例のように名詞につく場合があり、かつ、その例は少なくありません。もし日本古文に「タリ」が用いられているとすれば、それは漢文訓読を吸収した結果のことだと思われます。ちなみに先述の形容詞語幹に付く例を一例、挙げておきましょう。

・相《たす》くるは維《こ》れ辟公《へきこう》（大名）、天子穆穆《ぼくぼく》たり（しずしずと）〔『論語』八佾〕

打消：『今昔物語』などに、「ジ」の用例を見ますが、漢文訓読では「ズ」。

・乱を作《な》すことを好む者は、未だ之れ有らざるなり〔『論語』学而〕

・敬せずんば何を以て別たんや〔『論語』為政〕

終止形をとるなら「ズ」となりますが、連体形においても「ザル」が用いられるのが一般で、「ヌ」は用いられません。「ズ」には、「ヌ」系統、「ズ」系統、「ザリ」系統がありましょうが、「ヌ」が和語的であり、それで敬遠したのだと考えてよいのではないでしょうか。もとより「マジ」の例を知りません。「ずんば」は「ズ」系統の音便。

推量：「ム（ン）」で「推量」を示すのが通例です。

・吾れは必ず之れを学びたりと謂はん〔『論語』学而〕

・終りを慎み遠きを追はば、民の徳厚きに帰せん〔『論語』学而〕

「可（ベシ）」を用いることも少なくはありませんが、明らかに「推量」と判じうる例は少なく、むしろ「可能」の意に牽かれている場合が多いようです。「ベシ」は「ム」に較べて必然性の高い「推量」を示すものとされます。したがって「可（ベシ）」は、まず「可能」の意としてよく、「ム」は、せいぜい「送りがな」として訓まれるのみで、それ自体を示す漢字はないといえます。ほか「ラム」「ラシ」「メリ」「ムズ」

などは見いだしえません。

希望：「願（ねがはくは）」「庶幾（ねがはくは）」「冀（こひねがはくは）」「請（こふ）」などの語で「希望」は表現されますから、格別に助動詞を必要としなかったのでしょう。「タシ」「マホシ」の例を見ません。ただし、「願」「庶幾」「冀」「請」などの語を承けて、助動詞「ム」が添えられるのが一般的のことのようです。

以上、通例をいうのであって、どの助動詞でなければならぬなどという「制約」はありません。それぞれ博士家によって独自の訓をもったことと思われます。ただ、おそらく平安末に及んで、大体の成立を得た訓読が、「伝統」、または「慣習」を作ったのでしょう。そして、そのような訓読が、たとえば『保元物語』『平家物語』ほか説話集などに見られる、いわゆる和漢混淆文のうちに摂取され、そのことで、訓読の定着が促されたものと推量されます。この件は、「制約」というようりも、むしろ「伝統」「慣習」の問題として理解することが自然のことと思われるのです。

Q70 助動詞の表記

書き下し文を記すさい、助動詞・助詞は原則として、ひらがな表記ということならば、「如」「若」などは、それぞれ「ごとし」でなければならないはずですが、「如し」「若し」と表記されるのが普通のようです。理由を説明してください。

A70

たとえば、再読文字「猶」の場合は、「なほ」に漢字表記を当てるため、「ごとし」は必然的にひらがな表記となるということで納得されましょう。しかし、こと「如」「若」ともなると、たしかに、通じて「如し」「若し」の表記がほどこされています。生徒の怪訝そうな顔つきが目に浮かぶようです。じじつ初学者のための最も基本的なテキストである、小川環樹・西田太一郎『漢文入門』も、

・吾人に仮せば遂に之を忘る、吾人に与ふるや之を棄つるが如し〔『説苑《せいえん》』立説〕

として、以下ことごとく漢字表記を採っています。

この慣習の生まれた理由を求めるなら、むしろ古語としての「ごとし」自体を考慮に入れなければならないかと存じます。

大野晋・佐竹昭広・前田金五郎『古語辞典』は、「基本的動詞解説」に「ごとし」の項をもうけて、「此況の意を表す。動詞・助動詞の連体形を承ける。しかし、「…がごとし」「…のごとし」のように動詞「の」「が」にもつづく。助動詞は助詞を承けることはないものであるから、右のような用法のある「ごとし」は本来の助動詞ではない」とします。そうして、これは、「漢文訓読体には長く用いられたが女流文学系の文章には極めて少ししか用いられず…」と述べていますが、その根拠を提示したのは、築島裕『平安時代の漢文訓読語につきての研究』が先駆であるように思われます。当著には、『大慈恩寺三蔵法師伝』古点と『源氏物語』とを綿密に照合比較し、その「異なり語数」が算出されています。もっとも『源氏物語』にかんしては、先の大野晋の論文「基本語彙に関する二三の研究——日本の古典文学作品に於ける——」を参照したもののようです。築島氏の調査によれば、「比況」の語として、『慈恩伝』古点は、「ごとし」を、二六六例を用いるものの、当時、一般に用いられた「ようなり」の例を一例も見いだせない、としています。『古語辞典』は、『源氏物語』にも異例の文脈のうちにおいて、わずかに見いだされる旨を述べています。つまり、「ごとし」は、訓読語として生まれたのであって、純粋の和語ではないとする認識を意味していましょう。もっとも、だからといって、「比況」の助動詞「如（ごとし）」「若（ごとし）」を漢字表記にする理由にはならないのではないかと思います。たとえば訓読語でありながら、「可」は一般に「べし」とひらがな表記さ

れるからです。

ところで、大槻文彦『大言海』にも、「此語ノ活用、形容詞ニ似タレド、ごとけれ、ト用ヰタル例ヲ見ズ」として、やはり助動詞に属して、加えて「此語、奈良朝ノ頃ニハ動詞、助動詞ノ連体形ニツケテ用ヰラレタレド、後ニハ、多クハ、の、が、ノ下ニ用ヰラル」とします。もとは「名詞」的に働く語であったことを示唆するものでしょう。「同じ事（おなじこと）」の「おなじ」の部分が省略され、「こと」が残り、その下に名詞化する「し」を置いたところで、「ことし」が成立し、やがて清音「こ」が「ご」と濁音化され、「ごとし」の語をなしたであろうことを推量するのです。名詞「こと」に由来するという推測は当たっているように思われます。まず、連体形に接続すること、さらに「ごと」と、語感で終わる用例を持つからです。『古事記』歌謡四五に「道の後古波陀嬢子《こはだおとめ》を神のごと（碁登）聞こえしかども相枕纏《ま》く」、『万葉集』八一六にも、「梅の花今咲けるごと（期等）散り過ぎずわが家の園にあり来せぬかも」と見え、体言的に用いられる例があったようです。どうやら、「ごとし」が『大言海』のいうように、名詞に由来するものであることは確実です。「そのようなこと」の意。かつてはそのような形式名詞に準じる語として用いることがあったのでしょう。

字源からいえば、「如」は、祝詞を収める器「𠙵」と、「女」から成っていますし、「若」は、艸冠の字ではなく、その「女」の挙げる両手を象っています。それらは、いずれも神に対する巫女の所作を示しています。かくして、融合、恍惚の状態となり、すなわち神人一体となります。この一体感が、「まるで～のようだ」という「比況」の語へとつながっていく契機をなしましょう。「ごとし」はすでに、その字源からして実態を伴う語であったのです。用法のみをもつ助動詞というよりも、むしろ名詞として働くことが、本来の機能であったのではないかと考えられます。これを名詞として扱う訓読の伝統は、ここに生まれたように思われます。「如」「若」を漢字表記する理由は、そのことに求められましょう。

縷々、「如」「若」の漢字表記について述べてきたのですが、一概に、そうすべき根拠があるわけでなく、「ごとし」とひらがな表記しても、どんな支障もありません。やはり、助動詞、助詞はひらがなでの原則を貫くのが便宜であるなら、それで適切かと思います。じじつ、ほとんどの漢文指導書は、この立場で書き下しを施しているようです。

Q71 ：「来」の訓読

「来」は「く（る）」と訓んではいけないのでしょうか。また、なぜ、いままで、「く（る）」と訓む習慣が成立しなかったのでしょうか、説明してください。

A71

このご質問は、ほぼ訓読に関する問題として受けとめてよろしいかと思います。幸いに中村幸弘『先生のための古典文法Q＆A100』（右文書院）が、古文の領域から、きわめて要領を得た回答を施されていますので、その補足程度に言及します。

そういえば、「来」は、「きタル」と訓ぜられるのが一般のようではあります。それで「くル」と訓めば誤りではないかという不安も残りましょう。

・夫子の科を設くるや、往《ゆ》く者は追はず、来る者は拒《こば》まず〈『孟子』尽心下〉

この場合、「くル」と訓むのが慣用です。しかし、このような用例は乏しく、やはり「きタル」が通例だといえましょう。「きタル」と訓む、もっとも早い例が、「韓国《からくに》を　如何に言《いふ》ことそ　目頰子《めづらこ》来たる　むかさくる（向こうに離れている）　壱岐の渡りを　目頰子来たる」（『日本書紀』継体天皇・二四年）でしょう。

原文は「来たる」の部分「枳駄楼」と記しています。「きタル」と訓みえましょう。もちろん三句めの「来たる」は連体形、四句めは終止形、それで、ラ行四段活用をとることが分かります。そのことからすれば、「きタル」を、「来」＋「て」＋「あり」に由来するという説、「来」＋助動詞・完了の「たり」に由来するという説、いずれも文法的な慣行に沿うものではないゆえに、なお首肯しがたく思われます。

「春過而　夏来良之　白妙能衣乾有　天之香具山」（『万葉集』二八）、この有名な歌もまた、その訓において、諸説並びに起こったものですが、折口信夫「続万葉集講義」は、「来良之」について、その「音訓」の頃に、「きたるらしと訓んだのは代匠記であらう」とし、「きぬらしの方は、万葉の風としてはあるべきことだが、きにけらしは、気分訓みである」とします。そもそも、「省略体」の訓を確立することは至難のことに属するのですが、「非省略体」で記された、「波流岐多流良之」（春来たるらし）の訓と重ねあわせて、「きたると訓むことは疑ひはない様だ」と、折口は述べます。さらに、「言語」に項においてこれを、本居宣長『玉勝間』をはじめとする、「来而有」、つまり、「来」＋「て」＋「有り」、縮めて、「来」と助動詞「たり」に由来を求める説にたいして、「来たる」は四段活用をとるのだから、成立しようがない、と一蹴し、「きたるには、場処を明示する傾きがある」と、いつもの、ことばへの深い洞察を提示します。「来たる」は、「来」＋「至る」に由来し、音約して「来たる」となったとする、この折口説が当を得ているように思われます。なお折口は、その説、独創ではなく、栄田孟著の説を承けるものであることを追述します。その栄田の論文（中村幸弘『先生のための古典文法Q＆A100』に拠れば、「来学の活用及語源考」國學院雑誌・明治四四のこと）に示される説は、わずか音韻、文法の問題からのみ得られたのではなく、思うに、『爾雅《じが》』釈詁《しゃくこ》の「来は至るなり」、『詩』小雅・采薇《さいび》の「伝」にいう「来は至るなり」の語釈に応じた結果ではなかったでしょうか。とすると、折口の直感がとらえた、「場処を明示する傾きがある」とする印象は、たんに語感論にとどまらず、いっそう、ことばの初義に近づいた解釈とみてよろしいでしょう。

「至」字そのものは、矢の地に刺さる形、「場処」に到達することをいうものです。「ここに、やって来た」とでも訳すべき語ということになります。奈良時代の訓読に当たった人々は、たぶん、そういう語感を伝えるために、「くル」と訓まずに、「きタル」と訓じたのではないでしょうか。もと「来」字は、麦の象形であって、「来る」の意は、その仮借によって得たものでしかありません。そのことから、かえって「来至る」の「至る」のほうに語意の比重をかけたのではないかと推測されるのです。それが、たとえば「ぬ（寝）」を「いぬ」、「しぞく（退く）」を「しりぞく」、「とまる（止まる）」を「とどまる」などと訓むように、できるかぎり、和語を長文化する訓読傾向に従って、「くル」よりも、「きタル」の訓を定着させていったのかもしれません。

じっさい訓読文字には、その「きタル」の用例が数多く見られること、すでに築島裕『平安時代の漢文訓読語につきての研究』の示すとおりです。そこから二例、抽出させていただきます。

・流沙より萬里に来たりて〔『白氏文集』巻四・天氷点〕

・向かひ来たること、桂心が談説《ものがたり》するを見る〔『遊仙窟』・康氷点〕

しかし、「きタル」の訓は、やはり和文には調和しなかったのでしょう。せいぜい思い出されるのが、「この来たる人ぞ、心あるやうにいはれほのめく」（『土左日記』承平四年一二月二七日）くらいなのです。しかし、その『土左日記』は和文とはいいながら、随所に漢文体をちりばめている作品です。また『徒然草』にも、その用例が見えるらしく、これも訓読の影響を強く受けた書ですから頷きうるものがありましょう。

・独り坐す幽篁《いうくわう》の裏　明月来たりて相ひ照らす〔王維「竹裏館」〕

「きテ」では、月はなお所を得ることなく、何やら浮遊しているような印象が否めません。

・我れ酔ふて眠らんと欲す君且《きみしばら》く去れ　明朝意有らば琴を抱いて来たれ〔李白「山中対酌」〕

も、「こヨ」などといっては、リズムは破調しましょうし、「ここにこそ来るんだぞ」という誠実な心映えも見えてこないようです。

「くル」と訓むこと、あながち誤りとはいえません。先に掲げた『孟子』の一節がすでにそうであったように、可能ではあります。しかし、その場合、「くル」はあくまで「来る」ものと推量されるだけであって、「来る」ことが確定されたのでも、既成のこととなったのでもありません。しかも、どこに「来る」のか、その場所も不鮮明です。「至る」の意に比重を置かないからです。そのような場合は「くル」と訓でさしつかえないように思われます。

Q72

「降雨」「立春」など、なぜ、「降雨」「春立」の語順ではいけないのでしょうか。

A72

∴語序について

「立春」を「春立つ」とする用例は、おそらく和文に適応させた語であって、漢文には、そのような用例の見えないこと、あらかじめ述べておきます。漢文に「立春」とされるものは、日本でいう「立春」、その節季をいう語として用いられますから、文法の構造からすれば、連体修飾語＋名詞で一名詞を形成する語となります。「立夏」「立秋」「立冬」いずれも同様です。ご質問の意味では、やはり「春来」とでもすべきでしょう。「降雨」についても、

・降雨（＝降雨）下りて、山水出づ〔『管子』度地〕

のように用いるのが一般で、その成語構成は「立春」のそれと変わるところがありません。ただ、

・源隰《げんしつ》（原と沢）の龍鱗、渠《きょ》を決して（決壊させて）雨を降《くだ》す（＝降雨）〔班固《はんこ》「西都賦」〕

とする場合は、たしかに主述の関係をいうように、一見、思われます。しかし、これとて、「雨」は、客体でしかなく、「降」の主体は、「龍鱗」に他なりません。したがって、この語順で、不審のないことと思われます。どうやら、ご質問の意図は、たとえば現代中国語に慣用される「下雨」のごとき、語順のことについてではないかと推測されます。これを訓読すれば、「雨下る」となるのですから、「雨下」と表記すべきことではないのか、といった趣旨の、ご質問と受けとめさせていただき、そのうえで、少し説明を加えてまいりましょう。

じつは、もともと「雨」なる語が名詞的に用いられ、それゆえに、主語の位置を用いえたかというと、すこぶる問題です。遡って甲骨文を検討してみると、単独で「雨」雅文を形成する辞例が数多く見られます。ほとんど占辞に用いられて、「雨ふらんか」と訓読され、またその占卜《せんぼく》の結果として、「雨ふる」と訓読されます。つまり、「雨」は動詞的に用いられるのが古形だといえるのです。したがって、漢文では、「雨が降らない」の意を「不雨」と記すのが一般で、「無雨」とは言わないようです。

・今日、雨ふらず、明日、雨ふらずんば（＝不雨）、即ち死蚌《しぼう》有らん〔『戦国策』燕策〕

もっとも名詞化して、「雨あり」と訓読する可能性もないとはいえませんが、「勿雨」などの辞例があり、これを「雨勿きか」とするのは、いささか無理があるようです。「勿」の前は、体言化して訓まれる習慣があるのですが、それは、あくまで活用語の体言化をいうのですから、やはり「雨ふること勿きか」とするのが妥当でしょう。あるいは、「雨」の実態を省略し、たんに「雨《ふ》る（こと）勿きか」とすべきでしょう。また、甲骨文には「大雨」などの辞例も見え、これは「大いに雨ふる」と訓読するのが無難だと考えられます。

こうしてみると、「雨」は、そもそも単独にして動詞として把握されていたということになります。「雨雪」の句は、「雨と雪と」の意味ではなく、「雪雨《ふ》る」の意味でなければなりません。このとき、ご質問は、このような用例にかんすることでもあるような気がいたします。そうなら、この「雪」は、主語として用いられているのに、というご感想をもたれたのではなかろうかと推測されます。

ひそかに思うことですが、「雨ふる」の場合などは、「雨」は述語的に用いられているのであって、その主体は、目に見えぬ自然の摂理、あるいは、「神」とでもいうべきものとして認識されていたのではないでしょうか。したがって、そのような自明の主体は省略されたと考えてもいます。原始的な観念や認識は、たんに自然観のみならず、なお言語世界にも投影されつづけるもののようです。

じっさい、班固「西都賦」においては、その主体は「龍鱗」、まさしく、「雨」の主体は、「神体」というよりほかないものです。「雨る」状態を操作しうるものが、ここでは「龍鱗」だと強調されることから、その主語が明示されているのではないでしょうか。「雨」は自動的に「ふる」のではなく、いわば「ふらされる」ということになります。それなら、甲骨文の「雨」は、あるいは「雨ふらす」と訓めなくもない、と思ったりするのです。もちろん「ふらす」のは、神です。

Q73 ：「仮定条件＋ば」について

漢文訓読では、「明日不雨、即有死蚌《しぼう》」を「明日雨ふらざれば、即ち死蚌有らん」と訓むように、已然形に「ば」をつけた形でも仮定条件を示している場合があります。生徒を指導する上で、やはり仮定条件を表すなら、未然形にして訓むべきだと思うのですが、いかがでしょうか。

A73

ご指摘の文、『戦国策』中、「漁父の利」の成語の出所となるものです。

・鷸《いつ》（しぎ）曰く、今日、雨ふらず、明日、雨ふらざれば、即ち死蚌《ぼう》（どぶ貝）有らん、と、蚌も亦た鷸に謂ひて曰く、今日、出でず、明日、出でざれば、即ち死鷸有らん、と〔『戦国策』燕策〕

たしかに「明日不雨」の句は仮定条件を示しているのですから、日本の文法に従うなら未然形接続として、「明日雨ふらざらば」として然るべきです。しかし、訓読上では、未然形「ざら」を用いること少なく、「明日雨ふらずんば」とするのが慣習のようです。したがって、教科書『古典Ⅰ』（右文書院）などは、『新釈漢文大系』にもとづいてということで、

・鷸曰く、今日、雨ふらず、明日、雨ふらずんば、即ち死蚌有らん、と、蚌も亦た鷸に謂ひて曰く、今日、出でず、明日、出でずんば、即ち死鷸有らん、と〔『戦国策』燕策〕

としています。これで、ご質問の件は解消されるかに思われるのですが、しかし、仮定条件を示すことが明瞭であるにかかわらず、「ば」に已然形接続させる表記があいかわらず多く見うけられます。それで、指導に当たっても、訓読の上では、未然形接続、已然形接続いずれでもよろしい、というように説明されている

ものと推察されるのです。ほんとうは、やはり、それは望ましいこととは思われません。おっしゃるとおり、明確に識別されて、仮定条件なら未然形接続、仮定条件なら已然形接続と、是非ともお願いしたいくらいなのです。

そうであるのに依然として、そのへんを曖昧にしている現実があることも、また確かなようです。たとえば、「動」を「ややもすれば」と訓み、けっして「ややもせば」とは訓みませんし、「何」は、やはり「なんとなれば」でしょう。もっとも、これらは一語として理解することが可能でしょうから、ご質問の趣旨を外れるのかもしれません。

もう一つは、「則」を「レバ則」として訓みならわしてきた伝統の強さが、あるいは、影響していようかとも考えられます。「レ」を未然形に含む語はありませんから、「レバ則」は、已然形の訓を要求していることになります。「否則（しからざればすなはち）」「微（なかりせば）」など、動かしようのないものがありましょう。しかし、また「然則」は「しからばすなはち」と訓まれるのですから、かならずしも「レバ則」の通用しないこともあるのです。その「則」を単独に用いる場合、として、一般の訓読は、

・倉廩《さうりん》実つれば則ち礼節を知り、衣食足れば則ち栄辱を知る〔『管子』牧民〕

となります。どうやら、仮定用法とも、確定用法とも、いずれに解されてよいもののように思われます。判別しがたい場合を、確定用法に収めようとする傾向があったのでしょう。同じ「則」の用例として、

・大凡《おほよそ》、物、其の平を得ざるときには、則ち鳴る〔韓愈「送孟東野序」〕

「物其不得平」は、仮定条件をいうこと自明です。したがって、「得ざれば」を避けて、「得ずんば」とすべきです。ただ、同じ仮定用法としての「〜トキニハ」を訓として施しているだけです。いずれにしても未然形の訓をできるかぎり避けようとする傾向のあることは否めないように思われるのです。あるいは、その

日本語の用言において、一般的に、未然形は短文的、已然形は長文的である、というような性格があり、訓読の使命上、その長文化をはかる無自覚の配慮があったのかもしれません。

しかし、そのような慣習を持つことになった、より深い理由が、どうやら他にあるような気もするのです。訓読においては、その仮定用法と確定用法の別を明確にしようとする意思を欠いていたことが挙げられましょう。訓読の歴史からしても、そこにかなりの出入が見られるからです。ただ「モシ」を伴う文ならば、多く未然形で訓まれているのですから、未然形接続があらかじめなかったわけではありません。ということは、仮定用法であることの条件が確認されて、はじめて未然形を用いたということです。

築島裕『平安時代の漢文訓読語につきての研究』によれば、その例、

・若し仏母の形を作らは《ママ》（＝者）当に天女の像の如す《ママ》当し《ママ》〔架蔵『大日経』疏・保延点〕

を挙げます。「若（もし）」が伴い、仮定用法が決定されているところから、「作らは」と未然形活用されたのでしょう。あるいは、「者」を「トキニハ」「ハ」と訓じて、仮定用法であることの確認を得たためかもしれません。「者」そのものが、仮定条件を伝える語であったともいえましょう。

・若し仏母の形を作るときには、当に天女の像の如くすべし

として、事足りたわけです。

また、「モシ」など端的に仮定用法を示す語をもたなくとも、たとえば、

・子曰く、入りては、則ち孝、出でては、則ち弟、謹《つつし》んで信あり〔『論語』学而〕

など、「レバ則」の準則に反して、「ハ」の訓で仮定用法を指すこともあったようです。この例が、仮定用法と認められないならば、さらに、

・過《あやま》ちては、則ち改むるに憚《はばか》ること勿かれ〔『論語』学而〕

においては、明らかに仮定用法であり、「ハ」で訓んでいるのです。しかも、この訓は異例ではなく、むし

ろ慣行されていた訓です。

かくて、日本の訓読においても、その仮定用法、確定用法を全然、使い分けしなかったわけではないことが、明らかになります。ただ一般的にいえば、仮定用法において、特別の条件のないかぎり、未然形を用いようとする意向は乏しかったという事実が浮上してくるのです。もっとも、「ば」に接続する語が、形容詞、形容動詞、動詞以外のものなら、かなり、その未然形接続が守られていること、ご承知の通りと思います。「使役」の語に接続するなら、「しめば」が普通であって、「しむれば」をほとんど用いることがありません。「可」は「べければ」の訓はまずないといってよく、ほぼ「べくんば」と未然形接続させます。また慣用句「微」を「なかりせば」、「不者」を「しからずんば」など、いずれも未然形が慣用されています。ご質問の「不雨」は、そのように、「雨ふらずんば」と「不」を未然形に訓むことで解消されましょうし、訓読がまったく未然形を排除したのではないことが、お分かりになったのではないでしょうか。

気がかりなのは、もっぱら形容詞、形容動詞、動詞に接続する場合なのです。参考書、教科書いずれをとっても、そこに一貫した姿勢を見ることができません。

・君に勧む更に尽くせ一杯の酒　西のかた陽関を出づれば故人無からん〔王維「送元二使安西」〕

も、もちろん「西出陽関」は、仮定条件を示すものですから、「いでば」とするのが妥当のことでしょう。しかし、このように格調高く訓んできた、訓読の伝統に、ついに文法は抗しえないということだったのです。そしてこのような伝統は、「いでば」とするより、「いづれば」として、重い響きを伝えようとするはからいに出ているのでしょう。たとえば「見ば」とするよりも、「見れば」と已然形に訓むのが、音調の上で、長文化して安定性をもつように、とくに漢詩にあっては、その要求のきわめて強いものがあります。その伝統を重んじて、「いづれば」と訓む立場も、もとより尊重するに値すべきかと思われます。ただ散文においては、その音調の破綻することのないかぎり、日本文法に準拠した訓読が許されてよろしいかと思うのです。

Q74 ：「再読文字」の由来

「再読文字」はいつごろから、漢文訓読の慣習として定着したのでしょうか、また、どうしてそういう特殊な訓読法を思いついたのでしょうか、説明してください。

A74

周知のとおり、「再読文字」という概念は、あくまで日本の訓読のうえでの文法的な手続きをいうものですが、漢文にあっては、文字通り文章を反復して読む作業を意味するのみです。

・再読して輒《すなは》ち誦す〔『旧唐書』蒋乂《しょうがい》伝〕

・方平《はうへい》、少くして穎悟《えいご》絶倫にして、凡《おほよ》その書は、皆、一閲《いちえつ》して再読せず〔『宋史』張方平伝〕

さて訓読における「再読」の実行がどこまで遡りうるかとなると、やはり大雑把に平安期ぐらいとしかいえません。

・晨《つと》に起きて皆当に師に白《まう》すべし〔東京博物館蔵『大日経問疏』巻五・康和点〕

「当」の左下に「✓点」が施されていますから、「まさに〜べし」と再読されたのでしょう。もっとも、『日本書紀』神代紀上に「当に早に天に送りて、授けるに天上の事を以てせんと欲す」があり、ここでは、「当」は「まさに〜む（ん）」と再読されています。「将」と通用することがあったと思われます。

・薄《しばら》くして将に奈何《いかん》せんとする〔猿投神社蔵『白氏文集』巻四・「陵園妾」・文和二年点本解読〕

「文和二年（A.D.1352）」には、すでに「将」が「まさに〜んとす」と再読されていたということを示します。『名義抄』も、「将」を「マサニ…トス」と訓じています。しかし、『日本書紀』神代紀上に「須戔嗚命《すさのおのみこと》、将に天に昇らんとする時」とする訓点があり、また『竹取物語』に「まさに世に住みたまはん人の承りたまはで…」の記述が見え、その訓読の原型は、「まさに〜む（ん）」でなかったかと想像されます。むしろ助動詞「む」をふりがなとし、「す」は添字であった可能性をここに感じるのです。じっさい「再読文字」は「副詞〜助動詞」を原則とするのですから、「まさに〜す」の訓は不自然ともとれましょう。そのとき、もし、「まさに〜む（ん）」が本来の訓であったなら、その矛盾も解決することになります。のち添字「とす」が加わって、今の訓になったと考えてよいのではないでしょうか。

・宜《よろ》しく高帝の嗣《つぎ》為るべし〔『孝文本紀』・延久点〕

とあり、「宜」もまた「再読」されています。ただ、

・不浄の身、宜しく屏《しりぞ》き遠ざかる須し（＝宜須屏遠）〔『慈恩伝』巻一〇・承徳点〕

では、「宜」に「よろしく」の訓を、「須」には「へし」の訓を当てているようですが、「宜」「須」の連文を「再読文字」として処理しようとしたからにほかなりません。「未」についても、

・精勤修習して、未だ、嘗《むかし》より暫《しばら》くも捨てず〔『世俗諺文』・鎌倉期点〕

と、「ず」と呼応して「再読」されています。

「猶」は、比況の用法のときのみに、「ごとし」と呼応して再読され、「盍（蓋）」は、「何」「不」の合音されたものゆえ、とうぜん係り結びに従って、「なんぞ〜ざる」と再読されています。じつは、再読文字の原理は、この「盍」の訓読から生まれたもののように思えてなりません。もちろん、「何」「不」を併せて訓む方法から広げて、他の副詞的な意味を含む字に援用したのではなかろうかと推測されるのです。

さて、平安期には、博士家によって訓読の様式がすでに異なっていたことが分かっていますが、こと、「再読文字」にかんしては、どうなっていたのか、いささか検証してみまっしょう。

『毛詩抄』は、清原宣賢《のぶかた》が、その清原家の訓読の伝統を伝える書物です。とどうじに、そこには他家の訓読も付記されています。

・未だ君子を見ざれば　惄《でき》（憂えるさま）たること調《あした》に飢《うへ》たるが如し（＝未見君子　惄如調飢）〔『詩』召南・汝墳《じょふん》〕

これが、明経道・清原家の訓読だということです。そして、宣賢は、「調に飢たるが如し」の左に、「（調）のうへの」と、文章道・大江家の訓点を添えているのです。その訓読の相違を示し、自家の訓読の正当であることを主張するのでしょう。ところが、「未だ君子を見ざれば」の項には、その附記が見えません。共通の訓をもっていたということです。「未」は、清原、大江家、ともに、古くから「いまだ〜ず」と「再読」されていたことが実証されます。また、

・方将《まさ》に萬舞せむとす〔『詩』邶《はい》風・簡兮《かんけい》〕

と、鄭箋に従った訓読です。やはり「将」が「再読」されていることが分かります。

おおよそ、期日をもって、その「再読文字」の発生を説くことは困難です。しかし、いいうることは、仏典の訓読においても、漢籍の訓読においても、また「博士」家においても、すでに古くより、再読の方法を相互に承認しながら用いていたことが知られましょう。とくに「よろしく」「すべからく」など訓読特有の語を用いて、その副詞と助動詞の呼応を巧みに表記しえていたことは、感嘆に値するのではないでしょうか。

Q75 :「曰く」の訓読

「曰く」などいわゆる「〜ク語法」は、どういうことから成立したのですか、説明してください。

A75

まず『大言海』によれば、「曰ふノ延言、宣ふノ、宣はく、忍ぶノ、忍ばくノ類」とされ、そこに引かれる語例は、「かぐや姫、翁にいはく」（『竹取物語』）、「梶とりの曰く、この住吉明神は、例の神ぞかし」（『土佐日記』二月五日）、すなわち漢文調を基調とする作品に見えるということです。それが、すでに訓読語となっていたからにほかなりません。もっとも一説では、「～ク（ハク）」のような言い方は、すでに奈良時代の語であり、それが訓読語のうちに吸収されたのだとされます。

いわゆる「ク語法」をとる例には、「言ハク」「思ハク」「問ハク」「申サク」など、「四段動詞・未然形＋ク」の形式、また、「命ズラク」「念ズラク」「相伝スラク」など、「サ変動詞・終止形＋ラク」の形式があり、後続する心中語、あるいは会話文を導く句と考えられます。そして、それ自体を「体言」句とするものとしてよいでしょう。それなら、どうしても文末に「述語」句が要求されるはずです。ちょうど『古事記』の「曰く～といふ」のような形式です。それが本来の用法ではなかったかと思われます。

・王陵が曰く、……今、呂氏を王とせむは約を為《つく》るに非ず、という〔『呂后本紀』延久点〕

しかも、そのような書式は、かなりのちまでも継承されたらしいのです。

・我曰はまく、赦《ゆる》し宥《なだ》めよ、いとはん〔『群書治要』清原教隆点〕

明経家・清原教隆は、鎌倉の幕政に参与したと伝えられる人物です。すくなくともこの頃までは、「曰く～いふ」形式が習用されていたのでしょう。

一方、「述語」句の「いふ」を失った形式が、平安期から現れていることも事実です。

・即ち謂《おも》はく、……適時の教なり、と〔『慈恩伝』序・延久点〕

というようにです。むしろこの形式こそが普及して、今に至ったとみるべきでしょう。

もともと、「ク語法」をもって後続する文が、心中語や、会話文、引用文であることを指示したはずです。

そのとき和文脈においては、当然、「述語」句が要求されます。しかし、のち、後文を受ける「と」を置くだけで、そのことが自明であるとされたとき、句末の「いふ」「おもふ」などの「述語」の省略ははじめて可能となったのでしょう。あるいは「ク語法」が、たとえば「疑フラクハ」「恨ムラクハ」「願ハクハ」などと、ほとんど呼応の副詞として処理されることになったときに、同語の反復（たとえば「いはく〜いふ」）は、避けられていったとも考えられるのです。

・庶《ねが》はくは、景福を延べて式《もつ》て冥助を資せむ（『慈恩伝』巻八・承徳点）

古い方式からすれば、「庶はくは、景福を延べて式て冥助を資せむと、庶ふ」となるはずでした。しかし、もはや「庶はくは」を「む」が受けることによって、接続する「庶ふ」は不要とされ、そして、それが「体言」句としての用法にも代用されるようになったとき、同語反復は避けられていったのではなかろうかと思われます。

ちなみに「ク語法」の語源にかんしては、はっきりしない点が多いようです。先に述べたように、「未然形＋ク」が原則であるとする説、「終止形＋ラク」が原則であるとする説、さらに「終止形＋アク」とする説、決着を見ません。ちなみに、「終止形＋アク」というのは、具体的には、たとえば「いふ」の終止形「いふ（ihu）」に「あく（aku）」が付き、音約して「いはく（ihu-aku ＝ ihaku）」となるということです。そのち、「待ツラクハ」のように、四段活用の動詞にも「ラク」が加わる現象が生じますが、原則に反することとしかいいようがありません。

Q76 ∴「過去」を示す訓読

漢文訓読のときに、明らかに「過去」を示す句はどう表記すればよいのでしょうか、説明してください。

A76

「時制」にかんするご質問、たしかに英語のように「時制」による活用を漢語がもたないこと、また日本語のように「時制」を示す助動詞をもたないこと、その認識を前提とされてのものでしょう。もっとも漢文には、副詞によって「過去」「現在」「未来」の事柄を示す法はあります。

たとえば「将（まさに）」「且（まさに）」「行（ゆくゆく）」などの副詞によって、「未来」を表現していることが分かります。「今（いまに）」もまた、近い「未来」をいう例でしょう。「現在」なら、「方（まさに）」「鼎（まさに）」「正（まさに）」「今（いま）」「見（げんに）」などの例がありましょう。

そこで、「過去」の場合ですが、その副詞の語例は、まことに多く、「昔（むかし）」「向（さきに）」「既（すでに）」「已（すでに）」「夙（つとに）」「嘗（かつて）」「素（もとより）」など、枚挙にいとまがありません。また助字的な語例として、「已（やむ）」「了（おはんぬ）」も挙げられましょう。しかし、そのような語例のことではなく、じつは、ご質問の趣旨は、「過去」をいう文を訓読に移すとき、それをどう処理すべきか、という疑問であろうかと察せられます。それは、もっぱら国語の問題ともいえましょう。

小川環樹・西田太一郎『漢文入門』の訓読によれば、その文章の様式に従って、送りがなの施し方が異なっていることに気づきます。「墓誌銘」の体裁においては、「過去」のことを示すために、往々、完了の助動詞「たり」「り」を用い、「書簡」の体裁をとる文章に至って、はじめて「過去」の助動詞「き」が用いられるのです。

・道里遼遠《れうゑん》にして樸愚を壅蔽《ようへい》し（隔てる）、未だ嘗《かつ》て書を致さざりき〔『漢書』文帝「賜南粤王趙佗《なんえつおうちょうだ》書」〕

・已に人を遣《つか》はして存問《ぞんもん》せ（世話をする）しめ、先人の塚を修治せしめき〔『漢書』文帝「賜南粤王趙佗書」〕

それぞれ「嘗」「已」の呼応関係を配慮した上での訓読というべきでしょう。

さて、訓読において、その送りがなには、格別の規制はないと考えてよいと思われます。ただ、その文脈の的確な把握を前提としてのみ、柔軟であるべきといえましょう。「過去」を示す助動詞の用い方一つとっても同様のことがいえ、その文脈に沿うなら、「けり」でも「き」でも可能のことだと思われます。また「つ」「たり」「り」「ぬ」など、完了の助動詞を用いて、「過去」を暗示することも可能でしょう。しかし、従来の訓読の慣習はやはり考慮されなければならない、と考えます。

訓読の歴史において、まず「けり」の用例は乏しいといわざるをえません。

・法師を見て、驚嘆すらく、支那は遠国なり、是《か》くの如くなる僧有りけり〔『慈恩伝』巻二・延久点〕

・失せたまひにけり〔『菩薩投身施餓虎経』・院政期点〕

のようになくはないのですが、一方は「驚嘆すらく」の句があり、一方が強い悲哀を表現しているように、じつに「詠嘆」の用法と見るのが自然であって、「ける」「けれ」など終止形以外の用例がなきに等しいのは、おそらく「けり」を単純に「過去」を示す語として認めていなかったのではなかろうかと、推察されるのです。それだけ「過去」を示す送りがなとして、「き」が多用されていた事実を述べたかったのです。じっさい「過去」形をも「現在」形で訓読しようとする現今の趨勢において、なお「き」が残る所以です。

完了の助動詞で代用するとなると、

・情、先覚に謬《あやま》つと雖も而《しか》も、迹《あと》、驕餌に淪《しづ》めり〔九条本『文選』巻二〇・承安二年点〕

の例のように、「り」が、「ぬ」の頻度をはるかに上回ります。

「つ」「ぬ」には、どうも特定の語との対応があるようで、たとえば「殺す」「記す」「斬る」などの語には「つ」が、「中《あた》る」「蒙る」「知る」などの語には「ぬ」が従います。日本の古文法の、静的なものには「ぬ」、動的なものには「つ」を付けるとする識別の方は、訓読の領域にも通用するのです。

・君を思へば人をして老いしむ　歳月忽ち已に晩れぬ〔「古詩十九首」其一〕

は、「ぬ」を用いるのが慣習です。あるいは、「行為」を示す動詞にたいしては、「つ」、「状態」を示す動詞にたいしては、「ぬ」と訓む、と言い換えてもよいでしょう。

「過去」を表す語をどう訓読すべきか、という問題は、つまりは漢文の趣旨を、日本の文法を適用しながら、どう的確に読みとるか、伝えうるか、ということに尽きます。

Q77 ：目的語、補語の訓読

「唯見長江天際流」は「唯だ長江の天際に流るるを見るのみ」と訓まれるはずなのに、「唯だ見る長江の天際に流るるを」と教科書には訓読されています。その理由を説明してください。

A77

人口に膾炙される、李白の七言絶句、「故人西辞黄鶴楼　烟花《えんくわ》三月下揚州《やうしう》　孤帆遠影碧空《へきくう》尽　唯見長江天際流」を訓読しましょう。

・故人西のかた黄鶴楼を辞し　烟花三月揚州に下る　孤帆遠影碧空に尽き　唯だ見る長江の天際に流るるを〔李白「黄鶴楼送孟浩然之広陵」〕

まず不審なのは、「碧空尽」「天際流」が、それぞれ語序に転倒があるのではないかということです。しかし、そのことは、いわゆる脚韻、平仄なる「漢詩」の規則において、そう配列される必然性があったということで承知されましょう。

ところが、「唯見長江天際流」を、「唯だ見る長江の天際に流るるを」と訓むのは、より不審であるとするご指摘のとおり、いかにも本来の訓読法に従うなら、「唯だ長江の天際に流るるを見るのみ」と訓むべきでしょう。

つまり、返読されていないこと、しかも、「唯だ」に呼応する「のみ」が脱落していること、それが、不審の理由かと思います。

たしかに「唯だ見る長江の天際に流るるを」の訓は、倒置的であるように見えます。しかし、それは、訓読する側の視点からいうのであって、「漢文」そのものに問題があるわけではありません。このことは、やはり「訓読」の問題として処理される必要がありましょう。

ところで、このような倒置的な訓読は、「漢詩」の領域においてのみ可能であるとする説明がなされてきました。なるほど「不知何歳月、得与爾同帰」が、

・知らず何《いつ》れの歳月にか　爾《なんぢ》と同じく帰るを得ん〔韋《い》承慶《しょうけい》「南中詠雁」〕

「両岸猿声啼不住　軽船已過萬重山」が、

・両岸の猿声啼いて住《や》まざるに　軽船已《すで》に過ぐ萬重《ばんちょう》の山〔李白「早発白帝城」〕

「艱難苦恨繁霜鬢　潦倒新停濁酒杯」が、

・艱難《かんなん》苦《はなは》だ恨む繁霜（白髪）の鬢《びん》　潦倒《ろうたう》（衰落したさま）新たに停《とど》む濁酒の杯〔杜甫「登高」〕

「姉妹弟兄皆列士　可憐光彩生門戸」が、

・姉妹弟兄皆士を列《つら》ね　憐れむべし光彩の門戸に生ずるを〔白居易「長恨歌」〕

と、それぞれ訓読されてきたようです。

　要約しうることは、すべて「漢詩」であり、また、目的語に先んずるすべての句が、「副詞（助動詞）＋動詞」の語序をとっているという事実です。そこから、ことに音読のリズムが配慮される「漢詩」において、強調される動詞がいちはやく訓まれる傾向が看取されましょう。しかも、そのリズム的な効果を損なわぬため、動詞をことごとに現在形で訓むという慣習も定着していましょう。たとえば、強いて、「唯だ～のみ」の「のみ」を去るのも、そこに、冗長を避け、緊縮した句調をつくろうとする意想によるものと考えられます。しかし、「副詞（助動詞）＋動詞」の配列をとるものが、つねに倒置的な訓読で処理されたのかというと、かならずしもそうではないようなのです。

「夜来風雨声　花落知多少」の一般的な訓読、

・夜来風雨の声　花落つることを知りぬ多少なるを〔孟浩然「春暁」〕

では、「知」が単独に用いられ、それが倒置されて訓まれています。

また、「漢詩」の領域に限って、この訓読が成立するかとなると、「相看両不厭　只有敬亭山」は、「漢詩」でありながら、なお「ただ～のみ」の呼応を保って、

・相ひ看て両《ふたつ》ながら厭《いと》はず　只だ敬亭山有るのみ〔李白「独坐敬亭山」〕

と返読されません。

もっとも、同じく「ただ～のみ」とすべき、「空山不見人　但聞人語響」は、

・空山人を見ず　但だ聞く人語の響〔王維「鹿柴《ろくさい》」〕

と返読、倒置されず、しかも「のみ」が消去され、「目的語」を示す「を」すらを省いて訓むのが通例のことです。

　とすると、倒置的な訓読が「副詞（助動詞）＋動詞」の配列においてはじめて可能であるという認識に

は、疑念が残るところになります。さらに「但見、地塵起、黒烟滾滾《こくえんこんこん》東向馳去」は、

・但だ見る、地塵起こり、黒烟滾滾《こんこん》として東に向かつて馳せ去るを〔魏禧《ぎき》「大鐵椎伝《だいてつついでん》」〕

と、「散文」でいて、しかも地の文でありながら、返読されないのが、これまでの慣習ではなかったでしょうか。もっとも、この場合は、「子曰く〜と」「我れ聞く〜を」「説道《いふなら》く〜と」「聞道《きくなら》く〜を」などといった体裁に沿う訓読であるかもしれませんが。ほんとうは、「見」字に、おのずと視線を惹こうとする思惑を認めないわけにはいきません。それを、訓読の思想といってもよろしいでしょう。いわば強い感動を伝えるべく施された訓読の手法の一種です。

一概に倒置的な訓読が、「漢詩」の領域においてのみ許容であるとは言い切れないものがありましょう。引用したように、この種の訓読法は、たしかに「漢詩」に多い事例とはいえそうです。しかし、それはあくまで数量において、そうといいうるだけだと思われます。

どうやら、まとめの段階にきました。「漢詩」に限らず、また、その語序にもかかわりなく、ともかく、その詩的な言説、その音調の効果を強く求める言説において、倒置的な訓読は許容される、と結論することが、妥当であるような気がします。

Q78 ∴「訓読」の意義

漢文を訓読するようになった由来と、意義について説明してください。

A78

漢文を外国語として、その国の声音に従って読むことを、かりに「語学」というなら、日本は、たしか

にそれとは異なった学習方法を採用したといえましょう。その方法が、いわゆる「訓読」です。その「訓読」が、さていつのときから、どういう経路をたどり、開発されたのかは、つきとめられようもありません。あるいは新羅《しらぎ》の薛聡《せっそう》にはじまるとされる「吏読《りと(う)》」のうちに、あるいは、その模範があるのかもしれません。その「吏読」は、朝鮮において、主として法律文書に見えるもので、李朝に至って、その呼称を得、近時にまで及んだ文書様式であって、そこから、朝鮮が漢文をどう受容してきたのかの一斑を窺うことができましょう。

・長抱未死之痛、未絶通天之哭為白如乎、何暇敢発如此犯上之言乎、此外更無所達、右良（「進士李好譲年三十八」）

これは、中枢院編『吏読集成』に収録する「文例」からの一部引用です。おそらく、内容を推すに、「李好譲」なる人物への弔辞のようなものであったろうと考えられます。そこで、この文例が「漢文様式であることは瞭然なのですが、じつは、傍点を加えた部分は、その「漢文」様式に馴染まない部分を指しています。つまり「吏読」は、「漢文」様式に朝鮮語を補充することによって、「漢文」を消化する文書様式であることが分かりましょう。このとき、やはり『吏読集成』の挙げる語解によれば、それぞれ「為白如乎」は「ha-salp-ta-on」を音とし、「～セラレマシタノニ」が義、「右良」は「im-ui-io」を音とし、「右ノ通リ」すなわち「さように」を義とすることになります。

いま、傍点部を除いて「訓読」するならば、

・長く未だ死せざるの痛み、未だ絶えて天に通ぜざるの哭《こく》を抱くに、何ぞ敢《あ》へて此くの如《ごと》き上を犯すの言を発するに暇《いとま》あらんや、此の外に更《さら》に達する所無し

とでもなりましょうか。日本の「訓読」が、「漢文」に「送りがな」を添えて、その文脈の接続を明確にしていったように、「吏読」もまた、副詞、助動詞、助詞を添えることによって、接続関係と、記述者の心意

をそこに投入しているのです。日本にはほとんど見えない「尊敬」「丁寧」の意が、ここでは明示されます。「為白如乎」、「右良」は、ちょうど、「訓読」における「送りがな」の扱いに相当していることが了解されます。日本の「訓読」が、「吏読」の方式に準拠していることは、ほぼ確実のように思われます。

「訓読」は、まず朝鮮の「漢文」受容のありかたを通じて、生まれたといってよいでしょう。しかし、ただちにそのことから、日本の文化的な自立性、創造性の乏しさを論ずることは、早計のことに属しましょう。「訓読」は受容の様式でもあり、また創造の様式でもあるといってよいのです。「訓読」は、たんに機械的な翻案ではなく、そこに、朝鮮の「吏読」がそうしたように、日本でもまた、「和語」を、それに当て、なお「送りがな」に託して、細やかな心意を伝え、場所と時間の関係と、文脈の抑揚を考察し、かつ巧みに表現するという、はなはだ困難な課題を克服してきました。その成果は、現在にまで継承されます。それは、十分に独自の文化であるといってさしつかえなく、そのとき、そうして成立した「訓読」は、かりに「漢字」が用いられているとしても、いささかも、「国語」と異なるものではないはずです。「訓読」は、「漢文」中の語彙を、日本語に置換したにとどまりません。それに相当する、もっとも適切な「和語」を選択し、膠着語固有の助動詞や助詞、あるいは副詞的な語をもって、文章の承接関係をとらえていく、その作業には、結局、日本独自の認識と表現が前提とされましょう。「訓読」は、日本の意識と内面を歴々と反映しているのです。そのような「訓読」を去ることは、日本の文化自体を棄却することにひとしい、といえなくないでしょうか。

「訓読」するさい、先人が、漢語に対し、けっして安易な造語をもって軽々しく対応させてきたのでないことというまでもありません。あれほど「漢文」臭をただよわせる「いはく」「ねがはくは」「ごとし」「すべからく」「あに」「けだし」の類ですら、じつは奈良時代語であることが、山田孝雄『漢文の訓読によりて伝へられたる語法』によって確証されています。その論述は、国語と漢語との綿密な比較において、最も適切な国語を選択するという、きわめて実証的であった訓読の歴史を精査したものです。

たとえば、「如」という比況の訓に、「ごとし」を当てたのは、「ごとし」の「こと」に、物事の同一性をいう義がそもそも備わっていたからでしょうし、「曰」を、あえて「いはく」と訓んだのも、その「く」が、用言を名詞化する語法として通用されていたからでしょう。「訓読」は、こうして、漢語の認識と、さらに国語の認識を対照することにおいてはじめて成立しえたものです。「ごとし」「いはく」などが、どれだけ「訓読」特有のものに映ろうとも、それが国語のうちから、厳密に選択された語であることに留意する必要があろうかと思うのです。ただ、のち、それらの語は、「和文」脈に収められることが稀であったために、「訓読」語のうちに囲いこまれただけのことです。

じじつ、それらの語が、古くは「和文」と自在に交通していたことも事実です。とくに『伊勢物語』や『土左日記』のうちに出入、共有する語の多見されることを、築島裕『平安時代の漢文訓読語につきての研究』が検証しています。

すでに江戸・岡本保孝『博士読攷證』が、その「訓読」特有語の「和文」のうちに用いられた語例を捜求するところの著です。漢文「訓読」語とされる「いはく」が、すでに『竹取物語』に多見し、「あへて」が『宇治拾遺物語』『今昔物語』に、「あまつさへ」が『後撰集』に「あたはず」が『落窪物語』に見いだしうる旨を指摘します。なかにはどうも漢文「訓読」語ならぬ語もあり、その抽出はかなり杜撰なのですが、しかし、すでにして「訓読」語と上代、中古の語との密接な関連を看取しえていることは注目に値することでしょう。しばらく、先人の「訓読」作業の過程のうちに、その言語の認識と表現のありかたをたどってまいります。

『毛詩抄』は、清原宣賢《きよはらのぶかた》の講義を門弟が筆録したものですが、『詩』にかんする清原家固有の訓点、注釈が一挙に集約されたものとしてさしつかえなかろうと思われます。「出自北門　憂心殷殷　終窶且貧　莫知我

艱　已焉哉　天実為之　謂之何哉」に対する、その清家の訓点に沿って「訓読」するならば、

・北門自《よ》り出づ　憂ふる心殷殷《いんいん》たり　終《つひ》に窶《やつやつ》しうして且《また》貧し　我が艱《なやみ》を知ること莫《な》し　已《や》むなんや　天の実《まこと》に為《す》るなる　謂《つと》むること何ぞや〔『詩』邶風《はいふう》・北門〕

となります。ここで「憂心」は「憂ふる心」と訓まれます。ほか、「貧」を「貧し」とし、「艱」にあえて「なやみ」とふりがなを施すことからすれば、漢文をできるかぎり漢文の語調においてとらえながらも、できるかぎり「和語」のうちに吸収、編成することが、「訓読」の主旨でもあったということを物語っていましょう。ただ、その傾向が、漢文独自の音調性を失うであろうことも、とうに認識されていたようです。したがって、「陟彼崔嵬　我馬虺隤」に点した、大江家の、

・彼の崔嵬《さいくわい》に陟《のぼ》りて　我が馬虺隤《くわいたい》とやみぬ〔『詩』周南・巻耳〕

の訓を補うのは、そのためです。「虺隤」は「病み疲れる」の意、それを「和語」にして「やみぬ」と訓みます。それに加えてあえて、「虺隤と」と、その音調を伝えるのです。この「音読」「訓読」併用の方式を、「文選読み」と呼びます。

　また「若夫積石山者、在平生城西南、河所経也」に至っては、その点者を審らかにしえませんが、

・若《も》し夫《そ》れ積石の山は、平生城西南《ひつじさる》に在らむや。河の経《ふ》る所なり〔『遊仙窟』巻一・醍醐寺蔵古鈔本〕

と訓ぜられています。「西南」を「ひつじさる」と訓むとき、それは、もう漢文を日本語のうちに完全に消化してしまったことを意味していましょう。しかも「在らむや」と助動詞、助詞を添えて、「和語」の匂いを濃厚に示します。

　こうした「和語」化の姿勢は、江戸期に及んで、停滞したかに思われます。そこでは、おのずと送りがなを削り、一途に「音読」への傾斜をたどります。「王戎、字濬沖、琅邪臨沂人、幼而潁悟、神彩秀徹、視日不眩」に施す、岡白駒の訓点（『箋註蒙求校本』）によれば、

・王戎《わうじゆう》、字は濬沖《しゆんちゆう》、琅邪臨沂《らうやりんき》の人、幼《えう》にして頴悟《えいご》、神彩秀徹、日を視て眩《げん》せず〔『蒙求《もうぎゆう》』巻上・「王戎簡要」〕

となります。「幼」「眩」は一字漢字ですから、「音読」を避けて、「幼くして」「眩《くら》まず」と「和語」に置き換えるならば、そのまま意味が明示されることになりましょう。しかし、ここでは、あくまで「音読」に即くかのごとくです。

しかし、課題は、その「音読」「訓読」の優劣を判定することにあるのではなく、日本が、漢文、漢語をかつてどう理解し、それをどう表現してきたか、そのうちに課題はあるように思われます。

文　字

Q79 「六書《りくしょ》」について

「六書」に関して、その方法、その成立などにつき、具体的な漢字に即して説明してください。

A79

もちろん「六書」の説は『説文解字』巻一五・敍に出るところです。

・指事とは、視て識るべく、察して意を見る、上・下、是れなり、……象形とは其の物を画き成して、体に随ひ、詰詘《きっくつ》（まげる）す、日・月、是れなり、……形声とは事を以て名と為し、譬（意味符号）を取りて、相ひ成す、江・河、是れなり、……会意とは、類するを比べ、誼（意味）を合はせて以て指撝《しき》す（さししめす）、武・信、是れなり、……転注とは、類を建て首を一にして、同意相ひ受くる、考・老、是れなり、……仮借とは、本、其の字無きも、声に依りて事を託する、令・長、是れなり

きわめて要を得た要約となっていますが、順序を、「指事」「象形」「形声」「会意」「転注」「仮借」とします。しかし、字の構成、造字の原理からすれば、どうも、「象形」「指事」「会意」「形声」「転注」「仮借」と置き換えるのが妥当のように思われます。しかも、「転注」「仮借」は、漢字の運用法をいうもので、造字法

であるところの「象形」「指事」「会意」「形声」とは、質的に一線を画すべきものでしょう。

それぞれに説明を加えますと、まず「象形」は、物の形体を描写することにおいて成立した造字法とみてよいと思います。象なら鼻、鹿なら角、馬なら鬣を特徴点として、それを強調します。このとき、「象形」は、たんに写実的な複写ではなく、それは象徴的な表現ともいいうるのです。かくして物が抽象化され、どうじに音があてがわれたとき、「文字」はその成立の端緒を得たと考えてよろしいでしょう。ただ、選者・許慎が、「象形」の例として挙げた、「日」は、単純に「象形」といって済まされない問題を含んでいるように思われます。「日」字の中の線は、おそらく、その対象が、圏外の物でなく、県内の物を明示する記号であるようにです。とするなら、「日」は、太陽の「象形」でありながら、その内部を対象とすることを示す記号をもつことで、そこに「指事」的な要素が加えられたものと考えなくてはなりません。したがって、すべての漢字の造字法が、「六書」のうちの、いずれか一つの方法のうちに収まるようなものでないことを理解されておくのが望ましいでしょう。

この「日」字にかんして、近人・何峙《かせい》『商文化窺管』は、太陽神のもつ邪眼を象った字であることを説いています。もとより「象形」の方法に出るとするものです。歴史的また民俗的な見地から着想した大胆な見解とはいえましょうが、なお奇矯に過ぎるように感じます。これまた、一漢字の造字が、かならず「六書」のうちの一方法に拠るのだという前提に立つことにおいて、『説文解字』と異なるものではありません。

『説文解字』の挙げる「指事」の例は、「上」「下」です。これとても、本来、「上」「下」いずれも、掌を象っているかに見え、その上に「指事」記号を付するものが「上」、下に付すものが「下」というわけですから、「指事」「象形」互いに交わるものがあろうかと思われます。

「武」「信」を「会意」とするものの、『説文解字』の「武」の解釈が、「戈を止むるを武と為す」(『春秋左伝』宣公一二年)とする古説に従うものであることは明らかです。もとより平和に名を借りて武力を行使することをいうものです。それは、たんに高踏な政治的理念を字源解釈に託したに過ぎません。「会意」であることは認められはしても、その字の初形、その初義を適切に説明しうるものとはいえないでしょう。

国字、たとえば「凪《なぎ》」「凧《たこ》」「峠《たうげ》」「裃《かみしも》」「辻《つぢ》」などのように、理念というよりも、生活に密着した発想に従う「会意」の字のほうが、むしろ愛すべき造字法とさえ思われてくるのです。

「形声」文字は、すでに甲骨文の刻辞に見えており、李孝定『漢字史話』の調査によれば、識字される文字、あわせて1226字、うち「形声」になる字数334字の結果を得ています。そしてその「形声」は「仮借」の法からの発展形態であることも述べています。しかし、『説文解字』の挙げる「江」「河」についてては、たんに「水」部に「工（kou）」「可（ka）」の声符を加えて成ったものとは思われないふしがあります。「工」は呪具を象り、「可」は枝に祝告の器を架けた形、神事的な場面を映しだしています。「工」「可」はそれ自体、声符であるとどうじに、じつは、そこに古代的な観念の投影を見いだしてよいかと思うのです。このとき、「形声」を、たんに「形」と「声」に成る造字法となすことは安直に過ぎましょう。それなら、「仮借」という、もっぱら「借音」による方法から、「形声」が生まれたのではなく、なお古代的な意義をも付与するものでもあった「形声」の法から、そのうちの「借音」だけが抽出されたとき、「仮借」は成立したと考えるべきではなかろうかと考えます。ともかく、「音」「義」ともに備える「形声」によって、漢字の体系は、いよいよ整備される契機をつかみえたといってよいでしょう。唐蘭『古文字学導論』は、著者自らが力を尽くしたものと述懐する著であるだけに、そこに「形声文字はもとより音符なのであるが、同時に意味の差異も指示するものである。それは、完美を極めた文字といえよう」と、口吻はおのずから昂揚します。なるほど、「形声」法の獲得は、漢字の発展を飛躍的に促したことは、疑いもないことです。いきおい唐蘭は、この「形声」の原理によって、新字の創造に当たるべきことを大胆に提案するのです。それが理想的な「漢字改革」である旨をも述べます。それについての評価は、ここでは保留とします。

その「仮借」について、『漢字史話』は、甲骨文に129字の出現を認めます。『説文解字』のいう「令」は、もと冠を戴いて、神命を聞く形、「長」は長髪の形。おそらく、『説文解字』は、「令」を号令の意、「長」を久遠の意を本義としているのでしょうが、それなら、初形のうちに、すでに、その意義が備わっていることなのですから、たんに「借音」の法に収まりうるものとは思われません。むしろ「借義」でもあるからです。その初義とは全く無縁にして、「借音」のみによる法を「仮借」というはずです。

「転注」にかんする『説文解字』の趣旨ははなはだ曖昧です。まず字例「考」「老」を挙げた理由がよく説明できないからです。「類を建て首を一にして、同意相ひ受くる」というとき、「類」が、形の類似をいうのか、音の類似をいうのかが、不明です。じっさい「考（kou）」「老（rou）」と尾音が類似し、その形もまた上部均一であり、かつて、その双方の観点からいうものとの説があったほどです。「考」に「先考（亡き父）」などの熟語があり、「老」と同義であることからすれば、たんに「互訓」の関係をいうに過ぎないのではないでしょうか。その説は、もとより文字の運用の問題であって、造字法とは無縁のことです。日本の狩谷掖斎《かりやえきさい》によれば、「転注」の記述に、後人の竄入の疑いがあるということになります。さほどに「転注」説が得心しえないものであることを、それは暗示していましょう。

李孝定『漢字史話』は、唐蘭『古文字学導論』『中国文字学』を継承し、その造字の過程を、つぎのように要約しています。

「図画」と「語言」が統合して「象形」が生まれた、それは「表形」文字だともいうる、その「象形」に記号を加えるなら、「指事」が成立し、「象形」を加えるなら、「会意」が成立する、その「指事」と「会意」に「借音」の法を加えるときに、はじめて「仮借」が現れた、その「仮借」に形を添えるならば、それが「形声」となる、「転注」は、その「形声」の転化したものだ、したがって、「仮借」「形声」「転注」は「表音」文字である、と。

しばらく私見を述べさせていただきます。一、「象形」であったとしても、そこに「音」が指定されないかぎり文字として成立したとはいいきれないのではないか、一、「仮借」「形声」「転注」は、造字法というより、文字の運用法であって、しかも、その「仮借」から「形声」へとする順序は、文字の派生の原理からして転倒しているといえないか、一、「転注」の成立の地盤は、「形声」ではなくて、それとは全く無縁な字義的な視点の問題と考えるべきではないか。

以上、「六書」を粗描したにすぎません。「象形」「指事」の法に限っていっても、そこには、他の法と重複、出入し、それだと判断しがたい不鮮明さが残ります。可能なのは、その傾向の強さを語ることのみであるようにも思われるのです。じつは、『説文解字』は、あらかじめより、すべての漢字を、六種に分類したわけではありません。五四〇部首を立て、そのうちにそれぞれの漢字を帰属させ、それをもって、漢字の体系化を試みたのであって、「六書」のうちに、すべての漢字を帰属させようとしたのではなかったのです。もともと、「六書」はすべての漢字を統制しうるものではなかったと考えるべきでしょう。

Q80 ：「海」と「母」、「道」と「首」

字形に関して、「海」の中に「母」があるのは易く印象に結びつくのですが、「道」のなかに「首」があるのは、とくに奇抜で、その関係が納得されません。どういうことなのでしょうか、説明してください。

A80

「海、遠い海よ！　と私は紙にしたためる。——海よ、僕らの使ふ文字では、お前の中に母がゐる……」（「郷愁」）とする、近代詩人・三好達治の詩は、「海」と「母」の形象を、幻想のうちに美しく結合させ、そのあわいに憂愁すら忍びこませます。その造字に当たっても、また、このような豊かな発想が込められていたかどうか、そういうことが関心の対象になりましょう。字源からすれば、こと「海」と「母」との結合を導く根拠は、どこにも見えないようです。それどころか、そもそも「海」は、その初発において、すでに暗澹な印象に覆われているからです。

・九夷、八狄《てき》、七戎、六蛮、之れを四海と謂ふ（『爾雅《じが》』釈地）

海陸池水の別なく、地極、すなわち地の果ての「晦冥《かいめい》」をいうとするのです。「海」は、しばしば同音のことから、「晦」に作られることがあり、「海」は、そのまま「晦《かい》（暗い）」なるものと観念されていたということです。「海洋」の意を得るのは、それよりのちのことに属し、

・海は天池なり、以て百川を納むる者にして、水に从《したが》ひ、毎の声（『説文解字』巻一一上）

と見えます。ただ「海」が「海洋」を示すことは、漢代に及んでは、もう普及していたようです。

しかし、「海」の字源からいえば、「海洋」の意になんら与《あずか》ることなく、その初義はもっぱら「暗い」の意

に覆われているというべきです。声符「毎」の初形は、女性の髪飾りをつける姿を象るもので、祭事にいそしむことを意味します。それで、その動作を「敏」といいます。それが、常勤の奉仕であることから、「毎」の意をもちます。しかし、視点を、その姿形に置くなら、それは、過剰な粉飾に被覆された状態を指しますから、それよりして、繁褥、鬱蒼、昏冥の意を得たのでしょう。

「毎」を字形に含む「悔」「晦」などの字には、そのような意が反映されています。

「海」は、その原義において、まず「晦冥」なる意でした。『荀《じゅん》子《し》』王制の「北海」の条に加えられた「注」にも、「海は、荒晦絶縁の地なり」とあります。「海洋」のことではなく、絶界の四方をいう語であったのです。そうして、この荒れ果てた境域に、生命力を与え、賦活したのが、価値転換の思想家・荘子にほかなりません。

・海、運《めぐ》れば、則ち将《まさ》に南冥に徙《うつ》らんとす〔『荘子』逍遥遊《しょうようゆう》〕

「海運」とは、海水の大きな動きをいいましょう。かくして「海」はものの根源を意味することとなります。

日本の「海」は、「生み」と関連する語だと説明されます。その生殖の豊饒なることにおいて、「母」と「海」の印象は結ばれたのでしょう。あるいは、「うみ」は「居（う）」と「水（み）」より成るとする説も否定できません。それは、澱み滞る水を指しましょう。漢字「海」の原義からすれば、じつは、その後者の説にいくぶんか対応するところがあるようにも思われます。じっさい、日本では、その流動しない水である「湖」もまた、「うみ」と呼ばれることです。

すくなくとも漢字「海」には、「母」と「海」にいかなる接点もなかったとするのが実状です。あえていうなら、「毎」の字形のうちに、勤勉なる女性が写しだされているという点において、かすかに触れあうところがあるだけでしょう。

中国の発想において、「海」が、ものを納め、集わせ、そこに沈殿させる空間を指したならば、むしろ、「道」は、ものを払い、切り開き、たえず展開していく空間を指す語であったようです。

・行く所の道なり……一に達する、之れを道と謂ふ〔『説文解字』巻二下〕

と、許慎は述べます。「首」を「一」と同義と見なして、その「道」の意を求めたのでしょうが、「首」自体の字源を説くものではありません。わずかに一方向に通じることを「道」とするばかりです。その「首」の字解にさいしても、「首は、始なり、本なり、直なり」とするのみで、「首」の字形にかんする考察をまるで放棄するがごとくです。しかし、

・道を行くこと遅遅《ちち》たり　載《すなは》ち渇し載ち飢う〔『詩』小雅・采薇《さいび》〕

「載ち渇し載ち飢う」は、食欲のことではなく、充足しない愛をいう句です。しかも、「道」は不安を与える場所でした。古代的な観念のうちでは、邪霊の跋扈する場所でもあることから、それは、いっそう深刻でした。「遅遅」として進まないのは、その二重の理由に拠ります。

白川静『字通』は、「道」を「異族の首を携えて除道を行う意」とします。つまり、異族を獲首して、それをもって、邪霊を圧伏し、歩行する意であることを明らかにするのです。「道」は自然の所与のものとしてあるのではありません。畏怖する対象を払除して、はじめて「道」は通ず、というべきです。日本では、「鼻むけ」の儀を行って修祓を加えました。つかさどる神は「道の塞《さへ》」と呼ばれました。いわゆる「道祖神」です。中国では、威力の強い「首」を手にして、あたかも「猿田彦」のように先導する、呪禁の法が行われたのです。その所作を象るのが、「導」。そのような呪法によって切り開かれる空間が、すなわち「道」となりましょう。

・之れに詩を教へ、之れが道を為す〔『国語』楚語上〕

と見え、「注」は「道は開なり」とします。「道」は、ものを「ひらく」意でもありました。また、その字

は、「みちする」「したがふ」「おこなふ」「いふ」「みちびく」「をしふ」とも訓ぜられ、たんに空間を示すことで終始する語ではありませんでした。そのように多く動詞に用いられるのは、その初形のうちに、その払除の儀礼が具象的に開示されているためです。「道」は、その未知の「空間」を開拓するさいに求められる行為を指すのです。そうして、はじめて外の世界へと赴く通路が開かれます。のちその意味は引伸され、ことを思惟、論理に移して「道理」「真理」などの意をとるようになります。たとえば孔子が、

・朝に道を開かば、夕に死すとも可なり〔『論語』里仁〕

と述べるとき、その「道」は、徳の一貫した実践をいう語らしく、それが、孔子が求めた「真理」そのものでした。

その「真理」であるところの「道」を実在のものとして、万物の根源たらしめた哲学こそ、老荘思想です。

・道は一を生じ、一は二を生じ、二は三を生じ、三は万物を生ず〔『老子』第四二章〕

万物を現象する、その根源的なものとして、「道」は実在するものとされます。そして、それは、

・道に終始無く、物に死生無し〔『荘子』秋水〕

とされるように、永遠の母胎として、荘子の思惟のうちに昇華されます。

もとより、「道」は、神への通路を意味しました。神への接近をはかるためには、おのずから、その空間を払拭し、聖化する必要がありましょう。「道」は、本来その聖化の方法を示す語でした。やがて、神を失ったとき、支配者は、その秩序の根源を理論的な「徳」に求めるよりほかなかった、と思われます。こうして、「道」の意は、その「徳」を実践し、履行することの意に置換されます。その「道」を、実在論的な根元として提示したのが、おそらく荘子であり、老子であったでしょう。「道」は、このとき、根元としての「万物の母」の印象に通います。すくなくとも「母」の印象を喚起します。

その意味では、「海」と「母」との関連よりも、むしろ「道」と「母」の関連こそ緊密であったことが推

測されましょう。そうして、中国と日本の、その始原的な発想、認識の相違が、ここにきて、にわかに際だってくるのを覚えずにはいられないのです。

その「道」が、

・道は、是非の理なり〔『韓非子』主道〕

と、法家的に染色されたとき、「道」は、切り開くものから、人の主体を無限に拘束するものとして、支配の具とされていくのです。かつて、

・道路を開通すれば、障塞、有る無し〔『礼記』月令〕

と、その無限の展望をもった「道」は、ここに至って、ひとたびは中断された、と見るべきでしょう。

音　韻

Q81 :「漢音」、「呉音」

漢音と呉音との違い、ならびに、どちらが漢文訓読のうえで優勢を占めたのか、具体的に説明してください。

A81

しばらく日本最古の辞書『和名抄（和《わ》名《みょう》類《るい》聚《じゅう》抄《しょう》）』に従います。十世紀ほどに源《みなもとの》順《したがふ》が撰したものですが、その記述のなかには、漢字がどういう音として読まれていたか、その形迹が残されています。

・囲碁　博物志に云ふ、堯《げふ》以後を造る、音は期、字は亦た棊に作る　、世間、五と云ふ〔巻四・術藝部・雑藝類〕

とあるのは、おおよそ以下のことを語っているようです。中国の『博物志』のなかに、囲碁を初めて創ったのは、上古の堯であること、そのあと、「碁」字の音は「期」、すなわち「ki」の音で読むことをいいます。それで同じ「ki」音をもつ「棊」字と通用することをいうのです。問題はつぎにあります。「世間、五と云ふ」とあるのは、要するに当時世間に定着していたのは、むしろ「五（go）」の音である旨を述べようとしているのです。

・碁局　按ずるに簙局なり、陸詞、局と云ふ、渠玉《きょぎょく》の反、棊局、俗に五半と云ふ〔巻四・術藝部・雑藝類〕

「渠玉の反」というのは、「局」字の音は、「渠」（kyo）の頭音と、「玉」（gyoku）の尾音を結んだ音、すなわち「kyoku」が語音であることを示します。そして、「棊局、俗に五半と云ふ」と記すのは、このゲームを俗間では、「五半」（go-han）と呼んでいるというのです。「碁」「棊」はどうやら、一般には「go」の音で読まれていたふしがあるというわけです。

・慈石　草木云ふ、慈石、針を吸ふ、此の間にては之蚍久と云ふ〔巻一・地部・巖石類〕

「慈石」はむろん「zi-seki」と読んでよいのですが、しかし、ここでも「此の間にては之蚍久と云ふ」といいます。「之」は「zi」音、「蚍」は「zya」音、「久」は「ku」音、つまりそれらを重ねた「zi- zyaku」の音が、日本では通行しているのであることを述べたものです。さらに、

・犀　爾雅集注に云《い》ふ、犀、音は西、此の間にては在〔巻一八・毛群部・毛群類〕

「犀」字は「西（sei）」音であるけれども、「在（zai）」音が通行の音とします。

・猩猩　爾雅集注に云ふ、猩猩、音は星、此の間にては象掌と云ふ〔巻一八・毛群部・毛群類〕

「猩猩」、音は「星星（sei-sei）」であるが、また「象掌（syou-zyou）」が通行している旨を述べるものです。

じつは、たとえば「世間～と云ふ」「俗に～と云ふ」「此の間にては～と云ふ」などの形式をもって、源順が表示した音こそ、「呉音」であったのです。そして、おそらく、日本に流入した最初の音体系は、「呉音」であったでしょう。初期の遣唐使や、留学僧たちが将来した六朝式の音だと思われますが、『古事記』や『日本書紀』に用いられた字音も、おおむねこの「呉音」に準じているようです。しかし、奈良末期から、唐代の新しい音が紹介されます。そのことに触れて、『性霊集』は「普卿は遙かに聖風を慕ひて、遠く本族を辞す、西京の音韻を誦して、三呉の訛響《くわきやう》（なまった音）を改む」と語っています。「普卿（清村宿禰）」なるものが、「三呉」つまり南方的な「呉音」を北方的な「漢音」に矯正したという趣旨にほかなりません。

もとより、この「普卿」が、日本に初めて「漢音」を伝えたものかどうかはよく分かりません。なお玄奘三蔵に師事した入唐の僧・道熙が「漢書」をもたらした、との説もありますが、これまた不詳のことに属します。

ところで、「呉音」なる熟字が、早々からあったわけではなかろうと思います。その音が定着している頃には、それ自体が、いわゆる「中国音」なのですから、「呉音」という語は不要であったはずです。それが相対化、対象化されるに及んで、「呉音」なる語は成立したのでしょう。「漢音」が吸収され、広く受容されることになったとき、はじめて「呉音」は相対化、対象化され、あたかも鄙言として退けられていったのではないかと存じます。そこでは、「音」をめぐる抗争が展開されたのです。ただ、かような「漢音」の圧倒にあっても、「呉音」は廃絶したわけではありません。むしろ日本の現在、普及しているのは、かえって「呉音」であるといってよいようです。

ここで「漢音」と「呉音」の相違をおおまかに図示しておきましょう。便宜上「漢音」を上に、「呉音」を下に記します。

①「声母」において、漢語が、n・m音で撥音される語なら、「漢音」は、b音、「呉音」は、n・m音となる。

馬（ba・ma）米（bei・mai）萬（ban・man）

②「声母」において、漢語が、濁音で発音される語なら、「漢音」は、清音、「呉音」は、濁音となる。

奴（nu・do）泥（ni・dei）爾（ni・zi）人（nin・zin）然（nen・zen）日（niti・zitu）

③「韻母」（子音につづく母音）における相違

家（ke・ka）化（ke・ka）間（ken・kan）解（ke・kai）建（kon・ken）西（sei・sai）近（kon・kin）

そして、このうちの「漢音」が、清原家、大江家などいわゆる博士家における漢籍の訓読に採用されていきます。具体的には、清原家の「音読」に従うなら「論語学而第一」を「リンギョガクジテイイツ」となります。しかし、たとえば仏教用語のように、すでに世俗に浸透して久しい字音はたやすく変更されることはありませんでした。「極楽」「衆生」などは依然として、「呉音」で「ゴクラク」「シュウジョウ」とそれぞれに読まれてきたのです。「論語」を「ロンゴ」、「文選」を「モンゼン」と読む慣習がいまにも継承されるのは、世俗に十分に根づいていた「呉音」が、博士家の新傾向にもけっして屈することのなかった証と見てよいのではないでしょうか。

Q82 :漢字の「音」を示す方法

表音文字ではない漢字の音を示す方法はあったのでしょうか、あったとすれば、どんな方法が用いられていたのか、説明してください。

A82

おっしゃるとおり、英語などのように、ごく当たりまえのように、同じ英文字を発音記号とする言語からすれば、漢字の音がどう表記されるのか、奇異なことに映るのが自然でしょう。現在、中国はローマ字をもって音を指定する方法を得ています。しかし、それまでには、漢字をもって漢字の音を示す以外の方法などありえなかったといえましょう。その制約のうちにも、おおよそ二例の注音方式をもつことができました。一は「直音」方式、一は「反切」方式と呼ばれるものに分類しえます。

「直音」は、たとえば「A字の音はB字の音に同じ」「A字の音はB字の音に似る」といった一字対応によって記される方式を端的には指します。たぶん、その注音方式のもっとも早い例は、漢代の初期にまで遡りうるのではないかと思われます。最古の字書『爾雅』釈訓に「鬼之為言帰也（鬼の言為《た》るは、帰なり）」といった形式が見え、「鬼」が、「帰」と同音であることをいうのです。しかも、それは、音の指定にとどまらず、意味の類似性をも語っているのです。あるいは、「鬼」は死霊として、この世に帰る姿をいうゆえに、「帰」の音をもつ、ということかもしれないし、「鬼」は「帰」と同音なるゆえに、死霊として、この世に帰る姿を指す、ということかもしれません。いずれにせよ、この形式は、「音」「意」との同一性を説明する方式ですので、これを、「声訓法」と称する習慣です。または、「音義法」と呼んでよいものかもしれません。『春秋穀梁《こくりょう》伝』昭公元年に「疆《きょう》の言為るは、猶《な》ほ竟のごとし」も、音が「kyo」であること、並びに義が「境界」であることを同時に説くもので、「直音」による「声訓法」と呼んでさしつかえないものでしょう。その方式は、やがて「A読若B」「A読如B」「A読為B」「A読B」「A読曰B」「A読近B」「A読似B」「A声近B」「A声同B」などの体裁に転じていくのですが、みな音と義との対応を説く方式であることにかわりありません。これを「読若法《どくじゃくほう》」と呼びます。唐・顔師古『漢書』注に習用される「披は、音、皮」「視、読んで示と曰ふ」の形式も、この「直音」方式に属しましょう。

もっとも、高誘『淮南子《えなんじ》』注のように、おおむね「A読B」の形式をとりながら、明らかに、その義とは無関係に、音の相同性のみを説く例外も、もちろん見いだされるのですが、その高誘の「注」ですら、「天地鴻洞《こうどう》」（原道訓）の句の「洞」に注して、「読みは、同異の同」としながらも、「鴻は大なり、大は通なり」と加え、義についても無配慮でなかったことが知られます。本来、「読若法」は、音義一貫した置換法であったといいましょう。

ただしこの方式はA字の音をB字の音で解くのですから、そのB字の音が難読であるなら、たちまちその効果を失う欠点をもっています。その意味では、「反切」方式はより有効であったというべきです。

その「反切」方式とは、単字で「反」とも「切」とも記されるもので、要するに一字の音を二字の組み合わせによって指示する方法だといってよいでしょう。たとえば宋・『広韻《こういん》』の「薑居良切（薑は、居良の切）」は、「居（kyo）」の声母である「k」と、「良（ryou）」の韻母である「you」とを結べば、「薑」の音（kyou）を得ることができるとするシステムをいうものです。この「反切」は、服虔《ふくけん》、応劭《おうしょう》の『漢書』注にすでに施され、梁・顧野王《こやおう》『玉篇』に及んでは、ほぼすべての字にわたり、その「反切」によって音が定められます。ただ、この方式の起源については、解明されていないというのが実際です。一説では、梵語《ぼんご》学の影響によるものとしますが、あるいは「諸《しょ》」字を「之《し》・於《お》」の合音字とするように、もと中国に行われた分析の法に出るものとする説などがあり、なお不明といえましょう。

ところで、話題を先の『広韻』に戻します。「薑（kyou）」は、現在の四声にして平声です。それと照合するように、「反切」に用いる字、「居（kyo）」「良（ryou）」いずれも平声の字となっています。あえて声調の統一をはかるのです。ところが、玄応『一切経音義』には、それとは逆に、強いて、その「反切」の二字の声調を変えているかのごとき例も見えるのです。任意に引きますと、たとえば「宣《せん》」を「雪《せつ》・縁《えん》の反」としますが、すくなくともいまの中国音でいうならば、「宣」は平板な調子で発音されるにかかわらず、「雪」は下り調子、「縁」は上がり調子の音ですので、声調の統一を欠くものとなりましょう。もっともそれは玄応なりの工夫の一なのであって、不用意の説でないこと、いうまでもありません。むしろ正確な音の特定ということから、声調の探求ということに関心の対象が移ってきた事実を伝えるものでしょう。

ともかく「反切」の方法は、のち音韻、声調において、さらに精細に点検されながらも、依然として活用されてきました。じつは、この「反切」が、近代に至るまで、「注音」方法の首座を占めてきたことは間違いありません。しかし、前掲の『春秋穀梁伝』の范寧《はんねい》の注が、前句中の「去」字を、「起《き》・呂《ろ》の反」とするとき、それは、「反切」が、もっぱら音のみの対処に終わっているにすぎないことを示します。そのことからすれば、義への配慮に欠かない「直音」方式に棄てがたい利点が認められなければならないはずです。さらに、その簡便さにおいても、「直音」方式のほうが勝っており、唐・陸徳明《りくとくめい》『経典釈文』が、「反切」「直音」併用し、下って、清・『康熙《こうき》字典』がなお主として、『唐韻』や宋・『集韻』の「反切」法に従いながらも、その「直音」方式をも採用していることは、その方式の利点が認識されていたからでしょう。

日本でも、古く源順『和名類聚抄』が、その二法を併用するところの辞書であることも注目すべきでしょう。その「直音」と「反切」の歴史は、たんに「注音」のための実用的な処理の歴史であることにとどまりません。それは時々の言語の状況と、その言語にたいする人々の関心のありかたを、鮮やかに反映してもいるのです。そこに「注音」の歴史を顧る意義があろうかと思われるのです。

Q83 :「脚韻」について

詩の「脚韻」には、どんな形式があるのでしょうか、かならずしも、偶数句の末字に置かれるとはいいきれないように思われるのですが、説明してください。

A83

「韻」は、徐鉉《じょげん》『説文新附』巻三上に「和するなり」とあり、もとより、音声の調和をいう語でした。それが、のち詩法をいう語となったものです。「嘗《かつ》て酣宴《かんえん》の余に因り、韻語を為《つく》りて、以て（謝）霊運、（謝）瞻《せん》等を奨勧す」（『宋書』謝弘微伝）の「韻語」とは、すなわち、韻をもつ詩文を指しましょう。すくなくとも、「近体詩」の成立が、初唐のことなら、それより以前にして、「韻」の踏まれることのあった事実が分かります。もちろん、ことさらに、こうした用例を示さずとも、とうに『詩（詩経）』のうちにも行われていること、いうまでもありません。

・関関たる雎鳩《しょきう》は　河の洲《す》に在り　窈窕《えうてう》たる淑女は　君子の好逑《かうきう》（『詩』周南・関雎）

において、この第一章の「韻」は、「鳩（kiu）」「洲（tjiu）」「逑（giu）」に置かれています。第三章も、一、二、三句の末字に「韻」が踏まれています。ところが、第二章、第四章、第五章では、二、四句に「韻」字があり、その不都合のあるところから、青木正児《まさる》などは、この詩に、他篇からの編入のあったであろうことを推理しています。たしかに「近体詩」のような厳しい規律はなかったにせよ、『詩』全編にわたって、その定型らしき「脚韻」のなされていた事実は動かしがたいように思われます。「古体詩」においても、緩やかながら一定の規格を見いだすことができます。

その許容の範囲を要約しますと、一首に一種の「韻」を用いる、いわゆる「一韻到底」の制約の強い「近体詩」に比べ、中途にして多種の「韻」を換える「換韻」が許されていること、その「韻」に用いる字が、原則的に「平声」に限るのにたいして、「仄声」でも許されていること、さらに、同字の重複、数種の混用も許されていること、また、毎句に「押韻」することすら許されていること、などではないでしょうか。たとえば、「七言古詩」の形式に基づくであろう詩、

・知章馬に乗ること船に乗るが似《ごと》し　眼花井に落ちて水底に眠る　汝陽《じょやう》三斗にして始めて天に朝す　道に麹車《きくしゃ》に逢へば口に涎を流す……（杜甫「飲中八仙歌」）

となれば、一句「船」、二句「眠」、三句「天」、四句「涎」、毎句に、「-ian」の韻母をもって「押韻」し、併せて二二句にも、通じるのです。「柏梁体《はくりょう》」と呼ばれる「押韻」法です。これほど自在な「押韻」の駆使は、「古体詩」の様式においてはじめて可能でありえたのです。

ところで、「近体詩」における「脚韻」の理念は、「若《も》し前に浮声有れば、即ち後には切響を用ゐよ、一簡の中、音韻尽《ことごと》く殊《こと》にし、両句の中、軽重悉《ことごと》く異にせよ」（『宋書』謝霊運《しゃれいうん》伝）とする沈約の言に凝縮されま

す。「浮声」とは、中国語音を四声に分類したところの「平声」、つまり平坦な音調をいい、「切響」とは、「上声」「去声」「入声」、総じて「仄声」、曲折のある音調をいいます。その詩法が一編に通貫して、詩に、はじめて均整のとれた韻律がもたらされるというものです。それが、「近体詩」を生みだす原理であったともいえましょう。もっとも、この理念は直接には「平仄」の問題につながることなのですが、「脚韻」も問題にも深く関与するものでもあったのです。

「一韻到底」は、律詩、絶句、排律を問わず、とくに厳格に守られるべき規律となりました。いま、「五言律詩」から、

・奏州城北の寺　勝跡隗囂《くわいがう》（漢代の人）の宮　苔蘚《たいせん》山門古り　丹青野殿空し　月は明らかなり垂葉の露　雲は遂《お》はる渓《たに》を度《わた》る風、清渭《せいゐ》（清らかな渭水）は無情の極　愁時独り東に向かふ（杜甫「奏州雑詩」其二）

をとりだします。「韻」字は、「宮」「空」「風」「東」、ならびに「-ung」の韻母です。じつは、それのみか、音韻の辞書『広韻』は、いずれも「平声」東の部に当てられるものです。ことは、その「平仄」の制約にもかんしていたのです。

おそらく、詩人は、当時、その規約の書として、随・陸法言《りくほうげん》の『切韻』を利用していたのでしょう。杜甫は、その固い規約のうちに、むしろ、その対照的な音律の効果を発揮し、かつ深い情感を詠いえた詩人でもあったのです。

こうして確立された「近体詩」の緊密な詩法も、おおよそ中唐に至って緩みはじめます。一は、「韻」字に「平声」を用いず、「仄声」を用いる例が見えてきたことでしょう。じつは、中唐以前、盛唐にも、そのような「犯則」の詩はあった、といったほうが適切でしょうか。

・独り坐す幽篁《いうくわう》の裏　琴を弾じて復た長嘯《ちやうせう》す（口をすぼめて歌う）　深林人知らず　明月来たりて　相ひ

照らす〔王維「竹裏館」〕

たしかに偶数句末に「脚韻」の字があります。「韻」字である「嘯」「照」ともども、「仄声」の字です。たぶん五言詩が、新しい七言形式の詩よりも、伝統的な形式であるところから、その旧習をとどめて、「古体詩」的な緩やかさを残すものであったからだと推測されます。じじつ、七言詩は、「近体詩」固有の形式として認識されていたはずです。

さらに「犯則」の一は、第一句にも「韻」字を置くことです。どうやら「韻」を重ねるのではなく、韻を借用するにすぎない、という着想から、これを「借韻」と呼びます。また、その変種でもある「出韻」などが、多く行われるようになるのは、中唐以後、宋代にかけてのことでした。王力『漢語詩律学』は、この「犯則」に触れて、同様に「盛唐以前には、その例、はなはだ少なく、中、晩唐よりしだいに多くなった」旨を語っています。もちろん、その「はなはだ少ない」例として、わずかに挙列しうるのは、「李頎《りき》、杜甫、劉長卿、王維の詩、各一首のみ」と弁明しているほどです。もっとも、この場合は、五言、七言詩いずれの形式にも現れている現象であり、「平仄」の問題とは、おのずと異なる視点から、検討せねばならぬことと思われます。ここにすでに「脚韻」規制の破綻していく予兆を見るのですが、その「犯則」は、やがて宋代においては、意図的に行われるまでに至ります。まことに『漢語詩律学』が述べるように、「幾乎可説是一種時髦（ほとんど一種の流行ともいうべき）」観を呈するのです。

文学・思想・歴史

Q84 :『書経』（＝『書』）について

『書経』（＝『書』）は古典中の古典でありながら、なぜ教科書に採用されることが稀なのですか、説明してください。

A84

たしかに基本的な古典でありながら、教材として扱われたのは、『十八史略』のうちに変形された「鼓腹《こふく》撃壌《げきじょう》」くらいではないかと存じます。しかも、元号「平成」の語の出所でもあるのに、いまもって敬遠されるかのごとくです。その内容の濃厚な教訓性、倫理性、規範性が疎んぜられる理由ではありましょうが、それなら、『論語』もかくあってしかるべきです。むしろ、その成立の不明瞭さ、伝本の多さ、こうしたことも理由の一となっていようかと思います。ほんとうは、それよりも、語、文脈、文義どれをとってもはなはだ難解であり、諸説一致を見ることがほとんどない実状に主として困っているようです。つとに、桓譚《かんたん》『新論』は、後述するところの「堯典《ぎょうてん》」の闢頭《へきとう》にかんして、「但だ、曰若稽古を説くに三萬言」と、その紛糾のさまを皮肉をこめて述べています。ただ清代の実証学において、『書』の解析は、瞠目すべき発展を遂げました。しかし、その集成者であって、しかも考古学的な知見も援用しえた王国維《おうこくい》ですらが、「書に於いて解する能《あた》はざるもの十に五」（『観堂集林』巻二・「与友人論詩書中成語書」）と嘆息するほどなのです。清では、王引之、兪樾《ゆえつ》、のち、孫詒譲《そんいじょう》、于省吾《うせいご》、また金石文の立場から、容庚《ようこう》、董作賓《とうさくひん》、そして先述の王国維などの業績によって、『書』は飛躍的に解読の水準を上げてはきました。しかし、その王国維からして、この述懐です。『書』の難解さは推して知るべしです。この『書』の参考書として、現在のところ最も無難であるのは、孫星衍《そんせいえん》の『尚書今古文注疏』といえましょう。そこで、この『尚書今古文注疏』に準じて、『書』冒頭の解読を試みます。

・曰若稽古帝堯曰放勲欽明文思安安允恭克譲光被四表格于上下克明俊徳以親九族九族既睦平章百姓百姓昭明協和萬邦黎民於変時雍〔『書』堯典〕

まず、標点の施し方からしてすでに諸説あるのです。つまり、句読点の振り方です。たとえば、孫星衍は「曰若稽古帝堯《げふ》」と「曰放勲」とを分かちますが、段玉裁は「曰若稽古」と「帝堯曰」とを分かちます。「稽」は一般に「かんがふ」と訓みますから、孫星衍の句読に従うなら、さしずめ、「曰若《ここ》に、古の帝堯を稽《かんが》ふるに」となり、段玉裁説ならば、「曰若に、古を稽ふるに」となりましょう。また、孫説では、「曰放勲」を一句としますから、訓は「放勲《はうくん》と曰ふ」となり、それなら、「放勲」は堯の名を示すことになります。しかし、「放勲欽明」、「文思安安」はそれぞれ四字句対文と見るべきでしょうから、「放勲」は「大いなる勲《いさを》し」というほどの意味としなければなりません。鄭玄の「注」もまた、「曰若稽古帝堯」を一句としますが、ただ「若」を「順なり」としますから、「曰《ここ》に若《したが》ひ稽《かんが》ふるは帝堯《げふ》なり」の訓が成り立ちます。訓読はなお動揺します。

「放勲」については、先述のように、馬融《ばゆう》、皇甫謐《こうほひつ》らの、堯の名とする説を、孫星衍は踏襲します。しかし、朱駿声《しゅしゅんせい》が「勲」を「能く帝の功を成すなり」とするのが、妥当の説と思われます。

さて、かりに「放勲欽明」、「文思安安」の句を並列の文と見なしえたとしても、「放勲」と「欽明」、「文思」と「安安」との語関連において、結論が見えません。

つぎの「允恭克譲」にかんしては、「注」の「位に懈《おこた》らざるを恭と曰ひ、賢を推《お》して善を尚《たっと》ぶを譲と曰ふ」の解から、諸説、おおむね逸脱することがありません。

「光被四表」の「光」は一本に「広」に作り、一本に「横」に作るというように、テキストそのものの批判が、まず要求されるのです。また「四表」についても、「四海の外」「四裔」「四方」の語釈ならび立って、依然として紛々としたままです。

「格于上下」。「上下」は天地のこと、「格」は「いたる」としてさしつかえないと考えます。もっとも「格」を「仮」に作るものもあり、なお注意すべきでしょう。

「克明俊徳」について。「克」は「能」に作り、「俊」は「馴」に作り、「峻」にも作る場合があり、「克《よ》く俊徳を明らかにす」、あるいは「克く俊徳を明む」などという訓が提出されています。

「以親九族」。「注」は高祖から玄孫までの同族の人を指すとします。今文説に立つ夏侯欧陽は「父族四、母族三、妻族二」の計をいうとします。しかし、「九」は虚数かもしれず、やはり存疑としておくのがよろしいでしょう。

「既睦」の「既」は、注、正義、孫星衍ともに、「已《すで》に」と訓んでおり、問題ないようなのですが、じつは、「既」は「慨」のことであるとする疑義も出されているのです。

「平章百姓」の「平」は、あるいは「便」に、あるいは「弁」にも作られます。音通の関係にあるもののようです。また、「平」は「釆」の誤りとする説もあるほどです。さらに「百姓」についてはもとより日本のいう「お百姓さん」でないことは明らかなのですが、「百官」の意か、「群臣の父子兄弟」の意か、それとも、先の「九族」を受ける語なのか、これも混沌としています。

「協和萬邦」では、「邦」の概念が問われます。じっさい、この文書の成立そもそもが、東周期にあったのか、戦国初期にあったのか、それよりも、もっと年代を下げなければならないのか、その解決を求めない限り、「邦」の概念の理解は依然として曖昧なままにとどまります。

「黎民於変時雍」もまた句読が問われています。これで一句とする説、「黎《れい》民於変」、「時雍《よう》」とを分かつ説です。そして、「時」を「時代」の意ととるのか、あるいは「時」を「是なり」として、「これ」と訓んでよいのか、決着を見ません。

以上、王国維の「書に於いて解する能はざるもの十に五」の言のたんに謙辞でないことを説明してきました。そして、それも一端をうかがったにすぎません。課題は山積しています。かくのごとき難解な『書』は、やはり高校教材として消化しがたいものがありましょう。

Q85 ：「子曰民可使由之不可使知之」（『論語』）の思想

『論語』泰伯の「子曰民可使由之不可使知之」の一節は、かつて孔子の封建的な思想を示す言説として、論争の種になったのですが、解釈をお願いします。

A85

『論語』の注も疏も、ともども「由は用なり」と、語釈が一致します。疏は、その趣旨を「此の章、聖人の道、深遠にして、人の易く知らざることを言ふなり」述べて、朱熹は「理の当然に由る」とします。ところで、日本の荻生《おぎゅう》徂徠《そらい》は、その著『論語徴《ろんごちょう》』に、「子曰《のたま》はく、民をば之に由らしむべし、知らしむべからず」と訓じ、その所見として、「人の知は至る有り、至らざる有り、聖人といへども之を強ふること能はず、ゆゑに能く民をしてその教へに由らしむ、しかうして民をしてその教ふるゆゑんを知らしむること能はず、自然の勢ひなり」と述べています。さらに同時代の儒者・伊藤仁斎《じんさい》にたいして、「仁斎先生は可の字の義に昧《くら》し、曰く、彼をして恩の己れに出づることを知らしめず、と、坦坦たる聖言に、忽ち疙瘩《こつたふ》を生ずと謂ふべし」と批判します。まず仁斎は、「可」字の分析が足りない、つまり「可能」の意味を看取しえないから、いきおい、「疙瘩」（瘤）もちの、言い換えれば、ひっかかりのある解釈に陥っている、というのでしょう。吉川幸次郎いうところの「孔子の演繹者」を自認する仁斎の、あまりに孔子贔屓による解釈に痛打を浴びせているのです。この一節、すでに江戸期よりして、思想問題のからむ、懸案の言説であったのでしょう。その意味では、中国の「孔子批判」は、いわば、その焼き直しに過ぎなかったともいいうるのではないでしょうか。

おそらく、解釈の焦点は、一、「由」字をどう解するか、一、「可」字をどう解するか、一、「之」が一体に何を指すか、ということに尽きましょう。「由」字については、先述の通り、「用いる」の意に通ずるという注疏がまずあります。また、「よる」と訓んで「準じる」の意に解する説も見えます。「可」は「可能」ととることも、「命令」あるいは「意志」ととることも可能ではありましょう。先の徂徠の仁斎批判は、そこを衝いたものだったのでしょう。そして、「之」の指示することが、何ものかについては、疏ならば、「聖人の道」、仁斎ならば、「恩」すなわち「恩恵」ほど、徂徠ならば、「教化」ということになります。

そこでいま、安井《やすい》息軒《そっけん》の『論語集説』（「漢文大系」所収）を見ますと、息軒は疏の「聖人の道」説に与《く》みせず、「此れ政教を為すの法を論ず、之の字は政教を指すなり」と断じています。そうして、箋して、「民ヲ愚ニシテ治メントノ主義ニハアラズ、礼法ヲ以テ民ヲ治ムルモ、民ヲシテ一一其本末ヲ知ラシムレバ或ハ礼法ヲ軽視スル弊有ルベシ」としています。中国でも論議されたように、すでに、この言説を「愚民政策」の一環と見る見解が、日本にもあったことを物語っています。息軒は、そのような見方に警告を発します。しかし、この論は、やはり苦しい弁明のように聞こえてなりません。もし、「之」が「政教」、あるいはその根拠である「礼法」をいうのだとすれば、「国民は政治を信頼させることができるが、政治を理解させることができない」（樹玄静輝・口語訳）あたりの俗解にいきつくのがおちではないかと思われるからです。ところが、「之」字をかならずしも「指示代名詞」と考えず、「語助」の字として見ることも、一概に誤りだとはいえません。

じつは、この泰伯篇は、木村英一『孔子と論語』、白川静『孔子伝』などを参照するなら、弟子・曾子の学派が加担して編纂されたであろう篇（第四資料と呼ぶ）です。その泰伯篇の一節を、孔子自身の思想的な言説とすることは、まことに僭越であり、まして、この一節をもって孔子の「封建的イデオロギー」や「民衆蔑視」を論じるなら、それはいっそう危険なことではありますまいか。

Q86 …「伝記」の体裁

「列伝」というときの「伝」はどんな様式をいうのでしょうか、またその「伝」の冒頭の記述には、一定のパターンでもあるのでしょうか、種々の文例を示して説明を加えてください。

A86

魯迅の『阿Q正伝』の序には、「阿Q」なる人物の「伝」を立てるまでの経緯が語られています。そのうちに、「立伝の通例として、はじめは、たいてい、某、字は某、某地の人なり、とするはずであるが、私は、阿Qが何という姓か知らない」とあります。「伝」の冒頭特有の様式を用いるのです。もっとも、著述の種類としては、「伝」とされるもの、二類があり、一は、経書の釈義、訓詁を指し、一は、人の一代記を指しています。前者はたとえば、『詩』における「毛伝」など、後者は、『史記』の「列伝」などの、それをいいます。ここで扱うのは、その後者の意味での「伝」であること、いうまでもありません。

それでは、その「伝」なるものは、いかなる体裁をいうのか、となりますと、なるほど『阿Q正伝』のことばを借りれば、「不朽の文」をもって「不朽の人」を伝える体裁ということになりましょうが、あまりに抽象的に過ぎます。まず、論著として、明人・呉訥《ごとつ》『文章辨體』、徐師曾《じょしそ》『文體明辨』を挙げましょう。

・大史公、列記列伝を創《つく》りしときは、蓋《けだ》し（おおむね）、一人の事を載するを以て體を為すも、亦た同じからざるもの多し、前後両漢書、三国、晋、唐の諸史に曁《およ》んでは、則ち第《た》だ相ひ祖襲《そしふ》するのみ〔『文章辨體』伝〕

要するに、「伝」のスタイルを創始したのは司馬遷であって、その『史記』の「列伝」はおおよそ、「一人」ごとの事迹を記述することになっているが、それとはまた異なった体裁もあるけれども、のちの史書は、もっぱら「一人」ごとの「伝」を踏襲している、と述べているのです。

『文體明辨』は、さらに「伝」を定義して、要を得ているようです。

・按ずるに（思うに）、字書に云ふ、伝は伝なり、事迹を紀載し、以て後世に伝ふるなり、と、漢の司馬遷、史記を作りて、創《はじ》めて列伝を為《つく》り、以て一人の終始を紀《しる》ししより、後世の史家、卒《つひ》に能《よ》く易《か》ふる莫《な》し〔『文體明辨』伝〕

いずれも、「伝」は、伝えることを旨として、その体裁が司馬遷によって確立したことを述べ、後世の「伝」は、その継承にすぎないことを説くものです。

それでは、その「伝」の記述様式について考えてみましょう。「列伝」の初めに置かれる「伯夷列伝」には、以下の「列伝」とは異にして、格別に文献と実見とによって「伝」を立てる旨を述べ、かつ伯夷への思いを語って、そののちに、

・其の伝に曰く、伯夷《はくい》・叔斉は、孤竹君の二子なり、と〔『史記』伯夷列伝〕

と、伯夷の「伝」をはじめます。いわゆる「其の伝」が、『韓詩外伝』をさすものか、『呂氏春秋』をさすも

のか、あるいは民間の「伝」を指すものかは、不明です。とくに伯夷・叔斉のことにかんしては、説話的な要素が濃いため、いずれにせよ、その「伝」に拠らざるをえなかったかもしれません。それでも、ここで、「通称」→「家系」の記述様式を整備していることは確かです。列伝の第二は「管晏《かんあん》列伝」です。これも、二人の人物を併せて成るもので、管仲の場合は、その「名」と「字」と「出身地」を記述したのち、すぐに、あの「管鮑の交」の故事に移ります。晏嬰《あんえい》においても、

・晏平仲嬰は、莱《らい》の夷維《いゐ》の人なり、斉の霊公、荘公、景公に事へ、節倹力行を以て斉に重んぜられる〔『史記』管晏列伝〕

「名」→「諡《おくりな》」→「字」→「出身地」を記して、つづいて「経歴」→「性向」へと展開します。ついで、「老子韓非列伝」、ただし、それは、「老子」「韓非」に付して、「荘子」「申不害《しんふがい》」にも言及するものです。

・老子は、楚の苦県、厲《らい》郷曲、仁里の人なり、名は耳、字は耼《たん》、姓は李氏、周の守蔵室の史なり、……荘子は、蒙《もう》の人なり、名は周、周、嘗て蒙の漆園吏《しつゑんり》と為る、……申不害《しんふがい》は、京の人なり、故《もと》、鄭《てい》の賤臣なり、……韓非は韓の諸公子なり、刑名法術の学を喜び、其の帰（帰趨）は、黄・老に本づく〔『史記』老子韓非列伝〕

「一人」ごとの「伝」とはいえませんが、それぞれの「伝」、おおむね同様の様式を保っています。もちろん、『史記』が、入手しえた情報をことごとく記しているというわけではありません。以下述べることがらとの関連性を考慮しながら、その必然性のない事実はあえて省略しているはずです。それでも、一応、「通称」→「出身地」→「家系」→「名」→「字」→「姓」→「身分」→「経歴」→「性向」という定型は守られているようです。

しかし、この記述様式が「列伝」固有のものでないことは、たとえば、「本紀」にしても、「世家」にして

も、ほぼ一様の記述をとっていることから推測されましょう。そうすれば、「伝」の記述様式は、『文章辨體』や『文體明辨』のいう、司馬遷独創ではなかったといえます。それに先行する「伝」の記述様式は、やはり以前にあった、とすべきです。ただし、「列伝」それ自体の構想は、『史記』において創始されたことは間違いないところでしょう。

後世の史書は、おそらく、その「伝」の記述様式をも、『史記』独創のものとして、継承したようです。たとえば『漢書』の第一の「伝」には、

・陳勝は、字なは渉、陽城の人、呉広は、字は叔、陽夏の人なり、勝、少《わか》き時、嘗て人と傭耕《ようこう》す（雇われて耕作する）〔『漢書』陳勝項籍伝〕

とあり、まず二人の人物に焦点を合わせているものの、その「名」→「字」→「出身地」の記述様式に変更はみえません。「燕雀《えんじゃく》安んぞ鴻鵠《こうこく》の志を知らんや」の成語を含むこの故事は、それに倣います。

さらに『後漢書』『三国志』『晋書』『唐書』の「列伝」の、それぞれ巻頭に置かれる人物にかんする記述様式を繙いていくことにいたしましょう。『漢書』以下の「伝」もすべて「列伝」として編目が立てられていますが、便宜上『史記』を除いては、その出典名をあえて「伝」とのみ記しておきます。

・劉玄、字は聖公、光武の族兄なり〔『後漢書』劉玄劉盆子伝〕

「名」→「字」→「家系」。

・武の宣下《せんべん》皇后は瑯邪《らうや》の開陽の人にして文帝の母なり、本は、倡家《しょうか》〔『三国志（魏書）』后妃伝〕

「通称」→「出身地」→「家系」。

・孫堅、字は文台、呉郡の富春の人にして、蓋《けだ》し、孫武の後ならん、少《わか》くして、県吏と為る〔『三国志（呉書）』孫破虜討逆伝〕

その篇名は、人物名のみを記す通例から外れて、「孫虜を破り逆を討つの伝」とするものの、「孫堅」の

「伝」をいうこと、明らかです。この様式、「字」→「出身地」→「家系」→「経歴」の順。

・劉焉《りうえん》、字は君郎、江夏の竟陵《きやうりよう》の人なり、漢のときの魯の恭王の後裔《こうえい》、章帝、元和中、封（領地）を竟陵に徙《うつ》す〔『三国志（蜀書）』劉二牧伝〕

「通称」→「字」→「出身地」→「家系」。

・宣の穆張皇后、諱《いみな》は春華、河内の平皐《へいかう》の人なり、父は汪《わう》、魏の粟邑《ぞくいふ》の令、母は河内の山氏、司徒、濤《たう》の従祖姑なり、后、少くして徳行有り、智識人に過ぐ、景帝、文帝、平原王幹、南陽公主を生む〔『晋書』后妃上〕

「通称」→「諱」→「出身地」→「家系」→「性向」。もちろん皇后のゆえに「諱」を挟みます。

しかし、『晋書』の「隠逸伝」ともなると、その生活態度が特殊であることにもよるでしょうが、にわかに「性向」の記述が多くなります。

・孫登、字は公和、汲郡《きふぐん》、共の人なり、家属無く、郡の北山に於いて土窟を為《つく》り、之れに居《を》る、夏は則ち草を編んで裳と為し、冬は被髪して自ら覆《おほ》ふ、易《えき》を読むを好み、一絃琴を撫し、見る者、皆、之れを親楽す、性、恚怒《いど》（いかり）無し、人、或いは諸《こ》れを水中に投じ、其の怒りを観んと欲す、登既に出でて、便《すなは》ち大いに笑ふ〔『晋書』隠逸伝・孫登〕

「隠逸」の人ですので、その人自身「家系」などに固執するところがないことは納得されます。また、「経歴」も省かれます。その「隠逸」の生活態度、その生き方をほぼ規定するところの「性向」の記述が、重きをなすのです。その認識のうえに「伝」が立てられたともいえましょう。もとより「隠逸」の人の「伝」は、これを初めとするのではありません。すくなくとも後漢よりして、その「伝」は確立しています。しかし、このように、望まれる生活様式をもつ群像として、顕著に称揚、記載されるのは、概して『晋書』に及んでのことです。

この種の記述がさらに徹底すると、たとえば、

・董京《とうけい》、字は威輦《ゐれん》、何《いづ》れの郡の人なるかを知らず、……或いは、推排罵辱《すゐはいばじょく》さるるも、曾《すなは》ち怒色無し〔『晋書』隠逸伝・董京〕

となります。「出身地」が除かれます。筆者が、そう判断したのか、あるいは、当の董京の認識が、意味のないこととして、放棄したのか、よくは分かりませんが、他に、

・瞿硎《くけい》先生は、姓、名を得ず、亦た何許《いづこ》の人なるかを知らず〔『晋書』隠逸伝・瞿硎先生〕

とあり、いわば出自そのものが抹消されたかのごとく記述される人物もいます。それは、あたかも、『晋書』では、

・陶潜、字は元亮、大司馬侃《かん》の曾孫なり、祖は茂、武昌太守なり、潜、少《わか》くして高尚を懐き、博学にして善《よ》く文を属《つく》る、穎脱不羈《えいだつふき》（物にとらわれない）、任真自得、卿鄰《きやうりん》の貴ぶ所と為る〔『晋書』隠逸伝・陶潜〕

と、「家系」を記されながらも、その自伝「五柳先生伝」にいう「先生は何許《いづこ》の人なるかを知らず、姓、字を詳《つまび》らかにせず」の記述様式にあたかも呼応します。あるいは「隠逸」者のこれが、独自の表現形式であったかもしれません。そうして、「穎脱不羈」「任真自得」などの四字句をもって端的に、その「性向」を言い切る様式も、このあたりから定着をみせるようです。

そしてこの「隠逸伝」なる編目は、『旧唐書』に至ってもなお継承されるのですが、その生き方に意義を見いだしうる人物は、ほぼ姿を消していくのです。どうじに、その表現も精彩を失っていくばかりです。

しかし、『史記』によって整備された、その「伝」記述様式は、史書に引き継がれ、また、その他の諸ジャンルにも採用されて、中国の近時においても、名残をとどめます。このとき、魯迅の『阿Q正伝』の、あの揶揄のこもった記述は、もうそれだけで、旧套に堕した「伝」の様式にたいする一批判にはなりえている

のです。

Q87：「漁父」（『楚辞』）について

『楚辞』の「漁父」は、その成立、内容、作者において、不可解な点が多いのですが、解明してください。

A87

ご質問、まことに共感されます。その読解においてというわけでもなく、それより他の何かが不鮮明で、そのことが絡みついてほぐしがたいことを痛切に感じるからです。何が分からないか、といって、それを明示することすらも困難な作品のように思います。しかし、あえて、つぎのような疑問ではないかと臆測し、それに沿って述べるにとどめます。あらかじめ、諒解ください。一は、まもなく、汨羅《べきら》に、自ら身を投ずるであろうはずの屈原が、辞賦などを詠ずることができるだろうかという疑問、一は、この漁父なる人物は実在なのだろうか、ということ、ひいては、屈原とほんとうに出会ったのだろうかという疑問、一、それにしては、一介の漁父が、ああまで理路整然とした、しかも辛辣な思想を語りうるものだろうかという疑問などが、さしあたって浮かんでまいります。いまは、この三点に限って、私見も交えて応えていきます。まず冒頭の、

・屈原既に放たれて、江潭に遊び、行《ゆ》く沢畔に吟ず〔『楚辞』漁父〕

が、

・屈原既に放たれて三年、復た見《まみ》ゆる〔王に接見する〕を得ず〔『楚辞』卜居〕

と、ほぼ、同じ体裁で書き出されていることに注目されます。この両篇は異例です。

・皇覧《ちちみ》て余《わ》れを初度（生まれたときの条件）に揆《はか》り、肇《はじ》めて余れに錫《たま》ふに嘉名を以てし、余れに名づけて
　正則とし、字して霊均とす〔『楚辞』離騒〕

「正則」とは、屈原の名「平」の義を、「霊均」は、その字「原」の義を、それぞれ暗示します。なにやら、「正則」「霊均」の呼称は、宗教性を帯びたそれとも感ぜられます。それはともかく、もし、「屈原既に放たれて」の叙述が、屈原自身から発されたものならば、それは「字」を称したことになります。そのこと自体は、格別、忌避に触れるようなことはないのですが、いささか通例に反して、よそよそしい呼称ではあります。そこに疑念を抱いてか、「漁父」の後人作説を提示する学者もいます。しかし、そのような雰囲気のみで論じられる問題でもないはずです。ただ「漁父」「卜居」にのみ限って、この呼称が用いられていること、いずれも同じく「問答体」と呼ばれる構成をとること、また、テーマに共通するもののあることを指摘するのは重要なことだと思われます。

　さらに漁父そのものが実在の人物であるのか、そして、じっさい屈原とどうして出会ったのか、などの用件をも尋ねる必要があろうかと思います。『史記』は、

・屈原、江濱に至り、被髪して行くゆく沢畔に吟ず、顔色憔悴《せうすゐ》し、形容枯槁《こかう》せり、漁父見て、之れに問ひ
　て曰く、子は三閭《さんりょ》大夫に非ずや、何の故にして此こに至れるか〔『史記』屈原賈生《かせい》伝〕

として、なお、屈原と漁父との対話を、「漁父」の辞からの引用としてでなく、実録として、地の文に溶かしこんでいます。かくして、

・是こに於いて石を懐き、遂に自ら汨羅《べきら》に投じて以て死す〔『史記』屈原賈生伝〕

　もちろん『史記』は、この出会いを実録として描述しているのです。ただ、漁父がいかなる人物であるかについては触れません。もとより後漢・王逸《おういつ》『楚辞章句』は、「卜居」「漁父」ともに「屈原の作る所なり」

として憚りません。朱熹『楚辞集注』も、同様の判断を下すのですが、その上に、「漁父は蓋《けだ》し亦た当時の隠遁の士ならん」と、さすがに漁父なる人物が何者であるかに言及しています。たぶん朱熹は『論語』微子に現れて、孔子を痛烈に批判する長沮《ちょうそ》、桀溺《けつでき》、楚狂接輿《そきょうせつよ》などの俗世を避ける隠士と重ねあわせたものと思われます。しかし、これもまた、実録とすることにおいて一様です。ただ、「或いは曰ふ、亦た原の設詞なるのみ、と」と一説を設けるのは、いくらか仮構の辞かもしれぬという疑念があってのことでしょう。日本の瀧川亀太郎の『史記会注考證』は、王世貞の言を引いて、「長卿の子虚、已に蔓衍《まんえん》を極む、卜居、漁父は実に其の端を開く」とします。つまり司馬長卿は「子虚」賦を作り、広大な発想を極めているが、その端緒をひらいたのは、この「卜居」「漁父」であった。というものです。遡って宋・洪興祖《こうこうそ》は『楚辞補注』に「卜居、漁父は皆、問答を仮設して、以て意を寄するのみ」として、『史記』『新序』『荘子』などが、実録として扱うのを、「非なり」として却けます。ここにきて、「漁父」が一筋縄では括りきれぬ、厄介な作品だということが、いよいよ痛感されてきましょう。しかしなお、屈原の作という点においては、どのような疑いをもたなかったようです。

この『楚辞』の考察に当たって、きわめて斬新な発想を提言したのは、藤野岩友『巫系《ふけい》文学論』でした。そこで、『楚辞』は、たしかに原始宗教からは脱皮したものでありながら、その文学の来源が、「巫祝」の文学にあることを述べ、「卜居」「漁父」などの様式を、「占卜系文学」つまり問答文学に属するものとします。そして、この「卜居」「漁父」などは、秦、漢の人の偽作であろうとも、提案します。ほんとうは、偽作とするよりも、「巫祝」たち、不特定多数の作だと説いてほしかった、とも思われます。じっさい「漁父」中の、

・滄浪《さうらう》の水清《す》まば以て吾が纓《えい》を濯《あら》ふべし　滄浪の水濁らば以て吾が足を濯ふべし〔『楚辞』漁父〕

の歌は、『孟子』離婁《りろう》上にも見えるものであって、もとは楚に伝わる民歌であったでしょう。これを、独立

した歌として見れば、ことさらに思想性をもつ歌とも思われません。しかし、この「問答体」をとる辞のうちに収められたとき、歌は、思想を担うものとして変色されます。

ただ、この思想が漁父によって表白されたものなのか、屈原自身が、この叙述によって、心意を寄せたものなのかは分かりません。屈原その人の実在性そのものが、そもそも疑わしいことも、ここで申し添えておきましょう。『史記』では、合従《がっしょう》派の立場から、懐王に進言するものの、聴かれることがなかったと記される屈原の言動について、こと政治的な事象に執心する『戦国策』がなんら言及しないからです。もっとも、のち前漢・賈誼《かぎ》が「弔屈原文」を作っているのですから、その実在は確かなことかもしれません。しかし、屈原は、政治家としてでなく、おそらく「巫祝」の代表として、その伝統を、新しい政治的な勢力に対峙させた人物でなかったろうか、というのが、白川静『中国古代文学（二）』の見解のように思われます。それならば、「漁父」もまた、屈原の宗教的な悲劇を追想する、そのような「巫祝」集団の手に成るものであろうかとも考えられるのです。あくまで個人の創作と決めてかかったところに無理があったようです。

Q88 ：「春望」について

杜甫「春望」について、指導書には記されない留意点、補足などありましたら、指摘してください。

A88

これほど人口に膾炙されている詩も稀でしょう。しかし、ご質問は、おそらく諸注釈書ごと、微妙な差が見られ、それの確定を求められてのことでしょう。ご期待に応じうるかどうか心許ないしだいですが、ただ、いくつか、疑念のあるところを提示してみたいと思います。

・国破山河在　城春草木深　感時花濺涙　恨別鳥心驚　烽火連三月　家書抵萬金　白頭掻更短　渾欲不勝簪〔杜甫「春望」〕

まず、用字にかんしては、それぞれのテキストを校合して、わずか「城春草木深」の「春」字を「荒」字に作るものがある他、異同を見ません。その意味では、素直に読解しうる詩だといえます。

そこで、注釈書として標準的な、清・仇兆鰲《きゅうちょうごう》『杜少陵集詳註』を用いて、なお検討を加えてみましょう。まず仇兆鰲は、その制作の年を案じて、鶴注を引き、「此れ当《まさ》に至徳三載（A.D.758）三月、賊の営を陥れし時、作る所なるべし」とし、「三月は、季春の三月を指す」というのですが、そのことが成立するためには、すくなくとも二件の前提が認められなければなりません。すなわち、詩中の「三月」が、「三ヶ月間」を意味する語でなく、日本でいう「弥生」の意に当たること、もう一件は、詩が、詩中に記された時点と同時の制作であるということ、です。前者について、じつは「禄山は、天宝十四載（A.D.755）の十一月に反す、次年（A.D.756）の正月に至つて三月と為る」として、「三月」を「三ヶ月間」の意とする趙氏の説を挙げるものの、「不考に失するのみ」と一蹴に付してしまいます。さらに、その趙説の天宝十五年制作説を批判して、「十五年正月、明皇は長安に在り、六月、始めて蜀に幸（帝の行旅）するに、安んぞ之れを破ると謂ふを得んや」、つまり、天宝十五年はいまだ天子蒙塵のおりではないのだから、「国破」などといいうるはずがない、ついで、「是の時、公は家を移して奉先《ほうせん》に在り、五月、方《はじ》めて鄜州《ふしゅう》に入る、道路未だ嘗て隔絶せず、安《いづく》んぞ家書抵萬金と云ふを得んや」、杜甫は、その時、長安との交通が遮断されていない地にいたのだから、とうてい「家書抵萬金」などといえないではないか、と、ことばは痛烈です。おそらく実証としてはそうなるのでしょう。後者にかんしては、「実事」と「制作」を一時のものとする認識を示すのですが、これは、文学の解釈における本質的な問題でもあり、その認識には、なお危ういものがあろうかと思われます。この前提が成立しなければ、おおよそ前者にかんする実証も、結局、無効に終わってしまうのではないでしょうか。以上の件については、いまのところ、保留にしておきます。

さて仇兆鰲は、この詩の動機を「此れ乱を憂ひて春を傷みて作れるなり」とします。もっとも、「春」を別に「荒」に作るテキストに拠れば、かならずしも「傷春」の詩とみなしえない、ということになりますが、ここで仇兆鰲は、制作の季節が春であることを確証するために、『呂氏春秋』の「春気至れば草木生ず」の句を引きます。もちろん杜甫が、この句を典拠としたということではなく、「草木深」の句が「春」を背景としなければならぬ必然性を説こうとするために、仇兆鰲は、語注に記したというべきでしょう。またかりに「花」が春を象徴し、「三月」が、季春三月のことに相当するならば、疑いなく、詩は春を詠ったものとなります。

かくて、語釈です。『戦国策』斉策に、「国破れて君亡せば、吾れ存する能はず」とあるのを引きます。『戦国策』の文脈を透かして、杜甫の唐王朝に対する深い忠誠心を看取しているのです。「山河」については、北周の詩人・庾信《ゆしん》の詩の一節、「山河復た論ぜず」を引きます。杜甫が庾信に傾倒していたことは確実です。「山河在」というとき、杜甫の念頭には、その自然の強さを、庾信のことばによって保証しようとする意図があったであろうことを、仇兆鰲は示唆しているのです。

また「感時」を、『楚辞』の「余《わ》れ時に感じて悽愴《せいさう》」の句につなげます。杜甫の背景に、憂憤の詩人、屈原を重ねるのです。ついで、詩中、もっとも疑義の多い「花濺涙」「鳥心驚」の句の処理についてなのですが、具体的には、その「花」「鳥」を主語として訓むのか、目的語として訓むのかの問題に集約されましょう。このとき、聞人倩《ぶんじんせん》の詩「林に心を驚かする鳥有り　園に日を奪ふ花多し」を引くところからすれば、「花」「鳥」を主語と見立てているようにも思われます。ただ、聞人倩なる人物の詳細が知られません。おそらく、杜甫より後の詩人かとも思われ、そうならば、仇兆鰲は、杜甫に影響を与えた詩句としてでなく、その用字法を確認するために、あえて引いた用例でありましょう。もし、たとえば、芭蕉の「行く春や鳥啼き魚の目に涙」(『奥の細道』)の句が、この「春望」に借りるものなら、「花」「鳥」が主語として解される可能性は高いと見なしてよろしいでしょう。

注目の「三月」。仇兆鰲は、二例、「三月」を記す例を引きます。一は「項羽、秦の宮室を焼く、火、三月滅びず」(『史記』)、一は、王勃《おうぼつ》の詩「物色三月に連なる」。前者は「三ヶ月間」、後者は「弥生」、それぞれ意味は抵触します。仇兆鰲が、「季春三月」とするのは、おそらく、王勃の詩の「三月」をもって根拠としたのではなく、その歴史的な資料から推測したものにほかなりません。ちなみに、「三月」の「萬金」に対応するところから、「三」「萬」いずれも「虚数」と見るべきであるとする説も最近に出ています。

そうして、最後に、司馬温公の「春望」に寄せる評論、すなわち「詩話」を、そのまま書き足すのです。「古人詩を為《つく》るに、意、言外に在るを貴び、人をして思ひて之れを得しむ、故に之れを言ふ者、罪無けれども、之れを聞く者、以て戒《いまし》むるに足る、近世、唯だ杜甫、最も詩人の体を得るのみ」と、直刺ではない、仮託において、その時勢、その歴史を辛辣に批判した詩であると述べるのです。

「春望」、その全貌はなお解き明かされるに至っていない詩です。その語釈、その訓読において然りです。そのことよりも、司馬温公のいうごとく、その「言外」にこそ、詩人の真率な「意」を求めていくことが、肝要のことかと思われます。

Q89 「桃花源記」について

「桃花源記」は、実録とすべきでしょうか、一種の小説とすべきでしょうか、それとも、作者の生活理念を訴えた作品とすべきなのでしょうか、説明してください。

A89

たいへん難しいご質問、もとより陶淵明の文学、人生そのものを問う問題でもあり、とうてい手に負えるものではありませんが、調査した限りにおいて、いささか感想を述べるだけにとどめます。

本文は割愛しますが、「桃花源記」を読んで、まず連想されるのが、いわゆる「小国寡民」の風景でしょう。

・小国寡民《くわみん》、民をして什佰（十百）の器有るも用ゐず、民をして死を重んじて遠く徙《うつ》らざらしむ、……其の食を甘しとし、其の服を美とし、其の居に安んじ、其の俗を楽しむ、隣国相ひ望み、鶏犬の声聞こゆ、民、老死に至るまで相ひ往来せず〔『老子』八〇〕

たしかに、それからの影響を否むことはできないように思われます。じつは、この「桃花源記」には「詩」が伴っており、そのうちに、

・桑竹余蔭を垂れ　菽稷《しゅくしょく》（豆と黍《きび》）時に随つて藝《う》う　春蠶《しゅんさん》長絲を収め　秋熟王税靡《な》し　荒路曖《あい》として交《こも》ごも通じ　鶏犬互に鳴吠《めいばい》す　俎豆《そとう》（お供えの礼）は猶《な》ほ古法にして　衣裳新製無し〔陶淵明「桃花源詩」〕

と見えます。もとより、『老子』の夢想する「小国寡民」の風景を重ねながら、村の生活の様態を、具体化したものでしょう。『老子』の描く風景が、理念から覗いたそれであるのなら、淵明の描くそれは、直目されたような生活風景として、現実性を濃厚に帯びているといえましょう。ただ、その理念における一致をい

うならば、むしろ、

・其の国、師長無く、自《おのづか》ら然《しか》るのみ、其の民、嗜《し》慾《よく》無く、生を楽しむを知らざるも、死を悪《にく》むも知らず

〔『列子』黄帝〕

の「華胥《かしょ》国」の理念的世界に深く通ずるものがあるように感ぜられます。おそらく淵明の理念のうちにしのびこんでいる思想は、ただ『老子』のみにあるとするよりも、道家一般の思想であると考えてよいものでしょう。しかし、淵明の文学は、そのような思想を必要とはしたけれども、道家思想だけに包摂されるものでは、けっしてなかったはずです。そうでなければ、「桃花源記併詩」があれほどのリアリティとディテールを得ることには至らなかったはずです。

その意味では、思想に、その淵源を求めるよりも、むしろ「小説」として、この作品を見ようとする見解のほうに、かえって斬新さを感じます。

・昔、鄱陽《はやう》郡安楽県に人有り、姓は彭《はう》、世《よよ》、捕射するを以て業と為す、児、父に随ひて山に入る、父、蹶《けつ》然《ぜん》として（ばったり）地に倒れ、乃ち変じて白鹿と成る、児、悲号して追ふ、鹿、超然として遠く逝き、遂に在る所を失う、児、是《ここ》に於いて弓を捉《と》らざること終身、孫に至つて復た射を学び、忽《たちま》ち一白鹿を得、乃《すなは》ち鹿角の間に道家の七星符を得たり、並びに其の祖の姓名年月、分明なる有り、之れを視て、惋悔《わんくわい》し、乃ち弧を消去して失ふ〔『太平御覧』八八八引『列異伝』〕

いわゆる志怪小説の一編ですが、「桃花源記」の書き出しと、その体裁において、はなはだ類似するものがあります。異界に入る、しかも、それが山中にある、そこで不思議を体験する、そのプロット、用字、テーマともに酷似するというべきです。さらにそこには、道家的な発想、超時間的な発想の浸透も窺われましょう。じっさい、淵明は、干宝《かんぽう》『捜神記』につぐ『捜神後記』の作者にまで比定されたほどなのですから、六朝期の志怪小説とまったく無縁であったとは思われません。ただ魯迅は、『中国小説史略』のなかで、「幻

設して文を為ること、晋世、固《もと》より已《すで》に盛んにして、阮籍《げんせき》の大人先生伝、劉伶《りゅうれい》の酒徳頌、陶潜の桃花源記、五柳先生伝のごときは、皆、是れなり」と、「桃花源記」を虚構の作としながらも、一方『捜神後記』については「陶潜、曠達《くわうたつ》にして、未だ鬼神に拳拳《けんけん》たら（恋い焦がれる）ず、蓋《けだ》し偽託ならん」とするのです。淵明は、志怪を追及したのではなく、志怪は、あくまで思想を表現するための手段でしかなかった、というのでしょう。志怪をこそ目的とする『列異伝』との、それが決定的な相違のように思われます。

なるほど、魯迅は、「桃花源記」を、「幻設」の作として憚らないのですが、思うに、淵明は、そこで空想としての異界を描こうとしたのではなく、その現実としての異界を、かつ歴史的に経験された異界を描こうとしたのではないでしょうか。

まず淵明は、後漢の人・田子泰《でんしたい》を節義の士として仰慕しました。田子泰は、騎都尉に拝せられて、それを受けず、徐無山に拠って、躬耕し、父母および宗族数百人を養い、路にたれひとり拾うものがないというほどのユートピア的な共同体を営んだと、『三国志（魏書）』隠逸伝に記される人物です。その、山居して、世俗を遮断した自立共同体の生活風景が、あるいは、「桃花源記」に反映しているようにも思われるのです。歴史的な実在が、こうして異界の風景を縁取ります。

そうして、その世俗との間隔のとりかたは、もとより淵明の隠逸の態度と密接な関係がありましょう。「五柳先生伝」において「何許《いづこ》の人なるかを知らず」としたのは、おそらく、その世俗との断絶を宣言することばのように見えてきますし、そのような態度が「漢有るを知らず、魏・晋に論無し」といった確信のようなものに結びつくことに思われてきます。じつは、この隠逸の態度は、淵明特有のものではありません。隠逸者は、後漢よりこのかた、多く輩出し、晋代にあっては、そのような人生態度をもつことが、いわば「高尚」のこととして一種の風潮をなしてもいたのです。しかも、淵明の家系にも、それに類する人物がいました。それは、あるいは、資質のつながりといってよいものかもしれません。淵明が遠慕してやまない曾祖父・陶侃《とうかん》、その子・陶範、その子・陶淡、また母系の猛嘉、その弟・孟陋《もうろう》がじつに、隠逸あるいは躬耕（みずから耕す）の気風をもつ者でした。さらに妻の家系にも、翟湯《てきとう》、その子・翟荘、湯から四代のちの翟法賜もまた、そうです。うち陶淡が、『晋書』、翟法賜が『宋書』のいずれも「隠逸伝」に、その名を残しています。淵明が、きわめて身辺の人々の人生態度から、その指針を得ていたことは確実です。淵明が自耕自給の姿勢をとったのも、そうした影響に基づきましょう。それゆえに「桃花源記」の「其の中に往来種作す」は必然的な描写でなければならなかったのです。その剛直な生活の根底には、「小国寡民」の影響よりも、むしろ、近親のものの生き方が、淵明に深く浸透していたであろうことを強調しておきたいほどです。

ここで、曾祖父・陶侃《とうかん》について触れておきます。陶侃は、『晋書』に、その伝をもつほどの人物ですが、権貴に属したにもかかわらず、賤視されることもあったらしく、とくに『世説新語』容止には、温忠武に「漢狗は、我の悉《し》る所なり」と悪評されたり、その『世説新語』賢媛や『晋書』烈女伝には、かつて魚梁の監督をしていたなど、その素性がさらされたりしています。しかも『晋書』陶侃伝に、「望（家柄）は世族に非ず、俗は諸華に異なり」と記されていますから、異族と交渉のあった人であろうことが推量されます。もっとも陶侃その人は、その異族に鎮圧を加えた人ですから、出自そのものは異族につながるものとは思われません。しかし、その異族との接触はあり、生活様式にはおのずから異族の風俗に馴染むものがあったと思われます。「俗は諸華に異なり」とは、そういうことではないでしょうか。そして、その異族こそ、「桃花源記」の記す「武陵」の山民であったのです。「武陵」は、いまの湖南省常徳県に特定されます。洞庭湖の西方にあり、淵明の旧居とは指呼の間にとらえられる山中の地でした。当時、そこには、「武陵蛮《ぶりょうばん》」と呼ばれる渓族が住みついていました。「桃花源記」には、こうした人々の生業と、その背景が投影されているようです。

じつは、「桃花源」がどういう地であるのかを、逸早く推察したのは、民国の碩学《せきがく》・陳寅恪《ちんいんかく》でした。その論文「桃花源記旁證」は、「陶淵明の桃花源記は寓意の文にして亦た紀実の文なり」の冒頭に始まる考証なのですが、その「紀実」とは、「義熙《ぎき》十三年（A.D.417）、春夏の間、劉裕《りゅうゆう》師を率《ひき》ゐて関に入りし時、戴延之《たいえんし》等の聞見する所の材料に依拠して作成」されたことをいうものです。「桃花源記」は虚構ではなく、伝聞された「実事」を物語ったものであるとされます。具体的には、山中に入り、そこに「塢《お》」を起こし、集落を成して、独自の生活を営んだ避難民の体験が反映されたものだとするのです。「塢」とは、当時、戦乱を遮断し、主として峻険によって築かれた要塞、またその集落を指すことばです。「寓意」とは「劉驎之《りゅうりんし》の衡山に入りて薬を採りし故事を牽連混合し」たことをいうもののようです。「劉驎之」は「桃花源記」中に見える「劉子驥《りゅうしき》」その人です。「劉子驥」のことは『世説新語』棲逸《せいいつ》、任誕に記され、なお『晋書』にも一項を設けられているのですから、実在の人物であること、疑いありません。

・劉驎之、字は子驥、南陽の人、光禄太夫・耽の族なり、……好んで山澤に遊び、志、遯逸《とんいつ》（隠遁）に存ず、嘗《かつ》て薬を採りて衡山に至り、深く入りて、反るを忘る、……驎之、更に尋索せんと欲するも、終に復た処を知らず（『晋書』隠逸伝・劉驎之）

山中に入り、路を失い、やがて家に帰ることを得たのち、また、その地を求めようとする展開は、「桃花源記」と同工です。「劉子驥」は、淵明より、一代から二代、古い人物ですが、淵明は、伝聞にもとづいて、その隠逸者の行動と志尚を追慕しているのです。陳寅恪のいわゆる「寓意」とは、その意味であろうかと思われます。

「晋の太元中」とは、ほぼ東晋・孝文帝の在位期間、おおよそ二十年に相当します。淵明は、その期間のことに仮託して、ついに自らの思想を表現したということになります。その思想が、身辺の現実、歴史的な現実、ないしは社会的な現実を契機として生まれているものである以上、単純に小説とし、実録といいくるめることは、やはり不可能ではないかと考えられるのです。

Q90 「寒士」「寒門」について

「寒士」「寒門」などの語を聞きますが、その身分的な概念も、それらの人々が後世どう評価されてきたのかもよく分かりません。詳細に説明してください。

A90

「寒民」「寒士」「寒人」「寒流」「寒微」「寒門」など、「寒」字を伴って、その身分を示す語は、南北朝に至ってにわかに多く見られることになります。

・寒民、橋下に舎居す、疑ふらくは、火を以て自ら燎《や》き、此の災を為さん、と〔『漢書』王莽《おうもう》伝〕

が、その類のうち、もっとも早い語例であろうと思われます。このとき、「寒民」とは、かならずしも階級や身分を正式に言い表すのではなく、貧しい生活をする者を、おおよそに指していった語でしょう。寒民階層などという概念の成立はなかったようです。

・寒貧なる者、本《もと》、姓は石、字は徳林、……産業を治めず……頗《すこぶ》る乞を行ふ、乞するも多を取らず、人、其の姓氏を問ふに、又た、肯《あ》へて言はず、故に、因りて、之れに号して、寒貧と曰ふ〔『三国志』管寧《かんねい》伝・注〕

「寒貧」はここでは、人の「号」なのですが、もとより「寒貧」なる生活の実状にあやかるものだったのでしょう。これとて正式の身分呼称をいう語ではありません。やがて、

・上品に寒門無く、下品に勢族無し、時に曁《およ》んで之れ有るは、皆、曲《つぶさ》に故有り〔『晋書』劉毅伝〕

と見えるあたりから、「寒門」の語が、いわゆる「九品官人法」のシステムに包摂される概念として用いられていることが知られます。同じ『晋書』から、その語例を拾うならば、

・華譚《かたん》、寒族・周訪を挙げて孝廉と為す、訪、果たして功名を立つ〔『晋書』華譚伝〕
・彦、寒微より出でて、文武才幹有り〔『晋書』吾彦《ごげん》伝〕

などのように、身分階級の下流を、「寒族」「寒微」は指していましょう。「周訪」「吾彦」ともに、その才力をもって名声を得ています。しかし、その「九品官人法」の上流品位を確保するには至っていないのです。その栄達には、一定の制限が加えられていたということでしょう。そのような「士」階層をいう語のように考えられます。じっさいには、その「寒門」と呼ばれる「士」階層は、三種あったようで、一は、もと「士」でありながら、その門地が高くない階層、たとえば陶淵明の祖系にあたる陶侃《とうかん》が、「寒士」と称されます。事実は、陶侃が異族と深い関連があったからだと思われます。二は、本来は庶民であって、のち「士」に進出し、それを貴族が認めた階層、たとえば『宋書』郭璞《かくはく》伝が記す、その璞の父がそうであったようにです。三は、『宋書』劉敬宣伝が記す、司馬道賜《しばどうし》のように、王室の一族でありながら、疎隔されれば、再び「寒士」と呼ばれることになったといいます。いわば貴族に相対して卑賤な身分が「寒士」であったようです。

では、具体的には、どのような品位を保つことができたかとなると、

・宝生、本、寒門、文義の美有り、元嘉中に、国子学に立ち、毛詩（『詩』）の助教と為る、太祖の知る所と為り、官は南台侍御史、江寧令《かうねい》に至る〔『宋書』五王僧達伝・附伝〕

このとき「宝生」は誅されるのですが、「国子学」は八品であり、最終の「江寧令」とて、六品に相当するに過ぎません。「寒門」である「宝生」は、八品の「国子学」をもって起家し、ついに六品に終わったことが分かります。最終的には、「宝生」ばかりか、いずれの「寒士」もほぼ六品官、せいぜい五品官が限界であったようです。知られる官職からすれば、まま郡太守ほどでしょうか。こうして制度的にも栄達をすでに阻まれた階層にあるものが、「寒士」であり、そのような門地を「寒門」というのです。「寒門」は、その制度システムにおける「寒品後門」なる語の、あるいは略称であったのかもしれません。

また、時代が下って、

・泰始中、主書と為り、寒官を以て累遷《るいせん》して、勲品に至る〔『南斉書』劉係宗伝〕

とあるものの、結局「劉係宗」は奉朝請に終わったとされます。その官品は、六品を出るものではありません。つまり、貴族を主体とする官界からは、たえず排外され、賤視されてきた階層であったのです。もっとも、とくに斉のような側近政治が行われる場所では、その「寒士」も、寵愛を受けることもあったようであり、じっさい『南史』恩倖《おんこう》伝・序に「寒門に出づ」と記された人物もいましたし、清・趙翼『二十二史劄《さつ》記《き》』にも、枢要の地位を得た人物を載せます。しかし、それら幸運の「寒士」ですら、やはり官僚世界とは異なった生活様式を強いられることが一般的な現実であったようです。

「寒」の字形は、『説文解字』巻七下に拠れば、衽席《じんせき》（ねどこ）に草を重ねる形、それで寒さを示す字ということになります。やがて、それを人の境遇に移して、貧窮の意をもったといえましょう。「寒士」は貧窮なる士、「寒門」は貧窮なる家柄を指します。「寒」は、そのような生活状態を示す語であって、もともとは制度的な用語ではなかったはずです。

ところで、「寒士」「寒門」などの語が習見されるのは、魏・晋よりのちの史書においてです。そのさいは、多く正式な身分呼称として用いられるのですが、そのような呼称は、東晋以降に現れることなく、もっぱら謙遜の辞、あるいは賤称として用いられることになります。そして、唐に至って、科挙制度の整備に伴い、已往の貴族主義は崩壊し、いきおい「寒士」の展望は開かれたかに思われました。しかし、そこにも、人生の不遇はあり、その理想を遂げえなかった「寒士」は多数でした。

・安《いづ》くにか広廈《くわうか》千萬間を得て　大いに天下の寒士を庇《たす》け倶《とも》に歓顔せん　風にも動かず安きこと山のごとくならんことを〔杜甫「茅屋為秋風所破」〕

きっと、杜甫は自らの境遇に重ねて、清浄な志尚を貫きながら不遇な生活を強いられてきた「寒士」への深い共感を詠っているのでしょう。杜甫ばかりではなく、それが、普遍的な、「寒士」への視線であったのではないかと、思われるのです。

Q91 ：「文体」について

漢文でいう「文体」は、日本でいう「文体」と意味が異なるもののように思われます。作品に即して説明してください。

A91

「文体」と一般には呼ばれている体裁のことですが、その分類は『文心雕龍《ちょうりょう》』『文選』『顔氏家訓』などに記されます。

・夫れ文章は、原《もと》、五経に出づ、詔、命、策、檄《げき》は書に生ずる者なり、序、述、論、議は易に生ずる者なり、歌、詠、賦《ふ》、頌《しょう》は詩に生ずる者なり、祭、祀、哀、誄《るい》は礼に生ずる者なり、書、奏、箴《しん》、銘は春秋に生ずる者なり〔『顔氏家訓』文章〕

その「文体」によって生まれた古典を記して、はなはだ簡潔な分類になっています。「文体」が「五経」に出るものだとする説は、おそらく当時通行の認識であったのでしょう。したがって『文心雕龍』も、

・論、説、辞、序は則ち易、其の首を統ぶ、詔、策、章、奏は則ち書、其の源を発す、賦、頌、歌、讃は則ち詩、其の本を立つ、銘、誄《るい》、箴《しん》、祝は則ち礼、其の端を総ぶ、記、伝、盟、檄は則ち、春秋、根を為す〔『文心雕龍』宗経〕

とします。符節を合わせるものもあれば、異同出入もあります。しかし、おおむねのところは一致している

といえましょう。うち『文心雕龍』は、それぞれの「文体」の本義、効用にも言及するところが見えます。たとえば、

・箴《しん》は針《しん》なり、疾を攻め、患を防ぐ所以にして、鍼石に喩《たと》ふ〔『文心雕龍』銘箴《めいしん》〕

のようにです。すべての「文体」に亘ってというわけではないのですが、その「文体」呼称と同音の語を提示し、その語の意義を述べることによって、「文体」の効用を説明するのです。ちなみに、ここで誤解を招かぬように、「文体」とは、文章の様式をいう語であって、今時の、芥川龍之介の文体などというときの、心情的な印象で論じられるものでないこと、ご承知いただきます。さらに、その「文体」を説明するのに、『文心雕龍』は、同音の語をもって、「賦《ふ》は敷《ふ》なり」「誄《るい》は累《るい》なり」「銘《めい》は名《めい》なり」とします。頭音一致をもって、「制は裁なり」「奏は進なり」、尾音一致をもって「頌は容なり」というように、切れ味よろしく「文体」の定義を下していくのです。

そこで、できるだけ平易に、『文選』の分類法を、その目次の順に従って解説していきます。

『文選』巻一は、「賦」「詩」「騒」「七」併せて四種。さしあたって「詩」については、割愛します。「賦」の作品からは、

・或いは曰く、賦なる者は古詩の流なり〔班固「両都賦」〕

を採用し、他に司馬相如「子虚賦」、陸機「文賦」など、多数を挙げます。「賦《ふ》」はまことに「敷《ふ》」であり、事物を直述し、敷き並べる「文体」をいうものです。「騒」からは、

・帝高陽の苗裔《べうえい》にして、朕《わ》が皇考（父）を伯庸と曰ふ〔屈原「離騒」〕

を挙げます。「離騒」が「騒《うれい》に離《かか》る」意であることからすれば、「騒」は憂悶を訴える「文体」を指しましょう。「七」は、なお不明ですが、「七」の数には、民俗的な信仰の反映があるように思われ、それより生まれた様式であろうと思われます。

・楚の太子、疾有り、呉の客、往《ゆ》きて、之れに問ふ〔枚乗《ばいじょう》「七発」〕

曹植《そうち》「七啓」などを収めます。もっとも以上は、韻文の範囲です。

「詔」からは、『文選』はわずか二首を挙げるのみです。いずれも漢・武帝の発した「詔」です。「冊」も一首、「令」も一首、「教」も二首、「文」は述べ一三首、それら任命にかんする詔勅の文章を指します。「表」「上書」「啓」「弾事」「牋」「奏記」などの類は、臣下より君主に達する書。内容は、忠誠を表すもの、諫めるもの、弾劾するもの、多様に亘ります。

・臣、亮、言ふ、先帝、創業未だ半ばならずして中道にして崩殂《ほうそ》す〔諸葛亮「出師表」〕

これは「表」。代表的なものとしては、李斯「上奏始皇書」、司馬相如「上疏諫猟」ほか、「啓」三首、「弾事」三首、「牋」八首、そして、「奏記」は一首。

・籍、死罪死罪、伏して惟《おも》んみるに、明公、一の徳を含むを以て、上台の位に拠る〔阮籍《げんせき》「奏記詣蔣公」〕

阮籍とは、白眼視の逸話で知られる、竹林の七賢の一人です。

ついで「書」「檄」。相手を奮発せしめ、または信頼を寄せる書状を指します。

・太史公、牛馬走〔身分の低いことを謙遜したことば〕、司馬遷、再拝して言ふ〔司馬遷「報任少卿書」〕

宮刑を受けた、その恥辱を訴えて、深い共感を寄せる文章です。さらに李陵「答蘇武書」、あるいは、魏・文帝、あるいは曹植の悲哀に満ちた「書」を載せます。司馬相如「喩巴蜀檄《げき》」「難蜀父老」などが「檄」の類です。

『文選』は、さらに「対問」「設論」「辞」を加えます。もとより、これらの様式は、詩的な傾向をもつもの。うち「辞」では、漢・武帝「秋風辞」、陶淵明「帰去来兮辞」が傑出の作でしょう。

・帰りなんいざ　田園将《まさ》に蕪《あ》れなんとす　胡《なん》ぞ帰らざらんや〔陶淵明「帰去来兮辞」〕

つぎは、「序」「頌」「賛」、要約すれば、人物、作品、ものごと一般にたいする賛辞と考えてよろしいでしょう。「序」九首、「頌」五首、「賛」二首を、『文選』は載せます。

巻四八には「符命」、巻四九、巻五〇には「史論」、そして「史述賛」がつづきます。「符命」は、時事の論。「史論」「史述賛」は、いずれもその人物の歴史的な業績を述べる様式。うち一例、

・史臣、民は天地の霊を稟け、五常の徳を含む〔沈約《しんやく》「宋書・謝霊運伝論」〕

これは、詩人・謝霊運の文学を称賛したものです。

そして、「論」。あることがらにかんするラディカルな論述、論議をいいます。

・……蓋《けだ》し、文章は経国の大業にして、不朽の盛事なり〔魏・文帝「典論論文」〕

この有名な「文」の発揚を説く一節もまた、様式としては、「論」の一種といえます。

そして「連珠」。陸機の一首のみを挙げます。韻文の類です。

「箴」「銘」は、いわば戒語にでも相当しましょうか。『文選』載せるところ、「箴」一首、「銘」五首。そうして、死者の追懐を趣旨とする、「誄」「哀」「碑文」「墓誌」「行状」「弔文」「祭文」とつづいて、これで『文選』の収めるすべての「文体」は揃います。「弔文」の一例、

・誼《ぎ》、長沙王の太傅《たいふ》と為り、既に謫居《たっきょ》さるるを以て、意、自得せず〔賈誼《かぎ》「弔屈原文」〕

漢代に始まる「文体」の整備は、ほぼ南北朝期において確立します。その「文体」は、『文心雕龍』『文選』『顔氏家訓』に詳解されていますが、並行して動揺をきたします。衰退していく「文体」の危機を救ったのは、唐の古文運動であったと考えられます。韓愈、柳宗元に、その「文体」への回帰が見られるのは、その証でしょう。その運動はなお宋代の蘇軾などに継承されることになります。たとえば韓愈に「原人」「原道」「柳子厚墓誌銘」など、高度な「論」「墓誌」があり、蘇軾に風格の高い「赤壁賦」などの「賦」のあることが、そのような「文体」の再興を物語ります。

ちなみに戦国期から宋代までの古文を収載した『古文真宝』は、「辞」「賦」「説」「解」「序」「記」「箴」

「銘」「文」「頌」「伝」「碑」「辯《べん》」「表」「原」「論」「書」に分類し、下って、清・姚鼐《ようだい》『古文辞類纂』に従えば、「論辨」「奏議」「書説」「贈序」「詔令」「伝状」「碑誌」「雑記」「箴銘」「頌賛」「辞賦」「哀祭」に分類されています。

Q92 ∴唐詩の流れ

参考書などでは、初唐より晩唐にいたる、詩の流遷をたんに詩人を挙げるのみで終始しています。ぜひ個々の詩人の詩に即して説明してください。

A92

唐詩といえば、吉川幸次郎・三好達治『新唐詩選』が、すでに馴染みの深いものとなっていますが、その著は、作品を断片的に鑑賞する形式をとるものですから、なにぶん唐詩の流れを概観するには活用しがたい憾みがありましょう。

ここでは、唐詩の変遷を一気に追ってみます。

詩人・中村重治は「一種のおかげ」という随筆に、「誰やらの東下りとか、芭蕉の奥の細みちとかいったものとはスケールのてんでちがった桁はずれの大距離。それから風物自然の大きなちがいがあった。……それから、異人種、異種族、その雑然とした同時存在、それにからむ支配権の、不思議な、また血なまぐさい激変とそのなかを生きる人間の運命」を唐詩から「肉感で植えつけられた」ことを語っています。おそらく、唐詩は、そう要約して納得されるように思われます。しかし唐詩全体からすれば、その感想はなお一面的であって、その迹をたどれば、また異なる相貌も見えてくるはずです。

斉・梁の詩風を保持しながら、ほぼ宮廷の周辺で詠われた時代、七世紀初頭から、八世紀初頭への一世紀を、一応「初唐」期としてよいでしょう。形式の綺麗さを貴ぶ「斉梁体」を継承、深化しながら、ついに七言律詩がここに確立します。その任務をなしたのは、宋之問《そうしもん》、沈佺期《しんせんき》、二人の宮廷詩人でした。

・宸遊《しんいう》（皇帝の御幸）此れに対して歓び極むる無く　鳥哢《てうろう》（鳥の囀り）は声声管弦に入る〔宋之問「奉和春日幸望春宮応制」〕

こうした技巧の巧みさを求める「応制」詩において、七言律詩は整備されていったのです。

・両地の江山萬余里　何《いつ》れの時にか重ねて聖明の君に謁《まみ》えん〔沈佺期「遥同杜員外審言過嶺」〕

も、七言律詩でありますが、しかし、ここには、たんに形式の美のみを求めるのではなく、実直な感情がかすかならではあれ表明されているようです。この収穫がのちの「盛唐」を生み出す契機となるのです。ちなみに「杜員外審言（杜審言《としんげん》）」は、杜甫の祖父に当たります。

五言律詩といえば、それより先、いわゆる「四傑」と称される、王勃《おうぼつ》、楊炯《ようけい》、盧昭鄰《ろしょうりん》、駱賓王《らくひんのう》によって完備されました。しかも、その作品には、清新な感情の発露されたものも見うけられ、宮廷詩からの脱皮をそこに確認することができます。

・為《な》す無かれ岐路に在りて　児女と共に巾を沾《うるほ》すを〔王勃「送杜少府之任蜀州」〕

めめしく泣いたりするな、と、感傷に溺れぬ友情を詠っている詩です。

詩形の問題とは異なった位置で、自らの気風を表現しえた隠者・王積《おうせき》、漢・魏のたくましい風骨を呼びもどそうとした陳子昂《ちんすごう》、張九齢《ちょうきゅうれい》、また、その不遇からくる悲哀を詠いあげた張説《ちょうえつ》などの詩人を、見逃してはならないと思われます。

・相ひ顧みるに相識無く　長歌采薇《さいび》を懐《おも》ふ〔王績「野望」〕

伯夷、叔斉の孤高な精神を希求したものです。それはまた、宮廷文学への反撥を意味していましょう。

・誰か知らん萬里の客　古を懐《おも》うて正に踟躕《ちちゅう》する（行きつ戻りつする）を〔陳子昂「峴山《けんざん》懐古」〕

ここには、すでに、杜甫や李白へと通じる、感懐のうねりが響いています。

・昔記《おぼ》ゆ山川の是なるを　今傷《いた》む人代の非なるを〔張説「還至端州駅前与高六別処」〕

激越な悲哀をにじませています。こうした感情の表白が、やがて「盛唐」の詩人を生み出す契機となったことは確かです。

「盛唐」は、玄宗から代宗までを指しましょう。唐の絶頂期に当たります。「是《こ》こを以て詞人の材の碩《おほ》いなるもの衆《おほ》し」と、李華をして感歎せしめたとおり、まことに爛熟の時代であったのです。いわば、詩における、純化と拡充の時代でもあったともいえましょう。「初唐」に準備された「近体詩」の様式のうえに、激しい感情、深い思考を結晶させたことにおいて、それは、中国詩史上の頂点を示します。あずかって杜甫、李白の力によること、いうまでもありません。

・戎馬《じゅうば》（いくさ馬）関山の北　軒に憑《よ》れば涕泗《ていし》（目と鼻からの涙）流る〔杜甫「登岳陽楼」〕

現実の直視、そして深い感慨を、ここに見ます。

・明年此の会誰か健なるを知らん　酔うて茱萸《しゅゆ》を把《と》り子細《しさい》に看る〔杜甫「九日藍田崔氏荘」〕

細やかな配慮のうちに、悲哀、不安を詠っています。しかも、その描写は、移ろうもの、流動するものことごとくを、しかと捉えて生動します。

・此の夜曲中折柳を聞く　何人か故園の情を起こさざらん〔李白「春夜洛城聞笛」〕

別れの曲をきいて、いたたまれず、郷愁をつのらせる詩。

・地は錦江を転じて渭水《ゐすゐ》と為し　天は玉塁を廻《めぐ》らして長安と作《な》す〔李白「上皇西巡南京歌・其一」〕

スケールの大きい叙景のうちに、玄宗の成都への逃亡を詠います。社会的な現実と、その個人的な情感を、迫力のあるリズムに乗せて表現しえています。「古風」を復権し、かつ壮大な思念と官能的な情感を巧みに昇華したものといえましょう。
静寂にして、仏教的な境地を詠じたのは、王維でした。

・空山人を見ず　但だ人語の響きを聞く　返景（夕日のてりかえし）深林に入り　復た照らす青苔の上
〔王維「鹿柴《ろくさい》」〕

景観が終句にして一点に絞りこまれ、名状しがたい幽深な境地が詠われます。この王維をはじめとして、自然をあるがままに生き生きと描写する孟浩然《もうこうねん》、いわゆる「宮怨詩（閨怨詩）」なる妖艶な詩境を開き、さらに中野重治いうところの「異人種、異種族、その雑然とした同時存在」を悲しいしらべで詠いあげる王昌齢、かつ、その荒れ果てた辺塞《へんさい》を詠う岑參《しんじん》、高適《こうせき》などの詩人を忘れることはできません。

・夕陽雨足に連なり　空翠《くうすゐ》庭陰に落つ〔孟浩然「題義公禅房」〕

には、その清浄な意境のうちにも、生動する景物が描きだされます。

・誰か堪へん登望雲煙の裏　晩に向かひて茫茫旅愁を発す〔王昌齢「萬歳楼」〕

は、その辺塞の光景を詠いつつ、悲懐を抱く詩。

・憑《よ》つて両行の涙を添へ　寄せて故園に向かひて流さん〔岑参「見渭水思奏川」〕

従軍の途次、故郷に思いを寄せる詩。

・言ふ莫《な》かれ関塞極まると　雪雨《ふ》ること尚《な》ほ漫漫たり〔高適『送鄭侍御謫閩中《びんちゅう》』〕

幽州の地での詩。はるかな征途を詠います。

天宝年間を境として、玄宗の楊貴妃への愛溺に乗じて起こった安禄山の乱より、その国家的な衰微がはじまります。並行して、詩の流れも、その絶頂から下り坂をひたすら滑りおちていきます。博大な世界と微小な世界とを包摂し、そこに眩いほどの視線を注いだ「盛唐」詩人の眼ざしも、にわかに幽冥の世界にとらえられてしまうのです。

その幽冥の世界に滑りこんでいったのが、「中唐」の詩人・李賀でした。じつは、このように「奇」を愛した詩人に、李攀龍《りはんりょう》『唐詩選』は、一顧だに与えません。李賀は、天上界の夢をみたのち、たちまち息絶えたと伝えられる（『唐才子伝』巻五）、幽界と通じた詩人であり、その詩にも鬼気迫るものが窺われます。文字どおり鬼才でした。別に「中唐」を、この李賀が代表しているとはいえません。しかし、僧・皎然《こうねん》『詩式』が「吾れ知る、詩道の初めて喪《ほろ》ぶるは、正に此こに在らんと」と告げるように、ある滅びの姿を象徴しているようにも思われます。「中唐」、一応、大暦の頃より、太和年間までを指すものとします。時代は、一時、平和を確保したことがあったにしろ、それも、「盛唐」を縮小したかたちでしかなく、宮廷の周辺における抗争は続く一方でした。たしかにいくらか安定した憲宗期には、

・山空しくして松子（松かさ）落つ　幽人（隠者）応に未だ眠らざるべし〔韋応物《いおうぶつ》「秋夜寄丘二十二員外」〕

と、韋応物が、幽寂な心境を詠い、

・知らず何れの処にか蘆管《ろくわん》（葦笛）を吹く　一夜征人尽《ことごと》く郷を望む〔李益「夜上受降城聞笛」〕

と、李益が、清澄な音調を奏でることもありました。しかし、「中唐」の新生面を開いた詩人としては、「険怪」を基調として、優雅を抑えた韓愈、ならびに賈島《かとう》、対照的に「平易」を旨として、その閑静な境地を詠んだ白居易、またその友人・元稹《げんしん》を挙げなければならないでしょう。

・金炉香動いて螭頭《ちとう》暗く　玉佩《ぎょくはい》声来たつて雉尾《ちび》高し〔韓愈「奉和庫部盧四兄曹長元日朝廻」〕

『唐詩選』に、韓愈は、この一首のみが収載、よって、これを引用したのですが、すでにこの詩とて、「螭頭」が龍を刻んだ欄干、「雉尾」が雉の尾でつくった扇であることが語釈されないかぎり、元日朝賀の荘厳なさまを述べる詩とは、とうてい理解しえない「詰屈《きっくつ》」さが感ぜられます。

それに対して、「毎《つね》に篇を成すごとに、必ず其の家の老嫗《ろうおう》をして之れを読ましめ、問ひて解すれば則ち録し」（『唐才子伝』巻六）たという白居易の逸話からは、たやすく詩人の恬淡、高潔な人柄が覗きみられもし

ましょう。

まるで「盛唐」が、一は「険」へ、一は「平」へと分極化したかのような観を呈するのが、「中唐」の様相だといってよかろうと存じます。その「中唐」、文宗から、唐滅亡までを指します。その文学も、頽廃的な気分に包まれます。そうであればこそ、極度に緻密なもの、微細なものへと、その詩の主眼が絞られてきます。

なかでも、李商隠の詩、

・何《いつ》か当《まさ》に共に西窓の燭を剪《き》り　却《かへ》つて巴山《はざん》夜雨の時を話すべき〔李商隠「夜雨寄北」〕

この雨ふる夜のありさまを、一体、君に話す時が来るだろうか、と、愛情の機微を詠じます。

温庭筠《おんていいん》の詩、

・繫ぎ得たり王孫帰意の切なるを　春草の緑萋萋《せいせい》たるに関《かか》はらず〔温庭筠「楊柳枝」〕

柳から連想されるところの、別れ。立ち去りがたいのは、青々とした春草のためではない、と、小憎らしい表現をなしたのも、「晩唐」の詩人でした。

また、詩人にとってはかならずしも本領でなかったかもしれませんが、『楊州夢記《ようしゅうむき》』などという放蕩な青年時代を妖艶に描きもし、心寄せた女が、月日経ち、すでに嫁いでいた、その不遇を、「自ら恨む芳を尋ね去《ゆ》くことの較《や》や遅きを」と詠った(『唐才子伝』巻六)杜牧もまた、「晩唐」の特質を発揮した詩人といえましょう。これらの詩人たちの詩は、あたかも唐詩の落日を象徴するかのように、最後の余光を放っていますす。しかし、このとき、すでに「晩唐」は、その強烈な輝きを放つだけのエネルギーをすっかり欠いていたのです。中野重治の「肉感に植えつけられた」世界のダイナミズムは、すくなくとも、この「晩唐」には見いだしがたいものでした。

Q93 「白話」的な表現とは、どんな表現をいうのですか、具体的に説明してください。

A93 ‥「白話」について

いっそのこと「口語」と称すべきとも思われるのですが、なにぶん、それの文章化された表現をいうことになりますと、やはり「白話」とするのが適切でしょう。「白話」なる語のいわれは、よく分かりませんが、「明白如話（明白なること話の如し）」を省略した語と解されます。あるいは「元曲」の「白（せりふ）」の語に由来するのかもしれません。ここでは一応、口語を反映する「筆法」を意味する語と解しておきます。

さて、そのような「白話」が、それまで正統であった「文言（文章語）」のなかに、いつほどから、浸透することになったかについては、すでに吉川幸次郎「世説新語の文章」、並びに「六朝助字小記」に説かれたところで、おおむね魏・晋以降あたりからではないかと推定されます。もとより、それ以前に、そのような傾向がなかったわけではなく、あるいは『史記』のように、その戯曲的な場面には、往々「話しことば」を用いて、そこにリアリティを与える方法をとっている例もあります。しかし、それらは、ほとんど「会話」中でのことばにすぎません。

「白話」の、きわめて早い具体的な証例は、『世説新語』のうちに求めるのが妥当でしょう。『世説新語』は、宋・劉義慶《りゅうぎけい》の撰するところ、のち梁・劉孝標《りゅうこうひょう》によって精細な注が施されます。後漢から東晋に至るまでの貴族、政治家、文人などの逸話を断片的に記した書です。あたかも個人個人の肉声が届いてもくるような迫真性を帯びた逸話集を形成しています。それだけに、歴史的な資料としては信憑を措きがたい面もあるのですが、充分に当時の世相、情勢を、生き生きと伝えてくれます。

では、どういう点が、「白話」的であるといえるのか、おそらく、ご質問の趣旨は、ここにあるのではなかろうかと思われるのです。それを、文章に即して検討してみたく存じます。

・奕《えき》（謝奕）、是こに於て容を改めて曰く、阿奴、放去せんと欲するか、と（『世説新語』徳行）

意味としては「放」一字で用をなすのですが、接尾辞的な「去」を加え、一種の複合動詞が成立しています。このことによって、音がゆるやかに安定したともいえましょう。つまり、一語が複音節化したということです。たとえば、ほぼ同時代の陶淵明の「帰去来兮（帰りなんいざ）」の語例も、同様でありましょう。もっともこの一節は「会話」中のものであり、格別に「筆法」の革新につながる試みがあろうとは思われません。しかし、

・（王藍田《おうらんでん》）復た地に於て取りて口中に内《い》れ、齧破《げつは》して即ち之れを吐く（『世説新語』忿狷《ふんけん》）

卵が割れないのを憤って、手ずから口に放りこみ、噛み砕くやたちまち吐き出した、という王藍田の気性の激しさを巧みに伝えた箇所です。これは、もはや「地の文」における用字であり、ここにこそ、新たな「筆法」の試みはあるように思われるのです。こうした用字が、当時の「口語」を反映するものであったことは、もちろんのことですが、この傾向が現代中国語の基調になっていることも附記しておきましょう。他に、「白話」的な語例としては、

・文挙（孔文挙）、門に至り、吏に謂ひて曰く、我れ、是れ、李府君の親（親類）なり（『世説新語』言語）

を挙げておきます。この「是」の用法はさながら、現代中国語の「～である」に当たるものであり、一般に「繋辞」と呼ばれるものです。代名詞として用いられているのではありません。その意は、むしろ訓読の「なり」に相当するのですから、「これ」と訓ずるのさえ憚られるほどなのです。

・（褚《ちょ》太傅）庾《ゆ》に問うて曰く、孟従事（孟嘉）佳《よ》し、と、聞く、今、此こに在りや、不《いな》や（『世説新語』識《しき》

鑒《かん》〕

など、文末に否定詞を置く疑問形も散見することになります。また「不」のかわりに「未」「否」なども用いられますが、この用法が現代中国語の句末の疑問詞「麼《ま》」につながっていくのでしょう。

語彙のことからいえば、「金剛」「沙弥」などの仏教語や、「阿堵物《あとぶつ》（銭）」などの俗語が混入し、さらに「婢子《ひし》」「貉子《かくし》（むじな）」など、「子」を付けて蔑称とする法、「阿」を用いて「阿奴」「阿兄」など親称とする法などが多くなります。魯迅の『阿Q正伝』の「阿Q」に連なる口調です。

おもしろい例としては、いまの年齢の記し方として一般である「〜歳」の用例も、じつは、『世説新語』が、その初めであるようです。

・王戎《わうじゅう》、七歳、亦た往きて看る〔『世説新語』雅量〕

「文言」では、「歳七」の記し方がならいであったはずです。

疑問を示す語として、「文言」の「何」「安」などにかわって、

・那《なん》ぞ得て、今に至るまで未だ婚処有らざらんや〔『世説新語』仮譎《かきつ》〕

と、「那」が頻出されることになります。現代中国語の不定を示す語「那麼」、疑問の語「哪麼（どんな）」「哪裡（どこに）」につながる語法と思われます。

最後に、「得」の語法ですが、もと「手に入れる」の意味をとる動詞として用いられました。しかし、『世説新語』では、にわかに「可能」の助動詞として現れるのです。

・〔曹操の〕士卒、之れを聞き、口、皆、水を出す、此れに乗じて前の源に及ぶを得たり〔『世説新語』仮譎〕

曹操が梅林のことを語って、兵卒の喉の乾きを癒したという有名な逸話ですが、この「得」は、むろん助動詞的にはたらいて、「たどりつくことができた」の「できた」に解されるものです。おそらく「得」を、

その用法に用いた早い例でないかと推測されます。さらに、「得」は動詞の後に置かれて、

・公（温公）姑に報じて云ふ、已に婚処を覓《もと》め得たり〔『世説新語』仮譎〕

と、記されることもありました。語順が転倒していながら、助動詞「可能」の意をとること、いうまでもありません。それだけ「得」の意味が虚用されてきたことにほかなりません。わずか、この一例をもってしても、『世説新語』の「筆法」は、「文言」から「白話」への傾斜をたどる、一画期ではありえたのです。

ただし、『世説新語』が「文言」を一掃したとはいえず、むしろ「白話」の傾向をとりながら、その「文言」のもつ優雅さを保留していた事実も見逃しえないところなのです。

簡文帝が羊権に、伯父の羊秉《ようへい》について尋ねた文は、

・是れ、卿の何物ぞ、後（子孫）有りや不《いな》や〔『世説新語』言語〕

と、文末に否定詞を置く、「白話」的な表現をとりながら、しかし、羊権の、それに応じた文は、

・亡き伯《をぢ》、令聞（令名）、夙《つと》に彰《あら》はるるも、継嗣《けいし》有る無し、名、天聴に播《し》く（伝わる）と雖も、然《しか》れども、胤《すゑ》、聖代に絶《た》ゆ〔『世説新語』言語〕

と、はなはだ古風な文章で記されています。『世説新語』は、単純に「白話」表現を推進しているのではなく、一方では、「白話」への傾斜をかえって抑制するかのような「文言」を用いています。こうして、簡文帝と羊権との立場の対照を巧みに描写しているのです。「白話」はなお徹底されたわけではありません。

もっとも、この傾斜は、『遊仙窟』など、いわゆる変文のジャンルに形を現し、のち「元曲」、そうして『水滸伝』『金瓶梅』『紅楼夢』を通じて、ついには五四運動の成果として、その正統の地位を確保するに至るのです。

Q94 「楽府」について

「楽府」とは、どんなジャンルの詩なのですか、概念がつかみきれません。説明してください。

A94

一般の教科書、参考書では、「古体詩」には、「楽府《がふ》」ならびに「古詩」があるとします。その、「楽府」について述べます。

「武帝に至りて郊祀《かうし》の礼を定め、……乃《すなは》ち楽府を立て、詩を采り、夜も誦《しょう》す、趙、代、秦、楚の謳《うた》有り、李延年を以て、協律都尉と為す」と、『漢書』礼楽志に記されるところから、もとより「楽府」とは詩の様式をいう語ではなく、その音楽所をいう語であったことが知られます。以下、音楽所の長官に李延年が任ぜられたことを伝えます。さらに、そこで一九章が作られた旨を述べているのですが、おそらく、同じ「礼楽志」に収められる「郊祀歌」一九章を指していましょう。それなら、本来、伝承歌である「楽府」は、その武帝期よりは、すくなくとも早い時期に発生したことが推測され、すでに高祖のときに、叔孫通《しゅくそんとう》が、秦代の楽人の助けを借りて、宗廟の楽を制定したとさえ伝えられるのです。しかも高祖自身が、沛《はい》の地を通過したおりに作ったとされる「大風歌」も、楚の歌謡より得た歌だとされ、のちの宋・郭茂倩《かくもせん》『楽府詩集』に、「琴曲歌辞」中に分類されています。ただ歌謡は音声として伝承されるのであり、文字化されないのが普通のことですから、その発生を文献のうえで確認することができないだけです。

・大風起こつて雲飛揚し　威海内に加はりて故郷に帰る　安《いづ》くにか孟士を得て四方を守らん（「大風歌」）

形式は、七言と八言とに成り、八言中、語調を整える「兮」字を挟んでいるところからすれば、『楚辞』

に通うものがありましょう。初期の歌謡は、内容からすれば、おおむね三種の傾向があったように思われますが、一は、この楚歌に基調を置いた「大風歌」のような民間歌謡、一は、『漢書』礼楽志が、その一七章を挙げる「房中歌」、一は、『楚辞』九歌・国殤《こくしょう》の系列に沿う挽歌形式の歌に分類することが可能でしょう。うち、挽歌形式の歌が、いわゆる「古楽府」と称されたものであったらしく思われます。武帝創立の音楽所である「楽府」は、もと「郊祀歌」を制定することが主要な目的であったのでしょうが、民間歌謡の流行に伴い、多種の歌を採取、集約するに及んで、音楽所とそれらの歌詞群を併称して「楽府」と呼ぶことになったのだと考えられます。

うち、琴と鼓を奏して歌われたであろう、「相和歌」と呼ばれる挽歌形式の歌、

・薤上《かいじょう》の露　何ぞ晞《かは》き易き　露は晞くとも　明朝更に復《ま》た落ちん　人は死して一たび去らば　何《いつ》れの時にか帰らん〔「薤露」〕

を挙げておきましょう。「蒿里《こうり》」の曲とともに、田横《でんおう》の死を悲傷しての歌であるとされますが、もとより附会でしょう。しかし、それはともかく、これら二曲に触れ、『楽府詩集』巻一六が、晋・崔豹《さいひょう》『古今注』を引いて、「漢の武帝の時に至り、李延年、分かちて二曲と為す、柩《ひつぎ》を挽く者をして之れを歌はしむ、之れを挽歌といふ」ということからいえば、本来伝承されてきた歌であったことが知られます。三言・三言・七言・七言の曲折のうちに、死の哀切が、しんしんと伝わってきます。

たしかに音楽所としての「楽府」は、哀帝のときに廃止されるのですが、そのことは、かならずしも詩歌としての「楽府」の途絶を意味するものではありません。むしろ、その伝統は社会の下層において綿々と継承され、その流行は漢末にまで及びます。

ともかく哀帝のときに「楽府」は廃止されました。それは、哀帝が生まれつき、音を好まなかったことにもよりましょうが、詔を下して、「惟《おも》ふに世俗、奢泰（おごり）、文巧みにして、鄭衛《ていゑい》の声興《おこ》れり」と、『漢

書』礼楽志は伝えます。風紀の紊乱を懼れたにちがいありません。「鄭衛《ていえい》の声」とは、孔子いうところの「淫声」です。古く鄭・衛の国に伝わった詩には、淫乱のものが多かったと伝えられることから、こういいます。

たしかに、下って六朝期のものとはいえ、『楽府詩集』に収められた、

・懽《くわん》（おまえ）の揚州に下るを聞き　相ひ送る楚山の頭　手を繰《と》りて腰を抱きて看れば　江水も流れず
〔「莫愁楽」〕

など、艶冶、放胆の詩も見えることは見えます。しかし、こうした奔放な詩は、本来、中国的ではなく、『楽府詩集』が引く『古今楽録』の「蕃歌《ばんか》（異民族の歌）」とするのが当たっているように思われます。いずれにせよ流入した歌も併せて、「楽府」が、恋愛歌を多量に導入していったことは、紛れもない事実でした。元来、公的な雅楽の伝習を目的として設置された「楽府」は、こうして、歌舞音曲に圧倒され、それがために廃止されたもののようです。その音曲のうちには、さきに述べた、「蕃歌」、あるいは北辺の楽曲との接触を得た、新しい曲詩が浸透していたのでしょう。その「楽府」が廃止されるに至っても、なお様式としての「楽府」は、展開していきます。

武帝も、採用を辞さなかった「短簫鐃歌《たんしょうどうか》」と呼ばれる軍曲も、もとは胡族の用いる楽器による音曲形式の一でした。

・上邪《しゃうや》　我れ君と相ひ知り　長命まで絶え衰ふる無からんと欲す　山に陵無く　江水為に竭《つ》き　冬雷震震として　夏雪ふり　天地合するとき　乃《すなは》ち敢《あ》へて君と絶えん　〔「上邪」〕

も「短簫鐃歌」に分類されるものですが、ここでは、もはや恋愛歌に転化しています。「上邪」は、意味不明の語であり、「上《てん》よ」と訓むむきもありますが、おそらく調子をとる語ではないかと察せられます。ただここで留意したいことは、三句、九句が五言で詠われているということです。

さらに流行した形式が「祝言」的なものから生まれたと思われる恋愛歌です。その一が、『晋書』楽志に「江南可采蓮」と題名が示され、『宋志』に「江南」と題して収められるものです。

・江南蓮を采るべし　蓮葉何ぞ田田《でんでん》たる（青々と連なる）　魚は戯《たはむ》る蓮葉の間　魚は戯る蓮葉の東　魚は戯る蓮葉の西　魚は戯る蓮葉の南　魚は戯る蓮葉の北〔「江南可采蓮」〕

「蓮」は「恋」の音に通い、さらに「魚」が女性の暗喩であるとする発想を承けて、古俗を残す恋愛歌といえましょう。五言が一貫しています。

・相ひ逢ふ狭路（色街）の間　道隘《せま》くして車を容《い》れず　知らず何《いづ》くの年少ぞ　轂《こく》（こしき）を夾《さしはさ》んで君が家を問ふ〔「相逢行」〕

などは、「楽府」固有の「行」字をもつ題にして、五言詩として詠われています。内容は、下層の士人の託する切ない願望を詠ったものと考えられます。

また、「楽府」中、最も長編である「陌上桑《はくじょうそう》」も、物語化された一篇の叙事詩というべき詩なのですが、花柳街の高楼を描写する箇所をもちます。遊里に盛行したものでしょう。しかも五言の形式が、ここにも成立しています。

このような自在な場所にこそ、かえって社会を凝視する眼ざしは光るもののようです。そして、その深情に哀感がただようならば、五言「古詩」形式の成立は、もうそこに待っていました。逸脱の場所が、新たな詩の形式を生みだす地盤であったといえましょう。

かくして、「楽府」は古詩へと転成してゆくのですが、じつは、その「楽府」の様式自体も、のちの詩人により継続して試みられました。『文選』『玉台新詠』双方に録される「飲馬長城窟行」、唐に至っては、李白の「戦城南」、杜甫の「兵車行」などが、「楽府」体の詩です。それらが、たとえ擬作に過ぎないとしても、「楽府」が庶民の悲哀を詠うに恰好の様式であったことを示唆していましょう。「楽府」は、こうしてい

くども再認識され、また復権します。ことに中唐の詩人・白居易は、「新楽府」五〇首を作り、その末章に、

・詩を采り歌を聴き人の言を導く　言ふ者は罪なく聞く者は戒《いまし》む　下は流れ上は通じ上下泰《やす》し（白居易「采詩官」）

と詠じています。白居易は、「楽府」に、民衆の真率な感情が底流していることを察知しているのです。「楽府」は、風俗の善悪をはかる基準を示すことに、その本質をもつ詩の様式であったのかもしれません。というのは、すでにそのような認識が、「皆、哀楽に感じ、事に縁《よ》りて発す、亦た以て、風俗を観、薄厚を知るべし」（『漢書』芸文志）の記述のうちに見えるからです。

Q95 「桃夭」（『詩経』）について

『詩経』の「桃夭」の詩は、単純なように見えますが、かえって不明な点が多いと思われます。とくに結婚と「桃」との関係、「于」の用法、「室家」の意味など、説明してください。

A95

『詩経』を、いま、本来の呼称として『詩』といっておきます。「桃夭」は、その『詩』の民謡歌を主体とする「国風」、うち「周南」と呼ばれる周に伝承する歌群に属します。

・桃の夭夭《えうえう》たる　灼灼《しゃくしゃく》たり其の華　之《こ》の子于《ここ》に帰《とつ》ぐ　其の室家に宜《よろ》しからん　桃の夭夭たる　蕡《ふん》たる其の実有り　之《こ》の子于《ここ》に帰ぐ　其に家室に宜《よろ》しからん　桃の夭夭たる　其の葉蓁蓁《しんしん》たり　之の子于に帰ぐ　其の家人に宜しからん（『詩』周南・桃夭）

なるほど、一・二句と、三・四句との相関には、深い断絶があるようで、一貫した口語訳を阻むなにかがあ

るとも思われます。そして、「于」を前置詞的な用法として訓む習慣が染みていて、さてどう訓んでよいものか、苦慮されるところです。さらに「室家」というとき、日本の観念からすれば、「家」のうちに「室」があるのだから、「家室」というべきではないかなどと、まことに疑問の多い詩といえましょう。そのことが古風である所以であるといいくるめるなら、それまでですが、ともかく、これまでの注釈をたどりながら、なんとか解読していきましょう。

まず「夭夭たる」と連体形にするのは、「桃の」の「の」との係り受けからくる要請に応ずるもの。同格の用法とされます。ついで「其灼灼華」の語順なら、「灼灼たる」、「灼灼其華」なら「灼灼たり」とするのが通常の訓でしょう。「夭夭」「灼灼」いずれも重言、形状をオノマトペとして示す表現法です。「夭夭」は、「毛伝」に「其の少壮なるなり」、『集伝』（朱熹『詩集伝』）に、「少好の貌」とあり、若くしなやかなさまをいい、「灼灼」は、「毛伝」、『集伝』ともに、「華の盛んなる貌」、よって、かがやくさまをいいましょう。その意に相応しいオノマトペを求めるべきところです。

つぎに「于」の訓にかんしてですが、集伝に「往なり」とします。しかし、王引之『経伝釈詞』巻一に「聿《いつ》、于《う》は一声の転なり」とし、したがって「黄鳥于飛」（『詩』周南・葛覃《かったん》）や「王于出征」（『詩』小雅・六月）と同訓すべきを唱えます。「聿」は助字、「ここに」と訓みます。この「于」も、それに従うのがよいでしょう。

「帰」の字形は、寝廟で、束茅を用いて酒を注ぐ儀礼を象ったもののようです。それで、新しい祖霊の承認を得るのでしょう。いわば入嫁の儀です。よって「帰」は、「とつぐ」の意をとります。『名義抄』にすでに、「トツグ」の訓がみえ、なお『集伝』にも「婦人の嫁するを謂ひて帰と曰ふ」とします。「とつぐ」の訓を得ることができましょう。

「宜其室家」については、もうすこし厳密を期したく存じます。まず、「宜」の意を、『集伝』は「和順の意なり」とします。じつは、この詩の「序」に「桃夭は后妃の致す所なり、妬忌《とき》せざれば、則ち男女正を以てし、婚姻時を以てし、国に鰥民《くわんみん》（男やもめ）無きなり」とみられます。婦徳を掲揚することによって、国家的に男女の倫理が確立するであろうことをいうのです。『集伝』もまた、この詩を周・文王の教化にかけて説きます。そして、「其の女子の賢なるを歎じ、其の必ず以て其の室家に宜《よろ》しきこと有るを知る」と述べます。やはり、婦道をいう詩であると理解しているようです。「宜」は、そういう倫理的な態度を意味する語ではなく、「似合う」「ぴったりな」ほどの俗語的な語感をもつ語と思われます。清原宣賢《のぶかた》講述『毛詩抄』によれば、「宜室家と云は、其家によいやうにきこへたが、さうでは無ぞ。其行《ユク》時分が秋冬でよい時分ぢやぞ」となり、時期への適応をいう意と把握されます。ちなみに「桃夭」にさきだつ「螽斯《しゅうし》」に「螽斯（はたおり虫）の羽詵詵《しんしん》たり（多いさま）宜《うべ》なり爾の子孫振振たり（ぞろぞろ）」の句があり、「宜」は、「ほんにそのように」ほどの意、倫理を強調する語とはとうてい思われません。

そこで、「室家」はとなると、なかなか厄介です。「女に家有り、男に室有り」（『春秋左伝』桓公十八年）の条に付けた鄭玄の箋に「古者、妻、夫を謂ひて家と為し、夫、妻を謂ひて室と為す」とあるところから、夫婦を指す語であるらしく思われます。しかし、『集伝』によれば、「室は、夫婦の居する所、家は、一門の内を謂ふ」「家室は、猶ほ室家のごとし」「家人は、一家の人なり」とあり、つまり「嫁いだ先の家の人々」となります。もっとも「室家」「家室」「家人」について、それぞれ異なる意を求める説もありますが、その押韻の制約から、語を変えているだけで、要するに、同じ内容をいうものであること、疑いえないと存じます。ただし、その「室家」は、この「子」を含んだ家族をいうものと解したいと思われるのです。さらに加えるなら、その「室家」は、一家族を指すのではなく、「春秋期、広範に成立しつつあった小血縁集団（小宗的家族）」（谷口義介『中国古代社会史研究』）を想定してみたい衝動にも駆られます。そうなれば、「宜其室家」の句、「ご一党さまにお似合いじゃ」程度の口語訳が成り立ちましょうか。

「有蕡其家」の訓は、なお定めがたいものがありましょう。「蕡たる其の実有り」「蕡たる有り其の実」、また「有」字を訓まず、「蕡たる其の実」とする例、いずれでもよろしいかと存じますが、「有」が、存在の有無をいう実字ではなく、助字的な語法で用いられていることの理解が望まれるばかりです。

その「蕡」は、「憤」「墳」「噴」と同様に「内に力がこもる」といった語感をもつ字です。実の丸く結ぶさまを指しましょう。「蓁蓁」は、ものの「密集するさま」をいいましょう。それは、とりもなおさず、桃の生態のみをいう表現であり、「毛伝」が「蕡は実れる貌」としながら、「但だ、華色有るのみに非ずして、婦徳有り」というように、道徳的な意味を与えるのは、もとより牽強附会の憾みを残すものでしかありません。

「桃夭」詩の発想の本質は、とりもなおさず「興」にあります。「興」とは、端的にいえば、神霊を呼び興す、呪的な法を意味します。おのずから、そこには「ほめことば」「ことほぎ」の要素が伴いましょう。それが、「祝頌歌」です。「華・実・葉は韻をととのえるための修辞で、他に深い意味があるのではない。生い茂ることを歌うのみで、その生命感を鼓舞することとなり、祝頌の意となる」(白川静『詩経国風』)とするのが妥当と思われるのです。そこには、もちろん桃を呪木とする、古代の自然観、あるいは民俗的な信仰が底流しているはずです。そのことは、日本の『古事記』『万葉集』ならびに古俗のうちにもたやすく見いだされましょう。「桃夭」は、その初原の呪歌の系列のうちにさしもどして検討されなければならない詩であろうかと思われます。けっして倫理や道徳の要請のもとで作られた詩ではなく、その民俗的な基調において歌われた詩であることの確認が強く求められましょう。

Q96 ：「鬼」について

漢文における「鬼」とは、どんな実体なのでしょうか、説明してください。

A96

形相すさまじい「鬼」の日本での初出は、「目一つ鬼来たりて、佃《たつくる》人の男を食ふ」（『〈出雲〉風土記』大原郡・阿用郷）あたりでしょうか。『日本書紀』にも、「鬼」の記述はあるのですが、たとえば、「朝倉山の上に鬼有り、大笠を著け、喪儀を臨み視る」（『日本書紀』斉明紀・七年）などと記されるものの、その実体はいっこうに明らかではありません。『伊勢物語』六段の、いわゆる芥川の「鬼」にしたところで、「はや夜も明けなむ、と、思ひつつゐたりけるに、鬼、はや一口に食ひてけり」といい条、「男」は、その模様を目撃しているわけではありません。せいぜい「それをかく鬼とはいふなりけり」と、伝聞のこととされるばかりです。

おそらく、「鬼は物云ふことなし、その形、身は八九尺ばかりにて、髪は夜叉のごとし、身の色赤黒く、眼《まなこ》、円くして、猿の目のごとし、皆裸なり、身に毛生ひず」とする『古今著聞集』変化の記述が、最も具体的に、その形相を描写した例ではなかろうかと存じます。いわば「赤鬼」です。こうして、「鬼」に形象が施されたのは、たぶん「夜叉」の語があるところから知られるように、仏教の摂取があってのちのことに属するように思われます。

日本の源順『和名抄』巻二・鬼神部・鬼魅類に「鬼四声字苑に云ふ鬼は居偉《きょい》の反、と、和名は於爾《おに》、或説に云ふ、隠の字、音、於爾の訛なり、鬼物は隠れて形を顕はさんと欲せず、故に俗に呼んで隠と曰ふ」と見え、そもそも、その姿を開示せぬ属性をもって、「隠（おぬ）」とされ、のち音が転訛して「おに」となった由縁をいうものです。もとより「鬼」の形相を写す記事ではありません。

「鬼」字は、『説文解字』巻九に「人の帰する所を鬼と為す」と、「帰」「鬼」の音の一致をもって、その義を求めています。そして、その字形にかんしては「人に従ひ、鬼頭に象る」とします。ただ、その「鬼頭」が、どのような姿形をなしていたのかは、なお明白ではありません。白川静『字統』は、「字は畏と同じ系統に属し、卜文の畏は多く蹲踞の形、金文の畏は立つ形に作る。畏は鬼が呪杖のようなものをもつ形である」と述べます。さらに金文には、聖卓をあらわす「示」、祈告の器をあらわす「𠙵」形を加えた「鬼」字が見え、神事のために、死者に扮して演じる人の象形であろうと思われます。それは呪能をたずさえる死霊の仮の姿であったでしょう。

・季路、鬼神に事《つか》ふるを問ふ、子曰く、未だ人に事ふる能《あた》はず、焉《いづく》んぞ能《よ》く鬼に事へん、と〔『論語』先進〕

「怪力乱神を問は」ない孔子の立場がおのずから表明されています。

・子曰く、其の鬼に非ずして、之れを祭るは、諂《へつら》ひなり、と〔『論語』為政〕

「鬼」は、死者の霊魂にして、形を示しません。

・鬼為《た》り蜮《よく》為らば　則ち得べからざるも　靦《てん》たる面目有り　人を視ること極まる〔『詩』小雅・何人斯《かじんし》〕

やはり、その実体を窺いえないことをいいながらも、人間同様の「面目」を備えることを伝えます。しかし、その「面目」の描写を欠いています。

ともかく、「鬼」が、民間において、死の世界の姿なき支配者とみなされていたことは疑いを入れないように思われます。

・鬼伯一に相ひ催促す　人命少《しばら》くも踟蹰《ちちゅう》するを得ず〔楽府古辞「蒿里《こうり》」〕
・昔者、倉頡《そうけつ》、書を作りて、天、粟を雨《ふ》らし、鬼、夜に哭す〔『淮南子《えなんじ》』本経訓〕

頻用されるところの「鬼哭」の語にしろ、それは、「死霊の泣き声」であって、けっして身体を伴うものではありません。

やがて、「鬼」の意は、その畏怖すべきことをもって、「鬼才」のように、「不可思議の力」の意、「鬼気」のように、「もの凄い気配」の意、「鬼禍」のように、「害をなす」の意などを得ることとなります。

ただし、実体らしきものをもって、描写されている例もあります。

・一人有り、石壁中より出で、煙燼《えんじん》に随ひて上下す、衆、之れを鬼物と謂《おも》ふ〔『列伝』黄帝〕

他に、

・吾れ已《すで》に大道に請ひ、鬼兵の相ひ助くるを許す〔『晋書』王羲之《おうぎし》伝〕

・螭《ち》（王恬《おうてん》）、其の手を撥《はら》ひて曰く、冷たきこと鬼手のごとく馨《しか》り、彊《し》ひて来たりて、人の臂《ひじ》を捉《と》る、と〔『世説新語』忿狷《ふんけん》〕

この期に及んで、「鬼」に実体のあるものとする認識を得たのは、六朝時代の仏教の流入に、その理由が求められましょう。「形」「影」「神」の滅・不滅が論議されるのも、その趨勢に応じてのことと思われます。しかし、なお「鬼」の具体的な描写は見えません。が、しだいに「妖怪」の態をなしてきたらしくは感ぜられます。

・新死鬼有り、形疲れ、痩頓、忽《たちま》ち（ふと）生時の友人を見る〔『幽明録』〕

死んだばかりの、「鬼」の形状を明らかにしています。

・南陽の宗定伯、年少の時、夜行くに鬼に逢ふ、問ひて曰く、誰ぞや、と、鬼曰く、鬼なり、と〔『列異伝』〕

ものいう「鬼」、そして、やすやすと定伯に騙される、愛すべき「鬼」です。

さらに、その『幽明録』『列異伝』『述異記』などを収める、魯迅『古小説鈎沈』、さらに『唐宋伝奇集』

を繙けば、「鬼」が続々と現れでて圧巻です。唐代の「伝奇」として、

・未だ頃《しばら》くならずして、将軍、復た来たり、牛頭の獄卒、奇貌の鬼神を引き、大鑊《だいかく》（大がま）の湯を将《もっ》て子春の前に置く〔『続玄怪録』杜子春伝〕

の例を見るのですが、このとき、「鬼」はあたかも閻魔の風貌を備えるものの、依然として、あの「虎の皮」をつけた「鬼」の出番はありません。しかし、東晋・葛洪《かつこう》の撰と伝える『抱朴子《ほうぼくし》』に、

・人の山に入りて、若し、人の音声もて大語するものを聞かば、其の名を蚑《き》と曰ふ、……又た山精の鼓のごとくにして赤色なるものあり、亦た一足なり、其の名を暉《き》と曰ふ、又た或いは人のごとくにして、長《たけ》は九尺、裘《きゅう》（かわごろも）を衣《き》、笠を戴く者有り、名づけて金累《きんるい》と曰ふ、或いは龍のごとくにして、五色、赤角あるものあり、名づけて飛飛と曰ふ〔『抱朴子』登渉〕

とあり、「赤色」にして、「角」あり、また「裘」を身に着けているさまを総合すれば、いきおい、いわゆる「鬼」に近い姿を結びえましょう。たしかに「鬼」の語は見えませんが、「蚑」「暉」いずれも、音は「ki」であり、その音と類似する「鬼」と全く無縁のこととは思われません。

それにしても、日本に定着する「鬼」のイメージとは、隔つところ、なお大きいというべきでしょう。おそらく、その人面、獣身の姿をとるのは、中国では、「螭魅《ちみ》」ということになりましょうか。

・舜《しゅん》、四門に賓《ひん》し、乃ち四凶の族を流し、四裔《しえい》に遷《うつ》し以て螭魅を御す（ふせぐ）〔『史記』五帝本紀〕

とあり、その「集解」には、「螭魅は、人面、獣身にして、四足あり、好んで人を惑はす、山林異気の生ずる所にして以て人害を為す」と服虔の説が引かれます。獣形の山神というわけです。もと、みずち、すなわち龍の属であったのですが、のち『漢書』揚雄伝上「蒼螭を驅とす（四頭だての車とする）」の条の「補注」に「螭は、虎に似て、鱗あり」とされます。

ここに及んで、はじめて「雷神」のイメージにつながる決定的ともいえそうな怪獣を提示することができ

そうに思われます。『国語』魯語下「木石の怪、夔《き》、罔両《まうりやう》と曰ふ」の条の晋・韋昭《いしょう》注に「夔一足、……人面にして猴身《こうしん》（さるのからだ）、能《よ》く言ふ」とある「夔」が、それに当たり、

・状、牛のごとくして、蒼身、角無し、一足あり、水（川）に出入すれば、則ち必ず風雨有り、其の光、日月のごとくして、其の声、雷の如し、名づけて夔と曰ふ、黄帝、之れを得て、其の皮を以て、鼓を為る〔『山海経《せんがいきょう》』大荒東経〕

とも伝えられます。

「角」はないものとされ、しかも「其の声、雷のごとし」と比喩ではあるものの、夔の皮で「鼓」を製作したとなると、どうやら雲間に「鼓」をうち鳴らして雷を落とす、あの日本の「鬼」の姿にきわめて近似してきたことになります。「夔」は、音「ki」、「鬼」の音との類似も併せて検討に値することは確かだと思われるのです。

Q97 ：中国の「神話」について

中国に「神話」はあるのですか、あるとすれば、その変遷を説明してください。

A97

名著の誉れ高い、袁珂《えんか》『中国古代神話』は、その第一章「なにが神話か」と問うところから始まっています。きわめて刺激の強い「導言」で、袁珂は、「これはなかなか易く解答しえない疑問である」としながらも、じつは、ロシアの文豪・ゴーリキー（高爾基）の『ソ連の文学（蘇聯的文学）』、マルクスと併称されるエンゲルス（恩格斯）の『反デューリング論（反杜林論）』の説を借りて、ついに「神話は芸術と同じく、

一定の社会生活の反映であり、一定の社会的な基礎の上層に立てられた構築であり、イデオロギーとしての芸術である」と述べます。袁珂によれば、たとえば「英雄神話」は「階級社会の被統治階級と統治階級との闘争を反映し、それで神の世界は人の世界の投影であると言いうるし、神話は実質、人話であるとみなすべきである」と解説されます。このような「神話」に寄せる認識が妥当かどうかは別として、ともかく中国の豊饒な「神話」の世界を開示しえた功績には大きいものがありましょう。

ところで、中国に、もともと「神話」なる語があったわけではありません。そのことは、中国に、ついに「神話」が体系化されることのなかった事実にも照応していましょう。袁珂もまた、中国に断片的な「神話」しか認められない旨を語っています。その原因がどこにあるか、おおむね魯迅『中国小説史略』を踏襲して、中国民族の祖先は黄河流域に住んでいたので、大自然の恩恵に預かることが少なかった、また、早々と農耕生活が始まっていたため、現実を重んじ、幻想を軽んじ、結局、大編としての伝説集成をなしえなかった、と述べます。それが「神話」の断片的である原因の一とすれば、さらに、孔子が出現して、修身、斉家、治国などの実用性を求め、荒唐無稽のことを論じようとせず、いきおい儒家思想を正統とする中国では、「神話」は、「歴史」化するよりほかなかった、これを原因の二とします。その三は、神と鬼との区別がつかなくなり、原始的信仰と新しい伝説が浮沈をくりかえし、いずれも結果として、光彩を放つまでに至らなかった、ということになります。とくに二の原因によってこそ、「神話」は散佚してしまった、と、袁珂は強調します。

しかし、じつは、中国の「神話」は、「歴史」化されたのではなく、「経典」化されたと見るべく、けっして、日本のような「国家神話」を成立させたのではなかったのです。「王権」の確立のためではなく、むしろ道徳原理として利用され、それゆえに個別の思想のうちに吸収され、「神話」は、分散的にしか残らなかったのでしょう。そのうえ、北方と南方との対立、部族間の抗争も激しく、「国家」が、広大な中国全土を統合することは不可能のことでした。そのような「国家」が、全土の「神話」を一列の体系のもとに編成しうるなどあるはずもなかったのです。

もとより分散的な「神話」が一書に集成されることのなかったことは確実です。しかし、その「神話」的な世界の遺存を、以下の典籍において求めうるとは思うのです。

・天、玄鳥（燕）に命じて　降りて商を生ましめ　殷土《いんど》の芒芒《ぼうぼう》たるに宅《を》らしむ〔『詩』商頌《しょうしょう》・玄鳥〕

韓国に多く認められる、いわゆる卵生説話に当たりましょうが、これに類する説話を記すものが、『呂氏春秋』音初、『淮南子《えなんじ》』墜形訓、『史記』もまた、殷の始祖を語って、

・殷の契《せつ》、母を簡狄《かんてき》と曰ふ、有娀《いうじゆう》氏の女にして、帝嚳《こく》（舜）の次妃と為る、三人、行きて浴するに、玄鳥、其の卵を堕《お》とせるを見、簡狄、取りて之れを呑み、因《よ》りて孕《はら》んで契を生む〔『史記』殷本紀〕

とします。なるほど「神話」は「歴史」のうちに吸収されてはいますが、『史記』が、日本の『古事記』『日本書紀』のような「国家」的な要請に成る書でないこと、周知のとおりです。

こうして「神話」は、私的な「歴史」や「経典」のうちに分散的に収まっていきます。それは、日本の「神」が、「王」の系譜のうちに統合されていくという経緯とはじつに対照的な現象だといえましょう。

「太陽を射る」説話で有名な羿《げい》のことも、もとは、東方・殷系の「神話」であったものなのでしょうが、『淮南子』本経訓に「上は十日を射す」というのや、

・羿、仰いで十日を射す、其の九日に中り、日中の九鳥、皆、死して、其の羽翼を墜とす〔『楚辞』天問・王逸注〕

は、ともに「神話」的な要素を濃厚にとどめるものの、一方、『春秋左伝』襄公四年では、狩猟に耽溺して、政事を忘れ、ついには、羿の故地・有窮国が奪われたとする記述になります。「神話」は、その「歴史」的な立場から扮飾されます。「神話」は、収斂されるのでなく、むしろ多様な解釈のうちに拡散されていきま

す。

「神話」の衰退が、袁珂のいうように、「孔子」の思想に関係することは間違いないところでしょう。しかし、「孔子」が、「神話」を排斥する立場にあったかどうかは、疑念のあるところです。すくなくとも「神」を否定したとは思われません。もちろん、

・子、怪力乱神を語らず〔『論語』述而〕

というのが、孔子の基本的な態度であったと考えられます。しかし、

・祭るに、在《いま》すがごとくす、神を祭るに、神、在すがごとくす〔『論語』八佾《はちいつ》〕

というように、「神」の現前を希求すらしているのです。おそらく孔子にとって、「怪力乱神」は、荒唐無稽として退けられたのではなく、むしろ畏怖すべき対象として、敬遠されたとすべきです。儒教の「儒」字は、巫祝の雨乞いをなす形を象るらしく、「礼」もまた、その祭儀の実修を指しているもののようです。孔子は、ヤスパース『孔子』にいう「衢《ちまた》の人」であるとどうじに、やはり「神とともにある人」でもあったのです。「神話」は低次のこととして貶められたのではなく、かえって「経典」のうちに昇華されたとすべきです。

「神話」は、さらに各部族固有の所産でありますから、その盛衰は、部族の運命に応じましょう。その「神話」は、つねに勝利者の原理に基づいて改竄されます。たとえば、もとは羌《きょう》族の治水神であった「共工」が、黄帝に敗れたとされるのも、その政治的な屈服を反映していましょうし、また黄帝が蚩尤《しゆう》を攻めたとき、

・蚩尤、風伯・雨師に請ひて大風雨を縦《はな》たしむ、黄帝、乃ち天女を下せり、魃《ばつ》と曰ふ、雨、止む、遂に、蚩尤を殺す、魃、復た上るを得ず、居る所、雨ふらず〔『山海経《せんがいきょう》』大荒北経〕

いわゆる「早魃」の縁起を説くのですが、これもまた、政治的な結末が「神話」化されたものとしてよろしいでしょう。

・齊諧《せいかい》なる者は怪を志す者なり、諧の言に曰く、鵬の南冥に徙《うつ》るに、水に撃つこと三千里、扶揺《ふえう》（つむじ風）に摶《たた》きて上ること九万里、去るに六月の息（風）を以てする者なり、と〔『荘子』逍遥遊〕

「齊諧」は、「神話」の伝承を担当する人物をいうのでしょう。「荘子」が、その人物より得た雄大な「神話」は、かくて雄大な「思想」へと結晶します。「神話」は、『荘子』、道家的な思想書『淮南子』、また、『山海経』のような荒誕の書に拾われるのですが、じつは、きわめて鮮明に、その原形を残すのが、『楚辞』天問でしょう。それは、楚王の陵墓祀堂に描かれた壁画を資料として、一貫して質疑の形式で詠われている作であり、まず天文、中国の地勢の由来を問い、やがて、太陽、月の運行について疑いを投げ、そうして、

・洪泉（洪水）極めて深きに何を以てか之れを窴《うづ》む　地方（方形の地）九則（九の等級）あり何を以てか之れを墳《たか》うする〔『楚辞』天問〕

と訴えます。禹《う》が治めたとする洪水説話にたいする懐疑ともいえましょう。禹は、どうして埋め、どうして積み上げることができたのか、と。そうして、さまざまな「神話」に、根源的な疑問が発せられていきます。もとより楚はとくに古俗を残す地であり、「神話」的な世界をよく保存しえた地でもあります。それでなお「神話」が疑われるということは、それ自体が「神話」の崩壊を物語っていることになりましょう。屈原作と伝えられる『楚辞』天問は、その意味で、「神話」の返照に、あるいは喩えられるかもしれません。

しかし、「神話」的な世界の根迹は、ほんとうは、文献のうちというより、じつに、漢字自身のうちに、その豊饒な姿を開示するかのごとくです。

たとえば「雲」や「虹」の文字には、「龍」形が施され、その自然神の姿が窺われましょうし、「風」の本字「鳳」は、その使者を示すものです。「告」「史」「吉」「言」などには、祝告の器を示す「𠙵」形の部分が含まれ、その神事のさまを髣髴とさせるものがあります。「降」「陟」「陷」「墜」などの部首はいずれも、その神事のさいの「神梯」、つまり神殿を昇降する「はしご」を象形していましょう。中国の「神話」的な世

界は、遠景にかすんでいるのではなく、むしろ漢字に託されて眼前にあるというべきではないでしょうか。

Q98 ：「鴻門之会」（『史記』項羽本紀）について

『史記』の「項羽本紀」、とくに「鴻門之会」は司馬遷の名文と謳われていますが、どうして、そう言えるのですか、説明してください。

A98

「鴻門之会《こうもんのかい》」の記述は、ほとんど劇画でも見るような、行動と感情の交錯、丁々発止のことばのやりとりによって多彩な人間像を髣髴とさせるものがありましょう。もっとも、そのような高調した描写は、「鴻門之会」に至って初めて現れるのではありません。

・又た、沛公、已《すで》に咸陽《かんやう》を破るを聞いて、項羽大いに怒《いか》る、当陽君等をして関を撃《う》たしむ、項羽遂に入りて、戯西《ぎせい》に至る、沛公の左司馬・曹無傷《さうむしやう》、人をして、項羽に言はしめて曰く、沛公、関中に王たらんと欲す……と、項羽大いに怒りて曰く……〈『史記』項羽本紀〉

すでに策謀、入り交じり、なかで昂揚する項羽の感情を、「大怒」の句を重ねることで表現します。端的で、象徴的な表現といえましょう。かつ項羽の激越な感情と迅速な行動が生き生きと写しだされます。かくして、

・是の時に当たつて、項羽の兵、四十萬、新豊の鴻門に在り、沛公の兵、十萬、覇上《はじやう》に在り……〈『史記』項羽本紀〉

と、両軍の状況が対照されます。

・范増《はんぞう》、項羽に説いて曰く……吾れ、人をして其の気を望ましむるに、皆、龍虎を為し、五采《ごさい》を成す、此れ天子の気なり、急に撃ちて失ふこと勿《な》かれ、と……〔『史記』項羽本紀〕

攻勢に出ることの正当性を説くのでしょう。そして、ことは急を要します。「急撃勿失」、ことばも慌ただしく、范増がけしかけます。

場面移って、沛公の陣、項羽の季父・項伯は、「夜馳せ」て、旧友・張良とひそかに会い、つぶさに経緯を語ります。聞いて、張良は沛公に、その事情を告げます。

・沛公、大いに驚いて曰く、之れを為すこと奈何《いかん》せん、と……良曰く、料《はか》るに、大王の士卒、以て項王に当たるに足れるか、と、沛公、黙然たり……〔『史記』項羽本紀〕

項羽の「大怒」とは対照的に、沛公は、「大驚」、驚愕するばかりであり、さらに、「黙然」として、つぎの「固《もと》り如《し》かず、且《まさ》に之れを為すこと奈何《いかん》せんとす」のことばさえ、しばし滞るがごときです。その表現のうちに、項羽と沛公との気質、個性の対照が観察されえましょう。もっとも武田泰淳『司馬遷——史記の世界——』は、ここに「司馬遷が彩る歴史画の色彩の不思議な魅力」を見いだしていますが、さて、そういいうるかどうか、後述いたしましょう。

やがて、項伯と沛公との折衝、そして帰軍、項羽に対して、

・沛公、先には関中を破らず、公、豈《あ》に敢《あ》へて入らんや、今、人、大功有りて之れを撃たば不義ならん、之れを善遇するに因るに如《し》かず……〔『史記』項羽本紀〕

と説示します。焦点の人・項羽、ならびに沛公とは異なって、むしろ、その周辺の人物こそが、じつは、事の成り行きを正しく解析しえているのです。

こうして、いよいよ「鴻門之会」の描写が始まります。

『司馬遷——史記の世界——』は、「鴻門の会を理解すれば、本紀は理解しつくされたとも言える」とし、

「これらの不可解な天体たちの運動」が解明されるとも述べ、したがって、「項羽本紀が鴻門の会一段を有しているることは、本紀が立体的であり、空間的つながりをもち、史記全体の宇宙的中心をなしていることを証明してあまりある」とまで壮語します。

もし、それが司馬遷独自の目撃と、独自の記述にかかる所産ならば、あえて、そう強調して大過ないことと認められもしましょう。このとき、もちろん「独自の目撃」が不可能であること必至です。それでは、「独自の記述」かとなると、やはり、これも疑わしく思われるのです。

まず、どこから、この歴史的事件を「取材」したのか、という点、そして、それが、ほんとうに「独自の記述」と言えるのかという点について検討する必要がありましょう。

宮崎市定「身振りと文学」(『アジア史論考』)は、「身振りを伴って話された語り物」として、この「鴻門之会」一段を設定していますが、その説話劇なるものが、漢代において、じっさい行われていたものかどうか、なお不審であり、再考の余地があるというべきでしょう。「鴻門之会」に見られる、対話の躍動感、進行の緊張感は、おそらく、演劇的な所作に由来するのでなく、より現実的な実録に拠るのではなかろうかと思われます。実際に臨場しえた人物の記述に、司馬遷は「取材」したのではないかと推測されるのです。「鴻門之会」の記述に、激しい息吹が感ぜられるのなら、それは、司馬遷自身の熱い視線から発せられるのでも、また、「身振り」による強い誇張から放たれたものでもないように思います。「鴻門之会」のような、他篇とはきわだって異質な文体の香りは、やはり、その事件に直接に関与しえた人物の実録からしか、伝わってこようのないものに感ぜられてなりません。先に挙げた「吾れ、人をして其の気を望ましむるに、皆、龍虎を為し、五采を成す、此れ天子の気なり、急に撃ちて失ふこと勿《な》かれ」という亜父《あほ》・范増の言は、どうやら先行する文献に資料を得ているらしく見えます。

・楚漢春秋に曰く、項王、鴻門に在り、亜父、曰く、吾れ、人をして沛公を望ましむるに、其の気、天を

衝《つ》き、五色の采、相ひ繆《まじ》はり、或いは龍に似、或いは雲に似て、人臣の気に非《あら》ず、之れを誅《ちゅう》すべし、と
〔『水経』注・巻一九・渭水《いすい》〕

「楚漢春秋に曰く」というように、『水経』注の記事が、『楚漢春秋』に従うものであること、判然としています。これに類する資料は、散佚の文を収載する宋代の『太平御覧《たいへいぎょらん》』にも見え、それによれば、

・項王、鴻門に在り、亜父、謀《はか》りて曰く、吾れ、人をして、沛公を望ましむるに、其の気、天を衝《つ》き、五色、相ひ摎《まじ》はり、或いは龍に似、或いは虵《だ》（へび）に似、或いは虎に似、或いは雲に似、或いは人に似る、是れ人臣の気に非ず、之れを殺すに若《し》かず、と〔『太平御覧』巻一五・八七二〕

となります。多少の異同はあるものの、そのまま「項羽本紀」の記述に直結していましょう。もとより、その記述が『楚漢春秋』に「取材」したであろうことは確実だと思われます。しかも、『水経』注は、さらに『楚漢春秋』の佚文を継いで、

・高祖、項羽に会ふ、范増、羽を目する（めくばせする）も、羽、応《こた》へず、樊噲《はんくわい》、盾を杖とし、人を撞《つ》いて入り、豕肩《しけん》（ぶたの肩肉）を此こに食《くら》ふ、羽、之れを壮とす〔『水経』注・巻一九・渭水〕

まことに、「鴻門之会」の記述に呼応して、司馬遷の「項羽本紀」より簡潔というべきです。おそらく、場面を「目撃」した人物のリアルな表現であるような気がします。この「実録」に司馬遷の潤色が加えられたとき、「項羽本紀」が成立したのではないでしょうか。

そこで、その「取材」の対象となった『楚漢春秋』とは、もとどのような書物であったのかが問われます。それは『漢書』芸文志が、「春秋」、つまり史書に属して「楚漢春秋九篇」とするものに相当しましょう。なお、その著は『随書』経籍志、『唐書』芸文志にも記され、『漢書』注が「陸賈《りくか》の記す所」のものとする史書でした。陸賈は、梁・劉勰《りゅうきょう》『文心雕龍《ぶんしんちょうりょう》』才略に「漢室の陸賈、首に奇采を発し、孟春を賦し、典誥《てんこう》（みことのり）を撰す、その弁、富なり」と、その多彩な表現力を称され、『新語』をも著した人物です。じ

っさい、『水経』注や『太平御覧』に収録された文が、その原形をそのままにとどめているかどうかは判然としませんが、しかし、もし司馬遷が、そこに「取材」したとするなら、「事実」のみでなく、その「文体」に共鳴することもあったはずです。「項羽本紀」に、生動する「文体」は、その交響というべきものと思われます。

そして、陸賈その人は、沛公（高祖）と密接な関係をもった人と見てさしつかえないと思われるのです。「陸生、時時（しょっちゅう）、前《すす》んで説いて、詩・書を称す、帝（沛公）、罵《ののし》りて曰く、乃公《だいこう》（おれ）、馬上に居りて、之れ（天下）を得たり、安《いづく》んぞ、詩・書を事とせんや、と、陸生、曰く、馬上に居りて之れを得るも、寧《なん》ぞ、馬上を以て、之れを治むべけんや」（『史記』酈生《れきせい》陸賈列伝）の段は、その陸賈が、高祖に、文武併用こそが、長久の術であることをじかに説諭する場面です。それだけ、沛公に近接した位置に、陸賈は、いました。「鴻門之会」に居あわせることも可能だったかもしれません。すくなくとも「鴻門之会」の経緯を身近に知りうる環境にあったことが分かりましょう。

司馬遷は、この陸賈の体験にもとづく『楚漢春秋』に「取材」し、そのリアルな場面に反応し、加えて、その緊迫した表現にもまた鋭く反応するところがあったように思われます。「鴻門之会」の記述に、劇的な迫力が感ぜられるならば、それは、司馬遷「独自」の運筆から生まれたのではなく、むしろ、先行資料をどう受けとめたかという点にかかわる問題であろうかと思われるのです。文学は、つねに、その享受のありかたに規定されるもののようです。

Q99

いわゆる「訳詩」を学ぶことにはどんな意義があるのでしょうか、説明してください。

A99

‥「訳詩」の意義

たとえば、于武陵《うぶりょう》の「勧酒」、李白の「静夜思」など、教科書に原詩と並び記される「訳詩」のことを指していようかと存じます。

・君に勧む金屈巵《きんくつし》　満酌辞するを須《もち》ゐず　花発《ひら》きて風雨多し　人生別離足《た》る〔于武陵《うぶりょう》「勧酒」〕

この詩を、周知のとおり、井伏鱒二『厄除《やくよ》け詩集』は、

・コノサカヅキヲ受ケテクレ　ドウゾナミナミツガシテオクレ　ハナニアラシノタトエモアルゾ　「サヨナラ」ダケガ人生ダ

とします。ことに「サヨナラダケガ人生ダ」は愛誦されてやまない句といえましょう。しかし、それをそのまま「通釈」として受けとめてさしつかえないか、というのが、ご質問の趣旨かと思われます。

まず、この「訳詩」がじっさい漢詩の逐一の字句に対応することばを的確に送りこんでいるかどうかを検討しましょう。

「コノサカヅキヲ受ケテクレ」、いうまでもなく請願の句ですから、たとえ「君」の語がなくとも、その対象はおのずから、酒の相手を暗示していることは自明です。「勧君」は、事実上、命令の口調ではなく、請願の常套句として、適切な「通釈」が施されていると見てよいでしょう。「金屈巵」は、曲がりのある金杯をいうのですが、ここでは、「サカヅキ」一語で示します。繁を避け贅を殺《そ》ぐ法であって、曲解ではもうとうありません。

「ドウゾナミナミツガシテオクレ」の「ドウゾ」こそが、「勧君」の忠実な訳として、下がって、ここに置かれています。「満酌」が「ナミナミツガシ」に相当しましょう。「不須辞」は、ぜひとも断らないでくれ、の意。「訳詩」は、それを語っていません。しかし、「受ケテクレ」「ナミナミツガシテオクレ」と言ったからには、もう引けないはずだとする了解があるのでしょうから、「不須辞」は、言わずもがな、のこととされているのです。遺漏ではなく、省略とみるべきです。

「花発多風雨」は翻案されて、「ハナニアラシノタトエモアルゾ」となります。この句、実景の描写でなく、比喩表現ですから、はなはだ巧みに「タトエモアルゾ」と把握します。「ゾ」からは、「訳詩」のみならず、井伏鱒二の創作詩にもよく見える、独特の鄙びた口ぶりが聴きとられましょう。「風雨」は「アラシ」の語に一括されます。

「サヨナラダケガ人生ダ」においては問題が二つありそうです。一は、「足」がどう言い表されているか、一は、「人生」の意味についてです。「足」は「たる」と訓じて、ものの充分であること、あるいは、それより過剰の傾向をいいます。それで「訳詩」は、「ダケ」の語をもって、その「足」の意を満たします。「人生」の意味となると、おおむね日本では「一生の軌跡」を表しますが、漢文では「人間生活」ほどの意味で用いられることが多いようです。もとより、その事情は、「訳詩」者においては、つとに弁えられていることであり、そのうえでの「訳詩」であることが確認されるなら、この「訳詩」をもって、「通釈」と見なしてよろしいかと思われるのです。

しかし、それ以上に、その巧みな表現といい、格調高いことば遣いといい、それ自体でゆうに鑑賞しうる文学作品というべきです。

・牀前月光を看る　疑ふらくは是れ地上の霜かと　頭を挙げて山月を望み　頭を低《た》れて故郷を思ふ〔李白「静夜思」〕

「訳詩」、

・ネマノウチカラフト気ガツケバ　霜カトオモフイイ月アカリ　ノキバノ月ヲミルニツケ　ザイシヨノコトガ気ニカカル

これも、「通釈」に値する条件を十分に備えるものとしてよいでしょう。それでいて、なお、独自の「詩」となりえているのは、「故郷」を「ザイシヨ」に読み替え、「ネマノウチカラフト気ガツケバ」や「ノキバノ月ヲミルニツケ」の口調をとることによって、さながら日本の「俚謡」のような印象を与える効果を発揮しているからでしょう。そこには、江戸期の口吻を承けて、「原詩」とは異なる風格が加味されています。

そのことは、佐藤春夫『車塵集』の「訳詩」においても同様です。

・風花日に将《まさ》に老いんとし　佳期猶ほ渺渺《べうべう》　結ばず同心の人　空しく結ぶ同心の草〔薛濤《せつとう》「春望詞」〕

これを「訳詩」は、

・しづ心なく散る花に　なげきぞ長きわが袂　情けをつくす君をなみ　つむや愁のつくづくし〔「春のをとめ」〕

すでに七・五調の「翻案」といってよろしく、いわば王朝的な世界への再帰が試みられているのでしょう。

会津八一『鹿鳴集』も、

・返照閭巷《りよかう》（村里）に入り　憂ひ来たりて誰と共にか語らん　古道人の行くこと少《まれ》に　秋風禾黍《くわしよ》を動かす

〔耿湋《こうい》「秋日」〕

を、韻文形式をとって、

・いりひ　さす　きび　の　うらは　を　ひるがえし　かぜ　こそ　わたれ　ゆく　ひと　も　なし

〔「秋日」〕

と訳します。むしろ訳というよりは、徹底した単語分割と、ひらがな表記によって、一種の「和歌」が成立していると見て過言でないでしょう。そうして、漢詩のもつ沈痛さは、あたかも会津八一独流の「柔和」な響きによって変奏されているかのようです。たしかに「閭巷」「古道」に対する語を失ってはいますが、描写の全体が、そのいかなる場所かを暗に示唆しており、むろん「通釈」として十二分に堪えうる作品となっています。

このような対照の試みは、かえって、「原詩」と「訳詩」との差異、またそれぞれの独自性を求める作業に有効な方法として大いに採り入れられてよいのではないかとも思われるのです。そのことはまた、「原詩」を、いっそう深く理解することにも、おのずとつながりましょう。

概説

Q100

『論語』は、どのように活用してよいか、とまどっています。あまりに立派な孔子の、深遠な道徳・倫理が説かれ、そこに、何か、生き生きとしたものが感じられなくて、教材として扱いかねています。どのように対応すればよいか、尋ねます。

A100

その通りに思います。いまだに、孔子を聖人として重んずる態度を引きずっていて、人間としての孔子が髣髴として見えてこない苛立ちを感じて、否めません。そのような画一化された孔子像に覆われたままで、『論語』を学習することは、生徒はもとより、教師自身も、殺伐とした思いに沈んでしまうのは、必然のことでしょう。もし、その教材に用いられる、『論語』の文章が、文法的な基本を示すものとして重要性をもつのであるならば、それは、それとして、実用的に対処することもあってよいのかもしれませんが、それなら、授業は、ひたすら平板になり、機械的なものに陥りはすまいか、そう危惧されるのでしょう。それは、やはり、望ましい傾向とは思いません。

もし、『論語』を用いて、魅力のある授業が可能とすることがあるとすれば、もちろん教師の力量によるものもあるかもしれませんが、それは、結局、『論語』のうちに求められるべきはずです。

いま、教材として頻用される文章を、提示してみます。

・子曰く、学んで時に之を習ふ、亦た説《よろこ》ばしからずや、朋、遠方より来たる有り、亦た楽しからずや、人知らずして慍《いか》らず、亦た君子ならずや（学而）

孔子の、門下生に寄せる訓示とされるものです。ここに、孔子の、寛容で、懇切な教育理念が語られている、と、解されます。

・子曰く、吾十有五にして学に志す、三十にして立つ、四十にして惑はず、五十にして天命を知る、六十にして耳順ふ、七十にして心の欲する所に従ひ、矩《のり》を踰《こ》えず（為政）

孔子みずから、生涯を回顧し、その理想態を語った一節と考えられています。いずれも、聖人君子たる孔子が、その等身大の自己を表示することで、弟子たちを訓導する言説ということになります。

いくらか、疑念が残ります。「学而」の「学んで時に之を習ふ」は、わずかに、現今の学習作業をいう句ではなく、かえって、厳粛な実修過程を指す句であり、「為政」の文章に至っては、実際の孔子の生涯とは相反するものでしかないように思われます。孔子は、三十、四十歳のほとんどを、亡命と漂泊に費やしたのであり、しかも、七十二歳にして没しています。むしろ、孔子は、逆境のうちに生きたといってよいでしょう。そのような者が、自立し、不惑の境地に達することなど考えられようもありません。その晩年においては、たしかに悟境を得ること、可能であったかもしれませんが、その安らかな境地のうちに過ごしえた時期は、せいぜい一年間にも満たなかったものと思われます。その孔子が、「七十にして心の欲する所に従ひ、矩を踰えず」と述懐することは、ほとんど信じがたく思われます。

さらに、教材として用いられる例を挙げます。

・子曰く、疏食《そし》を飯《くら》ひ、水を飲み、肱を曲げて、之を枕にす、楽しみも亦た其の中《うち》にに在り、不義にして富み、且つ貴きは、我に於いて浮雲のごとし（述而）

語られているのは、俗世を去って、獲得しえた清澄な精神でしょう。

・子曰く、君子は重からざれば則ち威あらず、学べば則ち固ならず、忠信を主とす、己に如《し》かざる者を友とすること無かれ、過《あやま》たば則ち改むるに憚《はばか》ること勿かれ（学而）

同じ趣旨を記す句は、いくつかの篇に見られますが、とくに「子罕《しかん》」篇に、は、同文の句が収められます。人間形成の目標を達成するための要件を示す一節でしょう。完成された孔子の姿がうかがわれます。

・厩焚けたり、子、朝より退きて、人を傷《そこな》へるや、と。馬を問はず（郷党）

人間の尊厳を、何より重んじた、孔子のヒューマニティを伝えようとする一節です。もっとも、この「郷党」は、漢代において補遺的に附加された篇であろうと疑われており、孔子の実像を示す資料としては、危ういものがあるかもしれません。ただ、後世が掲げる、一幅の孔子像として鑑賞することは可能であるように思われます。

・子貢、政を問ふ、子曰く、食を足らし、兵を足らし、民は、之を信にす、と。子貢曰く、必ず已《や》むを得ずして去らば、斯《こ》の三者に於いて何を先にせん、と、曰く、兵を去れ、と、子貢曰く、必ず已むを得ずして去らば、斯の二者に於いて何を先にせん、と、曰く、食を去れ、古より皆死有り、民は信無くば立たずと（顔淵）

政治の根幹について、孔子は、軍事よりも、また、食糧よりも、「信」に重きを置きます。このとき、その「信」が、一般的な人と人との関係における信頼をいう語であるのか、支配者と民衆の関係における、それをいう語であるのかは、よく知られません。しかし、孔子が、唯物論者ではなく、あくまで唯心論者としてあったことを述べる一節であることに、注目されます。現実生活というより、その精神的な確立が、世界を支えるものと、孔子は、確信します。すくなくとも、『論語』の編纂者は、孔子自身が、徳義に満ち満ちた、人格的完成者であった、そう顕彰することにつとめるのでしょう。

孔子を、そのような聖人として崇敬する伝統は、古く、その『論語』編纂の時期に始まり、以来、『墨子』、

『荘子』によって批判の対象とされた場合を除き、政治的にも、社会的にも定着して、久しいものがありました。清代に至っても、その伝統の崩れることは、なかったように思われます。たとえば、あれほど詳密な実証を加えた崔述《さいじゅつ》ですら、その著『洙泗《しゅし》考信録』において、孔子の年譜を作成しますが、その操作の根拠を、その聖人観に求めます。孔子＝聖人とする、この大前提から免れることは、至難のことであったというべきでしょう。

しかし、はたして、孔子みずからは、そのような聖人としての光背を負うことを望んだのか、どうか、もちろん、確かめようのないことです。しかし、すくなくとも孔子にとって、その光背は、重すぎたように思われます。

そこで、いま、つぎのような一節を、ここに加えます。

・子、公冶長《こうやちやう》を謂ふ、妻《めあは》すべきなり、縲絏《るいせつ》の中《うち》に在りと雖も其の罪に非ざるなり、と、その子を以て之に妻す（公冶長）

「縲絏」とは、牢獄のこと。孔子は、弟子・公冶長が、じっさい、獄に繋縛されてあったとしても、その潔白を信ずるゆえに、わが娘を嫁入りさせたと、伝えます。公冶長に寄せる信頼の深さというよりも、むしろ法的規範にたいする不信感に発することのように思われます。法的規範は、個人の信念を、ついに砕きえない、かえって、その個人より、おのずとにじみでる善意が、法的規範を凌駕する、孔子の、そのような認識を、ここに掬いとることができそうです。すくなくとも、孔子が、法的規範に、その絶対的な公正性を求めなかったことは明らかです。そのことは、すでに「子路」篇に示されています。

・葉公《せふこう》、孔子に語りて曰く、吾が党に直躬《ちよくきゆう》なる者有り、其の父、羊を攘《ぬす》みて、子、之を証す。孔子曰く、吾が党の直なる者は、是に異なり、父は、子の為に隠し、子は、父の為に隠す、直は、其の中《うち》に在り（子路）

「証す」とは、裁判に訴えることをいう語でしょう。ここに見られるのは、あらゆる価値観を包容し、体制に順応し、泰然自若たる、既往の孔子像とは、はるかに異なる風貌です。これは、孔子が、その漂泊の途次に立ち寄った葉国の君主に、政治のことを問われたときの一節です。葉公は、明らかに、法治的な政治を推進する立場から、「直」のありかたを提示しています。それに対して、孔子は、その法治的な体制に順応することが、「直」なのではなく、かえって、家族倫理のうちに、「直」の、本来のありかたを求めます。孔子は、その法治的な体制に、ひそかに対峙して、屹立するのです。潤色され、聖人化された孔子とは異なった孔子が、その自己を、限りなく貫きます。

・子曰く、二三子、我を以て隠せりと為すか、吾、隠すこと無きのみ、吾、行ふとして二三子と与《とも》にせざる者無し、是れ丘なり、と（述而）

孔子の行動は、つねに弟子一行との連帯のうちにあったのですから、隠し立てしえぬことは、必然的ですらあったといえましょう。ただ、ここに聞こえてくるのは、その思想の立脚点を、誇らかに宣言する、孔子の口吻ではなかろうかと思います。その生身の姿をさらけだすことが、孔子にとって、望まれる生存様式であったのでしょう。

しかも、孔子が、つねに節度を保ち、禁欲に従うことを徳目とした人物であるとも考えられません。ときに、孔子は、憤りを発し、人を嘲弄し、また、豪語して憚らぬことさえあったようです。

・子曰く、苟《いやし》くも我を用ふる者有らば、期月にして可なり、三年にして成す有らん、と（子路）

いったい、どのような時期における発言であるのかは、なお不明ですが、もし、高位の官職に採用されるならば、一年でもよい、三年ならば、きっと目的を成就してみせる、と高言します。また、公山弗擾《こうさんふつじょう》が、費城に、叛乱を企てたおり、孔子は、召されて、すぐさま参画しようと息巻きます。このとき、弟子・子路が、それを諌めますが、

・子曰く、夫《そ》れ、我を召す者にして、豈《あ》に徒《いたづ》らならんや、如《も》し我を用ふる者有らば、我は其れ東周を為さんかと（陽貨）

招聘されるからには、きっと理由があってのことだ、私が、周の政道を復興させて見せる、と豪語して憚することがないのです。これらは、孔子の一面を語るにすぎぬものかもしれません。しかし、一面であったとしても、それは、剥ぎがたい、孔子の一本質であることは疑いのないところです。

この勇ましさは、しかし、その裏面性を帯びます。

・陽貨、孔子を見んと欲す。孔子、見ず。孔子に豚《いのこ》を帰《おく》る、孔子、其の亡《な》きを時として、往きて之を拝す。諸《これ》に塗《みち》に遇ふ。孔子に謂ひて曰く、来たれ、予、爾《なんぢ》と言はん、曰く、其の宝を懐《いだ》きて、其の邦を迷はす、仁と謂ふべきか、と。曰く、不可なり、と。事に従ふを好みて、亟《しばし》ば時を失ふ、知と謂ふべきか、と。曰く、不可なり、と。日月《じつげつ》は逝《ゆ》く、歳、我と与《とも》にせず、と、孔子曰く、諾、吾、将《まさ》に仕へんとす、と（陽貨）

当時、魯国を専横していた陽貨（虎）に招かれたときの経緯を語る一節です。おそらく、孔子には、あらかじめ、陽貨を嫌悪、忌避すべき事由があったようです。それでも、陽貨の贈与に対しては、返礼せざるをえない、そこで、あえて、その不在を狙って、謝辞のみを、家人に伝えようと企るのでしょう。しかし、不運にも、ばったりと路上に遭遇します。陽貨の誘惑は、孔子の言説を逆手に取って、巧妙を極めます。孔子は、ついに、その勧誘に抗しえず、応諾するに至る、それが、この一節のあらましです。あの精悍にして、毅然たる孔子の姿は、どこにも見えません。陽貨に怯《おび》えて、狼狽する、無残な孔子の姿が映ってくるばかりです。しかし、これもまた、孔子の、払拭しえない側面であることに変わりはありません。

・顔淵死す。子、之を哭して慟す、従者曰く、子、慟せり、と、曰く、慟すること有りしか、夫《か》の人の為に慟するに非ずして、誰《た》が為にかせん、と（先進）

「哭」は、死者に寄せる哀哭の礼、「慟」は、馬融が、「哀の過ぐるなり」と注するように、哀痛を激しく発するさまをいいます。すなわち、和語にいう「なきいさちる」さまを指します。ほとんど分身ともいうべき、顔淵（回）の死に、孔子は、泣き叫んだ、従者が、先生、泣き叫びましたね、と尋ねると、孔子は、えっ、私が、泣き叫んだって、と、我に返ります。やがて、顔淵のために泣き叫ばずして、いったい、誰のために泣き叫ぶとでもいうのか、と、孔子は告げた、と、この一節は、伝えます。

・子路、従つて後《おく》る、丈人の杖を以て蓧《あじか》を荷ふに遇ふ、子路、問ひて曰く、子、夫子を見しや、と、丈人曰く、四體勤めず、五穀分かたず、孰《たれ》をか夫子と為す、と。其の杖を植《た》てて芸《くさぎ》る（微子）

そののち、「丈人」は、子路を、家に案内し、泊まらせ、厚くもてなした、翌日、孔子の一行に追いついた子路が、そのいきさつを孔子に告げたところ、孔子は、「隠者なり」と歎息して、ふたたび、「丈人」の家に赴かせたが、その家は、すでに、もぬけの殻であった、というのでしょう。「丈人」は、老人、「蓧」は、竹器、竹かごでしょう。それにしても、「丈人」の投げつける「四體勤めず、五穀分かたず」の言は、苛辣《からつ》です。手足も動かさず、五穀の区別すら知らぬ、この穀つぶしを、まさか、先生と呼ぶのかね、と。それは、もう、労働に従わぬ、孔子のごとき読書階級に叩きつける、弾劾の声に相応しく思われます。おそらく、孔子は、のけぞる思いで、立ち竦んだことでしょう。「隠者」とは、俗世を去って、清浄に徹する人を指します。現実政治に向かい、その変革に志し、汲々として、みずからの思想にしがみつこうとする孔子には、「丈人」のような、脱俗の徒が、はるか異境の人に映ったものと考えられます。その懸隔の自覚のうちに、孔子は、「隠者なり」として、自他の峻別を試みます。本来、批判とは、そのような自己批判をいう語のようです。

ときに抗い、自己をさらけだし、傲倨にして高言し、また、ときに心震わせ、泣き叫ぶ孔子の姿、さらに、「隠者」によって、突き刺され、憮然とする孔子の姿もまた、すべて『論語』のうちに開示されます。

『論語』は、わずかに孔子を、聖人に仮託する書ではありません。その孔子の偏向的な側面をも秘して隠すことなく、むしろ、その多様性、重層性を、ありのままに収めえた、きわめて異例の書といってよいのかもしれません。『論語』は、孔子の思想的な展開を示す書であるとともに、その孔子を対象とする他者からの批判、糾弾をもまるごとに包みます。このとき、『論語』は、救われるというべきです。

『論語』が、魅了するのは、聖人化された孔子が、凛々しく描かれているからではなく、かえって、孔子の、人間としての生々しい実像が、そこに躍動するからです。その躍動にうながされるままに、『論語』に参入されることを、切望します。

Q101

「漢文」は、センター入試よりほか、ほとんど、役に立つことのない教科のように見えます。それにもかかわらず、「漢文」の学習を要求するのは、なぜですか。「漢文」教育の意義について尋ねます。

A101

実効性という点からすれば、まったく無効でしょう。しかも、この性急な、グローバル化と、IT化によって、いよいよ、その必要性を失います。当の中国においても、いわゆる「漢文」は、わずかに、これを積極的に享受しようとする者以外に課せられることはないようです。「漢文」が、いわゆる漢語によって記された古典であるならば、そのような古典を断絶することによって、より現代に比重を置こうとするのでしょう。現代こそが、顕彰されなければならぬ、と。傾向は、日本において、然りであり、あるいは、中国よりさらに著しいものがあるのかもしれません。現代が、未来を保証するという発想において、それは、異なるものでないように思われます。「漢文」も、また、その発想のもとに切り棄てられ、ゆくゆくは、日本の

「古典」すら、その流れに逆らいえぬ事態に陥ってゆくのかもしれない、そうとも懼れます。

「漢文」教育が、たんに、センター入試に対応するためになされるものであってはならない、そのことは充分に理解しながら、なお「漢文」教育が施される、その理由は、やはり、いくどでも問われなければならぬと思います。その素養を身につけることによって、ゆたかな情操を育んでゆくことが、あるのかもしれません。しかし、往々に、それは、衒学的な自己満悦に堕す危うさをはらみます。また、故人の格言、箴言を、「漢文」に求め、それより、人生の指針を設定することも可能でしょう。ただ、もし、そのことのために、「漢文」教育がなされるのだとすれば、それは、あまりに荒寥として、不毛なものに終始してしまうにちがいありません。

現今の、「漢文」教育は、もっぱら、その「漢文」の規範化を求めます。その、訓読、その句法、その用字法において、パターン化が、強力に推進されます。そのパターンを習得することが、あたかも目標とされ、それより逸脱するものについて、あたうかぎり排除する傾向をうかがいえます。もし「漢文」が、そのような規範化、画一化を目指すものであるならば、それは、「漢文」のもつ本質、その歴史的な役割を破棄することにひとしいのではないか、そのことを案じます。

そこでは、生徒は、ひたすら、規範のうちにのみ閉塞し、おのずと、学習の拡充は、阻まれることとなります。規範の順守のみを命じて憚ることのない、現代社会の趨勢は、そのまま「漢文」教育に、反映します。この画一と禁欲に従うことが、「漢文」教育の理念であってはならないように思われます。

たしかに、「漢文」は、現代に、生動する表現様式ではありません。もちろん、それは「古典」に属します。その日常生活において、なんら機能するものでないことも、いわずもがなのことです。しかし、なお、「古典」としての「漢文」は、わたしたちに限りなく働きかけます。その精神内部に働きかけます。

「漢文」は、中国の「古典」であることは、もとより、アジア全般に普遍する「古典」であるといってもさしつかえないでしょう。とりわけ、朝鮮、日本の思想形成において、甚大な役割を果たしてきました。しかも、朝鮮、日本は、その中国の「漢文」を、異国の産物として、一種のエキゾティズムのうちに対象化して、その鑑賞に終始してきたのではなかったのです。その思想、その精神の核心において、連動させながら受容してきたはずでした。もっとも、わたしたちの当面している「漢文」は、その狭義における「漢文」にほかなりません。句読点（標点）が示され、返り点が打たれ、送りがなが施される、その日本独自の訓読に支えられる「漢文」を指します。それなら、わたしたちは、「漢文」を学習することによって、中国をふくむアジア諸域の精神世界に接し、また、日本の先人たちの、その「漢文」に向かう対応のありかたにも接しているのです。

「漢文」を学習することは、中国で培われてきた「漢文」、そして、日本がつくりあげてきた「漢文」という、この多様な言語表現のうちに、ほんとうは、その思想、その精神の深部をたどることと、同一の試みです。「漢文」教育は、その試みをうながす、重要な契機であると確信します。

教材

Q102

漢文のテーマや作品、作者に関する傾向を説明してください。

A102

このご質問に答えるにあたり教科書にかんしては、《古典Ⅰ》を用いました。その調査は、右文書院、明治書院、大修館、東京書籍、三省堂、筑摩書房、第一学習社、併せて七社を対象としました。入試の傾向については、『入試問題総覧（古文・漢文編）』明治書院を活用しましたこと、あらかじめ承知おきください。〔表1〕の項目立ては、あくまで恣意によるもので、厳密な分類とはいえません。また、一作品につき、むろんテーマの重層するものがあり、うち一つのテーマを取りだすことは、ほぼ不可能のことに属しましょう。それでも、強いて中心であろうと思われたテーマを求めたうえでの結果でしかありません。

テーマについていえば「思想・学問」「人生・性格」「政治・社会」を題材とする作品が、全体の半ば以上を占めていることが分かります。往年の「道徳・礼節」に比重を置く傾向は、まったく鳴りをひそめてきたようです。対照的に、「怪異」などが、まだ少数でありながら、「小説」の再認識に伴ない、おのずと上昇す

〔表1〕 教材《古典Ⅰ・漢文》 テーマ別・編数統計

テーマ	A社	B社	C社	D社	E社	F社	G社	編数
思想・学問	9	10	11	8	8	5	15	66
人生・性格	10	12	4	12	9	5	12	64
政治・社会	7	14	3	9	5	2	7	47
自然・景物	4	5	5	6		2	4	26
道徳・礼節	6	4	1	5		3	6	25
歴史・史実	2	3	5	5	4	4	2	25
友　　情	2		3	3	1	2	2	13
恋　　愛	1			3	2	4	2	12
家　　族	1		1	1	2	2	4	11
郷　　愁	1	2	2		2	1	1	9
怪　　異			1		2	1	2	5
芸術・芸能	1	1		1				4
戦争・兵役	1				1		1	3
機知・頓知							1	1
計	45	51	36	53	36	31	59	311

〔表2〕 入試問題《漢文》 テーマ別・編数統計

テーマ	昭和45～53年	昭和57～61年	平成5～7年	編　数
思想・学問	52	32	34	118
人生・性格	96	52	47	195
政治・社会	78	45	31	154
自然・景物	30	8	10	48
道徳・礼節	99	13	13	125
歴史・史実	24	12	23	59
友　　情	19	5	2	26
恋　　愛	1	1		2
家　　族	3		1	4
郷　　愁	7	2	3	12
怪　　異	3	3	15	21
芸術・芸能	25	19	10	54
戦争・兵役	10	3	2	15
機知・頓知	3			3
計	450	195	191	836

〔**表 3**〕 教材《古典Ⅰ・漢文》 作品、作者別・編数統計

作品・作者名	編　数	作品・作者名	編　数	作品・作者名	編　数
論　語	45	韓非子	13	戦国策	6
史　記	20	陶　潜	11	楽　府	5
李　白	18	十八史略	8	白居易	5
杜　甫	16	詩　経	7	柳宗元	5
孟　子	14	古　詩	7	菅原道真	4
老　子	14	王　維	6	世説新語	4
荘　子	14	韓　愈	6	計	311

〔**表 4**〕 入試問題《漢文》 作品、作者別・編数統計

昭和 45 ～ 53 年		昭和 57 ～ 61 年		平成 5 ～ 7 年	
作品・作者名	問題数	作品・作者名	問題数	作品・作者名	問題数
孟　子	31	史　記	13	蘇　軾	10
蘇　軾	25	韓非子	12	史　記	9
韓非子	23	十八史略	6	世説新語	6
史　記	20	韓　愈	6	白居易	6
論　語	19	論　語	6	荘　子	6
世説新語	13	蘇　軾	6	論　語	5
十八史略	13	欧陽脩	5	孟　子	5
荘　子	10	孟　子	5	貞観政要	5
杜　甫	10	白居易	4	韓非子	5
韓　愈	9	晏氏春秋	3	説　苑	4
晏氏春秋	9	後漢書	3	後漢書	4
戦国策	8	柳宗元	3	陶　潜	3
白居易	8	戦国策	3	蒙　求	3
荀　子	7	荘　子	3	列　子	3
王安石	7	貞観政要	2	韓　愈	3
列　子	7	淮南子	2	顔氏家訓	2
柳宗元	6	夢渓筆談	2	欧陽脩	2
欧陽脩	6	列　子	2	晏氏春秋	2
呂氏春秋	6	説　苑	2	荀　子	2
李　白	6	杜　甫	2	夢渓筆談	2
計	450	計	195	計	191

る傾向が予想されます。

〔表2〕の入試問題の調査から見れば、「道徳・礼節」が減少傾向をとりながら、なお「思想・学問」を上回る出題率を保っていることに留意が必要のようです。

具体的に、作品・作者別の編数を追ってみたものが〔表3〕です。『論語』『史記』が圧倒しています。ただ『論語』は、その章節が短いことによって、自然と編数も多くなっているのでしょう。それに較べて、『史記』の教材はいずれも長文で収められます。「菅原道真」などの日本漢文の見直しもされてきたように思われます。

〔表4〕の場合は、ほぼ教科書の作品・作者別の〔表3〕と対応しているといってよいでしょう。うち、韓愈、白居易、李白については、詩ではなく、多く「序」「説」などが採用されています。際立っていることは、蘇軾の作品、また『世説新語』など「小説」的なものからの出題が定着していること、それに反して、かつて高い出題率を誇った杜甫の作品が、「平成5〜7年」には、皆無であることでしょうか。この表には見えませんが、融合問題が激減、「平成5〜7年」にはわずか一題であったことも特筆すべきでしょう。

なお、平成27年度センター入試においては、『(新井)白石先生遺文』より出題されました。たしかに、その出題数は乏しいのですが、しかし、ときに「日本漢文」は、見直されて、問われるべき領域であり、けっして追放されたわけでないことが、証されます。

跋

旧版の執筆に従事してより、すでに二十年を経た。顧みて、慚愧すること乏しくないが、しかし、また、当時の一種猛々しい気概と、もとより整然と処理しえぬこと、自明であるにかかわらず、まるで憑かれたように文献を貪り求めていた、あの、いたいたしい姿を重ね合わせるとき、やはり、この書に、棄てがたい意義を覚えて、否めない。

しかも、白川静先生より、書簡を得、そこに記されていた、「ユニークにして、実証につとめている」との評語に、望外のよろこびを感じたことも加わり、この書が、私にとって、いよいよ重要な意義を帯びてきたのも、事実であった。

しかし、それらの意義は、なお、私内部に、とどまるにすぎない。この書が、外界において、どのような意義を担っているのか、どうかは、私には、杳然としている。

知見というより、むしろ、かつて、その獲得の過程に、みなぎっていた衝迫のようなものを、かすかながらであれ、感受していただけるなら、これより幸いなことはない。本書は、もとより成就の書ではない。成就に向かおうとする、憧れの書である。その憧れの増幅が、新版を、支える。

より強く支えてくれたのは、右文書院・三武義彦社長の、これまでの、懇切をきわめる提言と、温かなうながしであった。そのかけがえのない支えに、私は、ただ身をゆだねるだけでよかった。包み切れぬ、忱謝の意を、ここに表す。

平成二十九年　仲夏

山本　史也

旧版「はしがき」

漢文を読んでいくうちに、はたと行き詰まり、もうそのまま先をたどれそうもない苛立ちを覚えることが、これまでいくどとなくあった。寄せられたご質問に応じていくことは、その打開を求める私自身のための試みともいえた。

回答は、的確にして、しかも簡便でなければならない。そして、それを使命としてきたことに嘘はなかった。しかし、読み返してみれば、渋滞に渋滞をつぎ、浮足立った模索の迹が、あられもない格好で立ち現れてくるばかりだ。

ご質問のほとんどは、ほんとうは、私自身の懸案にほかならなかった。孔子は「これをいかんせん、これうぃかんせん、といはざるもの、われ、これをいかんせんともするなきのみ」と、「問いつづける」ことの大切さを説いている。質問者の、その切実な姿勢を、私もまた保つべく、つねに心がけてきたようにも思う。支えてくれたのは、かならずしも遠く孔子の教戒のみではない。まず、日本・江戸期の漢文学が与えてくる無数の示唆でもあった。しかも、それら先学の抱いていた疑問が、きわめて現代性をもつものであることにも気づかされた。拝受したご質問には、それに通じるところが、まれでないように思われた。したがって、私の回答はおのずと、江戸期の検証成果に、その根拠を求めることが多くなっている。

しかし、いっそう深く感謝すべきは、白川静先生の学恩に対してである。先生の業績は、ただに博覧強記の結実にあるばかりでなく、そこから、ゆるぎない大系を構築していること、さらに、その営みを自在な境地のうちに不断に続行していることにあるように思われる。学ぶべきことは尽きない。しかし学び得たことは、その片鱗でしかないであろう。その片鱗だけでも、本著に滲んでいるとするなら、幸せである。

本著の誕生は、右文書院・土居祥治氏と池田眞理子氏のご尽力にまったく依存している。お二人の強い支持と温かな鼓舞に、どれだけ、私は、新たな呼吸と活力を得てきたことか。（平成十年、旧版「はしがき」）

著者紹介

山本史也（やまもと　ふみや）

昭和二十五年、土佐清水市に生まれる。元大阪府公立高校の国語教諭。傍ら、白川静を所長とする文字文化研究所において、副所長、研究員として、白川学の継承と、その展開につとめ、日本各地での講演活動に従事。現在、耕心塾講師。著書に、白川静監修による『神さまがくれた漢字たち』（理論社）、『続・神さまがくれた漢字たち』（理論社）、『図解雑学・漢字のしくみ』（ナツメ社）、『字の記憶』（ラグーナ出版）など。

（新版）先生のための 漢文Q&A102

令和四年八月一日　第二刷発行

著者　山本史也

発行者　鬼武健太郎

印刷・製本　株式会社文化印刷

〒101-0062 東京都千代田区神田駿河台一-五-六

発行所　株式会社 右文書院

電話　〇三（三二九二）〇四六〇

FAX　〇三（三二九二）〇四二四

＊印刷・製本に万全の意を用いておりますが、万一、落丁や乱丁などの不良本が出来いたしました場合には、送料弊社負担にて責任をもってお取り替えさせていただきます。

ISBN978-4-8421-0785-1 C1081